한끝 초등사회 5-2

공부계획표

01일차 10~13쪽 월 일	02일차 14~17쪽 월 일	03일차 18~21쪽 월 일
06일차 30~33쪽 월 일	07일차 34~37쪽 월 일	08일차 38~41쪽 월 일
11일차 50~53쪽 월 일	12일차 54~57쪽 월 일	13일차 58~63쪽 월 일
16일차 74~77쪽 월 일	17일차 78~81쪽 월 일	18일차 82~85쪽 월 일
21일차 94~97쪽 월 일	22일차 98~101쪽 월 일	23일차 102~105쪽 월 일

잘라서 사용할 수 있습니다.

(나의 다짐)

나는 이렇게 공부할 거야!

한끝 초등사회 5-2

(나에 대하여)

나는	
집중이 잘 되는 시간은	
공부가 잘 되는 장소는	
나의 장점은	
좀 더 잘했으면 하는 점은	
내가 꿈꾸는 미래의 모습은	

나만의
공부계획표를
작성해 보자!

초등학교 이름

04일차	05일차
22~25쪽	26~29쪽
월 일	월 일

09일차	10일차
42~45쪽	46~49쪽
월 일	월 일

14일차	15일차
66~69쪽	70~73쪽
월 일	월 일

19일차	20일차
86~89쪽	90~93쪽
월 일	월 일

24일차	25일차
106~109쪽	110~115쪽
월 일	월 일

한끝

진도책

초등 사회 5·2

한끝 구성과 특징

진도책

개념 학습

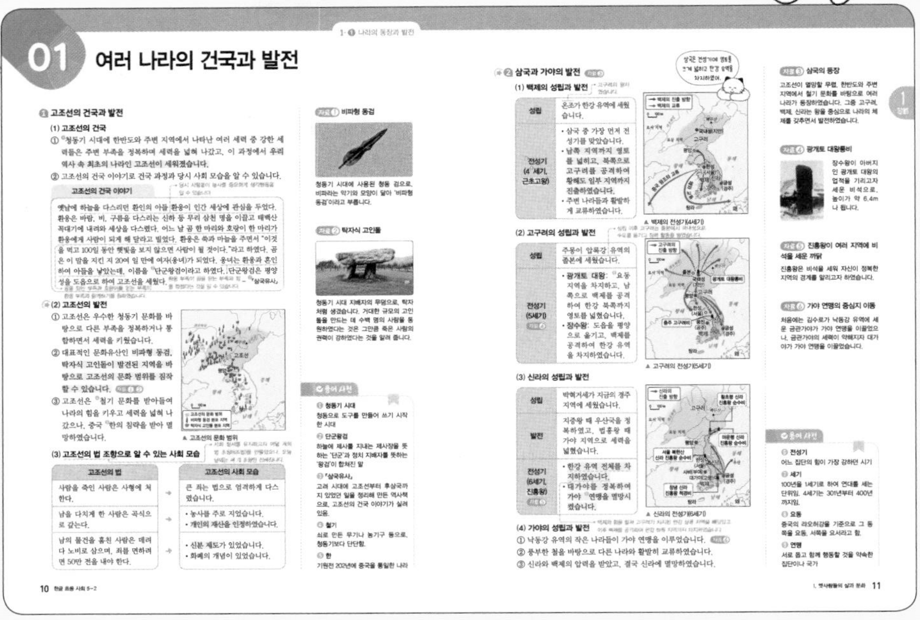

11종 사회 교과서를 꼼꼼하게 분석하여 핵심 주제를 선정하고, 이를 개념 정리와 사진, 그림 자료로 한눈에 들어오게 정리하였습니다. 한 번에 학습하기에 알맞은 분량의 개념을 펼친 면으로 구성하여 집중도 높은 학습이 이루어지도록 하였습니다.

문제 학습

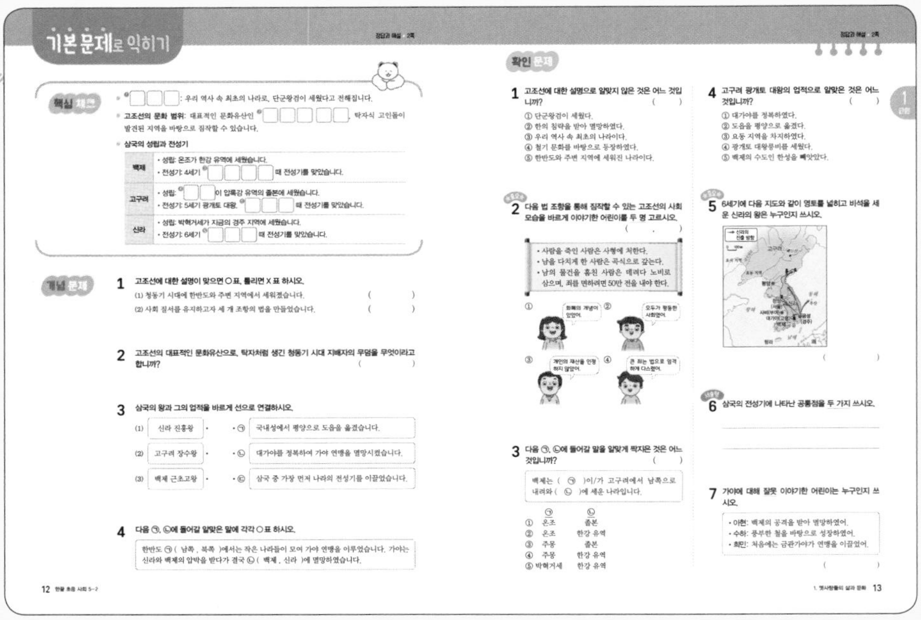

주제별 개념을 핵심 체크 ▶ 개념 문제 ▶ 확인 문제를 통해 완벽하게 이해할 수 있도록 하였습니다.

중단원 학습

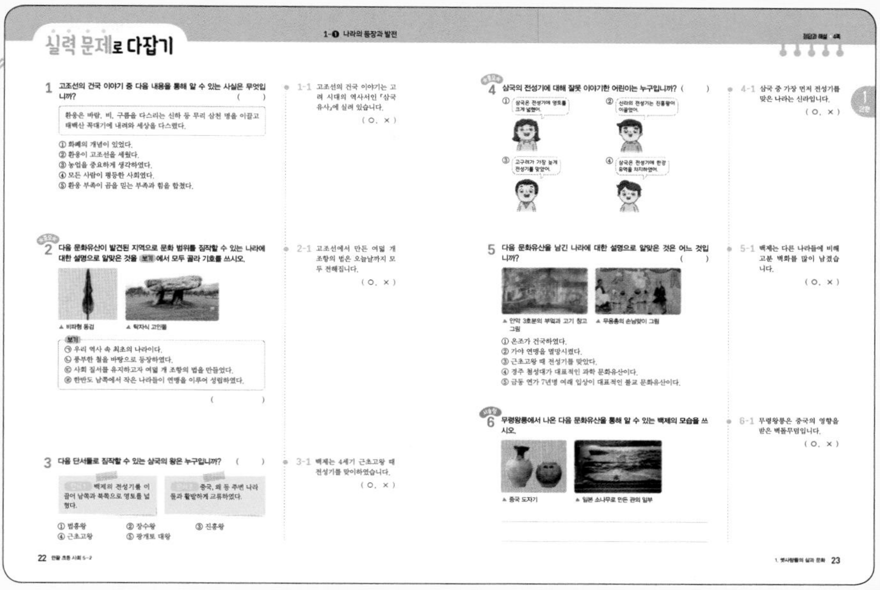

중단원 단위의 학습을 문제를 풀면서 체계적으로 복습할 수 있도록 하였습니다.

단원 마무리

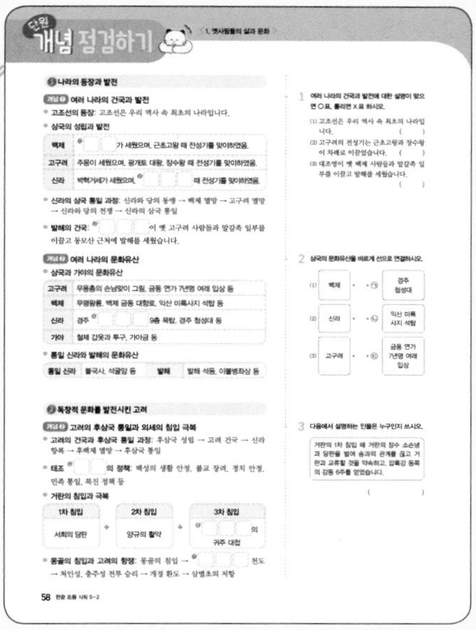

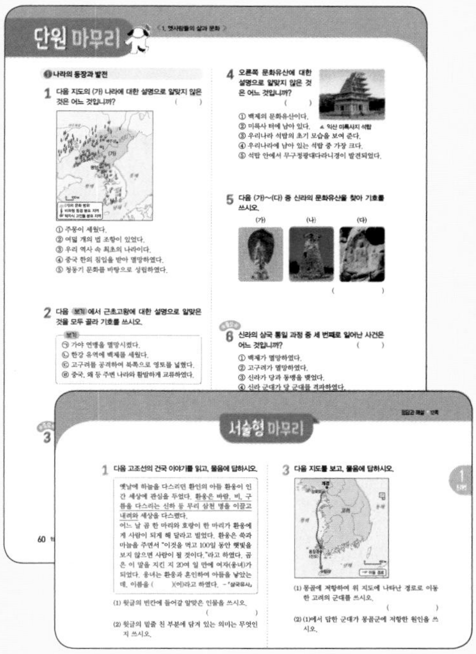

대단원 단위의 학습을 빈칸을 채우며 정리하고, 핵심 문제로 확인하도록 하였습니다. 답을 글로 쓰는 서술형 문제로 배운 내용을 다시 한번 확인할 수 있습니다.

사회 공부 한 권으로 끝!

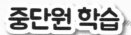

평가책

- 단원 평가 대비
  중단원별 개념 정리 / 쪽지 시험
  실전 단원 평가 / 수행 평가
- 학업성취도 평가 대비
  학업성취도 평가 대비 문제

한끝과 내 교과서 단원 비교하기

1 옛사람들의 삶과 문화

		한끝	비상교육	비상교과서	교학사	금성	김영사	동아	미래엔	아이스크림	지학사	천재교육	천재교과서
❶ 나라의 등장과 발전	01 여러 나라의 건국과 발전	10~13	10~19	15~21	11~19	12~23	12~20	8~13	14~21	11~16	10~17	14~19	17~23
	02 삼국과 가야의 문화유산	14~17	24~32	26~32	24~34	12~25	21~27	18~23	28~33	22~28	22~25, 26~28	20~27	24~31
	03 통일 신라와 발해	18~21	20~23, 33~36	22~25, 33~36	20~23	26~31	28~36	14~17, 24~27	22~27	19~21	18~21	28~32	32~38
❷ 독창적 문화를 발전시킨 고려	01 고려의 건국과 후삼국 통일	26~29	38~41	39~41	37~39	36~37	40~43	32~33	38~41	33~35	32~35	36~39	41~43
	02 외세의 침입과 극복	30~33	42~49	42~48	40~50	38~44	44~49	34~39	42~49	36~40	36~45	40~47	44~48
	03 고려 문화의 우수성	34~37	50~58	49~56	51~56	46~51	50~56	40~48	50~53	41~47	46~50	48~54	49~54
❸ 민족 문화를 지켜 나간 조선	01 조선의 건국과 유교 질서에 따른 사회 모습	42~45	60~67	59~61, 69~71	59~63, 69~71	56~61, 66~67	60~63, 70~72	52~55, 62~63	58~63, 68~69	53~54, 60~62	54~57, 62~65	58~63	57~59, 66~67
	02 조선 전기 문화와 과학의 발전	46~49	68~73	64~68	64~68	62~65	64~69	56~61	64~67	55~59	58~61	64~71	60~65
	03 임진왜란과 병자호란의 과정과 극복 노력	50~53	74~80	72~78	73~80	68~74	73~80	66~74	71~75	63~67	66~72	72~78	68~76

2 사회의 새로운 변화와 오늘날의 우리

		한끝	비상 교육	비상 교과서	교학사	금성	김영사	동아	미래엔	아이스크림	지학사	천재 교육	천재 교과서
❶ 새로운 사회를 향한 움직임	01 영조와 정조의 개혁 정책~실학의 등장과 서민 문화의 발전	66~69	90~100	86~97	92~101	88~95	90~99	84~93	88~99	85~95	82~91	88~97	89~99
	02 흥선 대원군의 정책과 강화도 조약	70~73	101~105	98~103	102~106	96~99	100~105	94~98	100~102	96~99	92~95	98~101	100~105
	03 갑신정변과 동학 농민 운동	74~77	106~110	104~108	107~113	100~103	103~108	99~102	103~108	100~104	96~100	102~106	106~110
❷ 일제의 침략과 광복을 위한 노력	01 일제에 맞서 나라를 지키기 위한 노력	82~85	112~123	111~121	114~127	108~121	112~125	106~119	114~119	109~119	101~113	110~121	113~125
	02 3·1 운동과 대한민국 임시 정부	86~89	124~128	122~127	128~133	122~125	126~131	120~125	120~123	120~125	114~119	122~125	126~135
	03 나라를 되찾기 위한 다양한 노력	90~93	129~136	128~130	134~136	126~129	132~136	126~128	124~131	126~128	120~122	126~130	136~140
❸ 대한민국 정부의 수립과 6·25 전쟁	01 8·15 광복과 대한민국 정부의 수립	98~101	138~145	133~139	138~146	134~141	140~147	132~139	136~143	133~140	126~133	134~139	143~149
	02 6·25 전쟁의 과정과 영향	102~105	146~151	140~144	147~153	142~146	148~154	140~148	144~147	141~148	134~142	140~144	150~152

한끝의 각 일차가 내 교과서의
몇 쪽에 해당하는지 확인할 수 있어.
만약 비상 교과서 15~21쪽이면
한끝 10~13쪽을 공부하면 돼.

한눈 차례

1 옛사람들의 삶과 문화

2 사회의 새로운 변화와 오늘날의 우리

1 새로운 사회를 향한 움직임

2 일제의 침략과 광복을 위한 노력

3 대한민국 정부의 수립과 6·25 전쟁

규칙적으로 공부하고, 공부한 내용을 확인하는 과정을 반복하면서 사회가 재밌어지고, 자신감이 쌓여 갈 거야.

1

옛사람들의 삶과 문화

01 여러 나라의 건국과 발전

❶ 고조선의 건국과 발전

(1) 고조선의 건국

① [1]청동기 시대에 한반도와 주변 지역에서 나타난 여러 세력 중 강한 세력들은 주변 부족을 정복하며 세력을 넓혀 나갔고, 이 과정에서 우리 역사 속 최초의 나라인 고조선이 세워졌습니다.

② 고조선의 건국 이야기로 건국 과정과 당시 사회 모습을 알 수 있습니다.

고조선의 건국 이야기

옛날에 하늘을 다스리던 환인의 아들 환웅이 인간 세상에 관심을 두었다. 환웅은 바람, 비, 구름을 다스리는 신하 등 무리 삼천 명을 이끌고 태백산 꼭대기에 내려와 세상을 다스렸다. 어느 날 곰 한 마리와 호랑이 한 마리가 환웅에게 사람이 되게 해 달라고 빌었다. 환웅은 쑥과 마늘을 주면서 "이것을 먹고 100일 동안 햇빛을 보지 않으면 사람이 될 것이다."라고 하였다. 곰은 이 말을 지킨 지 20여 일 만에 여자(웅녀)가 되었다. 웅녀는 환웅과 혼인하여 아들을 낳았는데, 이름을 [2]단군왕검이라고 하였다. 단군왕검은 평양성을 도읍으로 하여 고조선을 세웠다. – [3]『삼국유사』

- 당시 사람들이 농사를 중요하게 생각했음을 알 수 있습니다.
- 곰을 믿는 부족과 호랑이를 믿는 부족이 환웅 부족과 함께하기를 원하였습니다.
- 환웅 부족이 곰을 믿는 부족과 힘을 합쳤다는 것을 알 수 있습니다.

(2) 고조선의 발전

① 고조선은 우수한 청동기 문화를 바탕으로 다른 부족을 정복하거나 통합하면서 세력을 키웠습니다.

② 대표적인 문화유산인 비파형 동검, 탁자식 고인돌이 발견된 지역을 바탕으로 고조선의 문화 범위를 짐작할 수 있습니다. 자료 ❶, ❷

③ 고조선은 [4]철기 문화를 받아들여 나라의 힘을 키우고 세력을 넓혀 나갔으나, 중국 [5]한의 침략을 받아 멸망하였습니다.

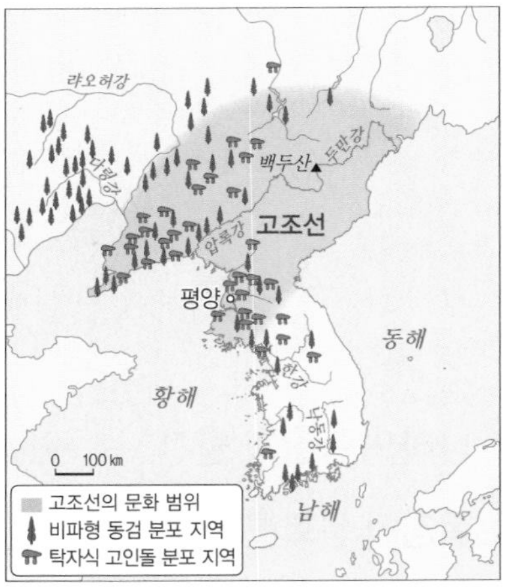

▲ 고조선의 문화 범위

(3) 고조선의 법 조항으로 알 수 있는 사회 모습

- 사회 질서를 유지하고자 여덟 개의 법 조항(8조법)을 만들었으나, 오늘날에는 세 개 조항만 전해집니다.

고조선의 법		고조선의 사회 모습
사람을 죽인 사람은 사형에 처한다.	➜	큰 죄는 법으로 엄격하게 다스렸습니다.
남을 다치게 한 사람은 곡식으로 갚는다.	➜	• 농사를 주로 지었습니다. • 개인의 재산을 인정하였습니다.
남의 물건을 훔친 사람은 데려다 노비로 삼으며, 죄를 면하려면 50만 전을 내야 한다.	➜	• 신분 제도가 있었습니다. • 화폐의 개념이 있었습니다.

자료 ❶ 비파형 동검

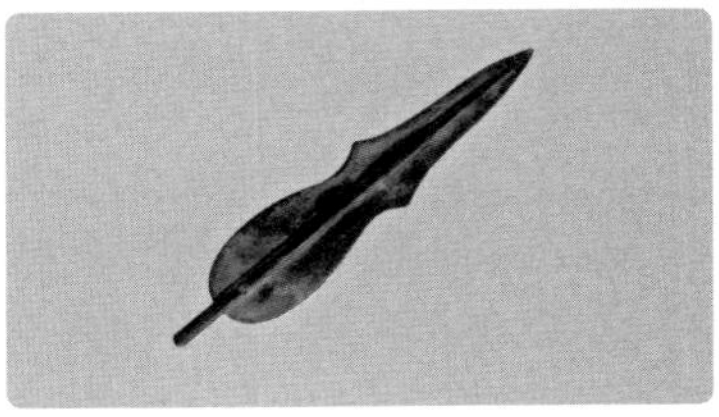

청동기 시대에 사용된 청동 검으로, 비파라는 악기와 모양이 닮아 '비파형 동검'이라고 부릅니다.

자료 ❷ 탁자식 고인돌

청동기 시대 지배자의 무덤으로, 탁자처럼 생겼습니다. 거대한 규모의 고인돌을 만드는 데 수백 명의 사람을 동원하였다는 것은 그만큼 죽은 사람의 권력이 강하였다는 것을 알려 줍니다.

용어 사전

❶ **청동기 시대**
청동으로 도구를 만들어 쓰기 시작한 시대

❷ **단군왕검**
하늘에 제사를 지내는 제사장을 뜻하는 '단군'과 정치 지배자를 뜻하는 '왕검'이 합쳐진 말

❸ **『삼국유사』**
고려 시대에 고조선부터 후삼국까지 있었던 일을 정리해 만든 역사책으로, 고조선의 건국 이야기가 실려 있음.

❹ **철기**
쇠로 만든 무기나 농기구 등으로, 청동기보다 단단함.

❺ **한**
기원전 202년에 중국을 통일한 나라

2 삼국과 가야의 발전 자료 ③

삼국은 전성기에 영토를 크게 넓히고 한강 유역을 차지하였어.

(1) 백제의 성립과 발전

고구려의 왕자였습니다.

성립	온조가 한강 유역에 세웠습니다.
[6]전성기 (4[7]세기, 근초고왕)	• 삼국 중 가장 먼저 전성기를 맞았습니다. • 남쪽 지역까지 영토를 넓히고, 북쪽으로 고구려를 공격하여 황해도 일부 지역까지 진출하였습니다. • 주변 나라들과 활발하게 교류하였습니다.

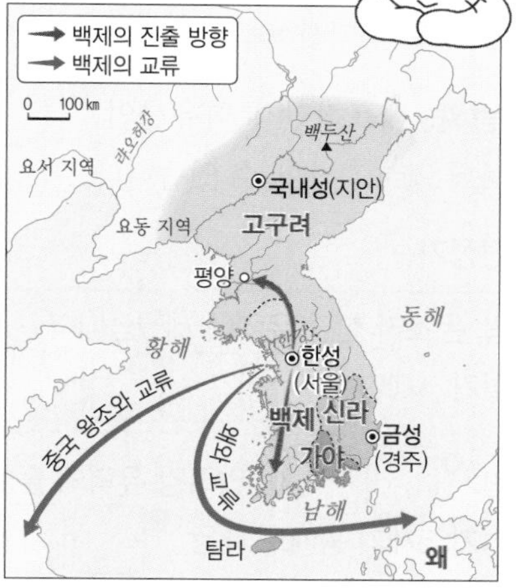

▲ 백제의 전성기(4세기)

(2) 고구려의 성립과 발전

성립 이후 고구려는 졸본에서 국내성으로 수도를 옮기고 정복 활동을 벌였습니다.

성립	주몽이 압록강 유역의 졸본에 세웠습니다.
전성기 (5세기) 자료 ④	• 광개토 대왕: [8]요동 지역을 차지하고, 남쪽으로 백제를 공격하여 한강 북쪽까지 영토를 넓혔습니다. • 장수왕: 도읍을 평양으로 옮기고, 백제를 공격하여 한강 유역을 차지하였습니다.

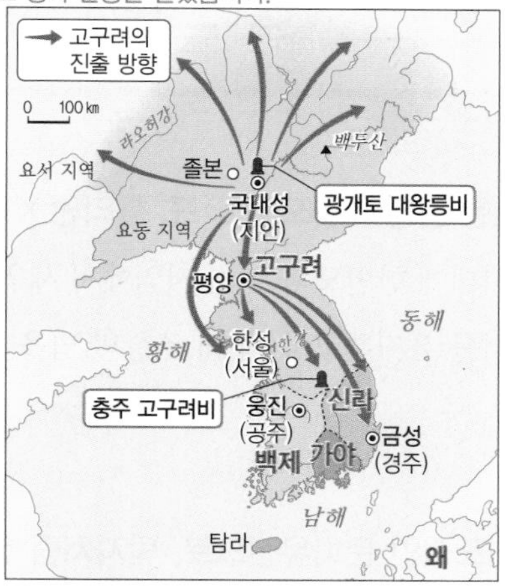

▲ 고구려의 전성기(5세기)

(3) 신라의 성립과 발전

성립	박혁거세가 지금의 경주 지역에 세웠습니다.
발전	지증왕 때 우산국을 정복하였고, 법흥왕 때 가야 지역으로 세력을 넓혔습니다.
전성기 (6세기, 진흥왕) 자료 ⑤	• 한강 유역 전체를 차지하였습니다. • 대가야를 정복하여 가야 [9]연맹을 멸망시켰습니다.

백제와 힘을 합쳐 고구려가 차지한 한강 상류 지역을 빼앗았고, 이후 백제를 공격하여 한강 하류 지역까지 차지하였습니다.

▲ 신라의 전성기(6세기)

(4) 가야의 성립과 발전

① 낙동강 유역의 작은 나라들이 가야 연맹을 이루었습니다. 자료 ⑥

② 풍부한 철을 바탕으로 다른 나라와 활발히 교류하였습니다.

③ 신라와 백제의 압력을 받았고, 결국 신라에 멸망하였습니다.

자료 ③ 삼국의 등장

고조선이 멸망할 무렵, 한반도와 주변 지역에서 철기 문화를 바탕으로 여러 나라가 등장하였습니다. 그중 고구려, 백제, 신라는 왕을 중심으로 나라의 체제를 갖추면서 발전하였습니다.

1 단원

자료 ④ 광개토 대왕릉비

장수왕이 아버지인 광개토 대왕의 업적을 기리고자 세운 비석으로, 높이가 약 6.4m나 됩니다.

자료 ⑤ 진흥왕이 여러 지역에 비석을 세운 까닭

진흥왕은 비석을 세워 자신이 정복한 지역의 경계를 알리고자 하였습니다.

자료 ⑥ 가야 연맹의 중심지 이동

처음에는 김수로가 낙동강 유역에 세운 금관가야가 가야 연맹을 이끌었으나, 금관가야의 세력이 약해지자 대가야가 가야 연맹을 이끌었습니다.

용어 사전

6 전성기
어느 집단의 힘이 가장 강하던 시기

7 세기
100년을 1세기로 하여 연대를 세는 단위임. 4세기는 301년부터 400년까지임.

8 요동
중국의 랴오허강을 기준으로 그 동쪽을 요동, 서쪽을 요서라고 함.

9 연맹
서로 돕고 함께 행동할 것을 약속한 집단이나 국가

기본 문제로 익히기

핵심 체크

- ❶ □□□: 우리 역사 속 최초의 나라로, 단군왕검이 세웠다고 전해집니다.
- **고조선의 문화 범위:** 대표적인 문화유산인 ❷ □□□ □□, 탁자식 고인돌이 발견된 지역을 바탕으로 짐작할 수 있습니다.
- **삼국의 성립과 전성기**

백제	• 성립: 온조가 한강 유역에 세웠습니다. • 전성기: 4세기 ❸ □□□□ 때 전성기를 맞았습니다.
고구려	• 성립: ❹ □□이 압록강 유역의 졸본에 세웠습니다. • 전성기: 5세기 광개토 대왕, ❺ □□□ 때 전성기를 맞았습니다.
신라	• 성립: 박혁거세가 지금의 경주 지역에 세웠습니다. • 전성기: 6세기 ❻ □□□ 때 전성기를 맞았습니다.

개념 문제

1 **고조선에 대한 설명이 맞으면 ○표, 틀리면 X 표 하시오.**

(1) 청동기 시대에 한반도와 주변 지역에서 세워졌습니다. (　　　)

(2) 사회 질서를 유지하고자 세 개 조항의 법을 만들었습니다. (　　　)

2 **고조선의 대표적인 문화유산으로, 탁자처럼 생긴 청동기 시대 지배자의 무덤을 무엇이라고 합니까?** (　　　)

3 **삼국의 왕과 그의 업적을 바르게 선으로 연결하시오.**

(1) 신라 진흥왕 • 　　• ㉠ 국내성에서 평양으로 도읍을 옮겼습니다.

(2) 고구려 장수왕 • 　　• ㉡ 대가야를 정복하여 가야 연맹을 멸망시켰습니다.

(3) 백제 근초고왕 • 　　• ㉢ 삼국 중 가장 먼저 나라의 전성기를 이끌었습니다.

4 **다음 ㉠, ㉡에 들어갈 알맞은 말에 각각 ○표 하시오.**

> 한반도 ㉠ (남쪽 , 북쪽)에서는 작은 나라들이 모여 가야 연맹을 이루었습니다. 가야는 신라와 백제의 압박을 받다가 결국 ㉡ (백제 , 신라)에 멸망하였습니다.

확인 문제

1 고조선에 대한 설명으로 알맞지 않은 것은 어느 것입니까? ( )

① 단군왕검이 세웠다.
② 한의 침략을 받아 멸망하였다.
③ 우리 역사 속 최초의 나라이다.
④ 철기 문화를 바탕으로 등장하였다.
⑤ 한반도와 주변 지역에 세워진 나라이다.

중요

2 다음 법 조항을 통해 짐작할 수 있는 고조선의 사회 모습을 바르게 이야기한 어린이를 두 명 고르시오.
(,)

- 사람을 죽인 사람은 사형에 처한다.
- 남을 다치게 한 사람은 곡식으로 갚는다.
- 남의 물건을 훔친 사람은 데려다 노비로 삼으며, 죄를 면하려면 50만 전을 내야 한다.

①
화폐의 개념이 있었어.
②
모두가 평등한 사회였어.
③
개인의 재산을 인정하지 않았어.
④
큰 죄는 법으로 엄격하게 다스렸어.

3 다음 ㉠, ㉡에 들어갈 말을 알맞게 짝지은 것은 어느 것입니까? ( )

백제는 (㉠)이/가 고구려에서 남쪽으로 내려와 (㉡)에 세운 나라입니다.

	㉠	㉡
①	온조	졸본
②	온조	한강 유역
③	주몽	졸본
④	주몽	한강 유역
⑤	박혁거세	한강 유역

4 고구려 광개토 대왕의 업적으로 알맞은 것은 어느 것입니까? ( )

① 대가야를 정복하였다.
② 도읍을 평양으로 옮겼다.
③ 요동 지역을 차지하였다.
④ 광개토 대왕릉비를 세웠다.
⑤ 백제의 수도인 한성을 빼앗았다.

중요

5 6세기에 다음 지도와 같이 영토를 넓히고 비석을 세운 신라의 왕은 누구인지 쓰시오.

( )

서술형

6 삼국의 전성기에 나타난 공통점을 두 가지 쓰시오.

7 가야에 대해 잘못 이야기한 어린이는 누구인지 쓰시오.

- 아현: 백제의 공격을 받아 멸망하였어.
- 수하: 풍부한 철을 바탕으로 성장하였어.
- 희민: 처음에는 금관가야가 연맹을 이끌었어.

( )

02 삼국과 가야의 문화유산

① 삼국 시대 문화의 특징

(1) [1]고분 문화의 발달

→ 살아 있을 때 누리던 삶이 죽은 뒤에도 이어진다고 생각했기 때문입니다.

① 삼국 시대의 사람들은 무덤 안에 죽은 사람이 사용하던 물건을 넣고, 무덤의 벽과 천장에 그림을 그리기도 하였습니다.

② 고분에서 발견된 벽화, [2]유물 등을 통해 각 나라의 문화를 살펴볼 수 있습니다.

(2) 불교문화의 발달

① 삼국은 왕의 [3]권위를 높이고 백성의 마음을 하나로 모으려고 불교를 받아들였습니다.

② 삼국은 절, 탑, 불상 등 다양한 불교 문화유산을 만들었습니다.

② 고구려와 백제의 문화유산

(1) 고구려의 문화유산

① 고분 벽화: 무덤 안에 돌을 쌓아 방을 만들고, 벽과 천장에 의식주, 종교 등 생활 모습과 관련된 벽화를 많이 남겼습니다.

▲ 안악 3호분의 부엌과 고기 창고 그림

▲ 무용총의 손님맞이 그림

고구려는 다른 나라들에 비해 고분 벽화를 많이 남겼어.

② 불교 문화유산: 삼국 중 가장 먼저 불교를 받아들인 고구려는 절을 짓고 금동 연가 7년명 여래 입상 등의 불상을 만들었습니다. 자료①

→ 고구려의 불교 미술을 잘 보여 줍니다.

(2) 백제의 문화유산

① 무령왕릉 → 백제 무령왕과 왕비의 무덤입니다.

- 백제를 대표하는 고분으로, 무덤을 벽돌로 쌓아 만들었습니다.
- 무덤 안에서 나온 다양한 문화유산을 통해 당시 백제가 중국, 일본 등과 활발하게 교류하였다는 것을 짐작할 수 있습니다.

▲ 중국의 영향을 받은 벽돌 무덤인 무령왕릉의 내부

▲ 무령왕릉에서 나온, 일본 소나무로 만든 관의 일부

▲ 무령왕릉에서 나온 중국 도자기

② 백제 금동 대향로: 백제 사람들의 뛰어난 예술 감각과 공예 기술을 보여 주는 문화유산입니다. 자료②

자료 ① 금동 연가 7년명 여래 입상

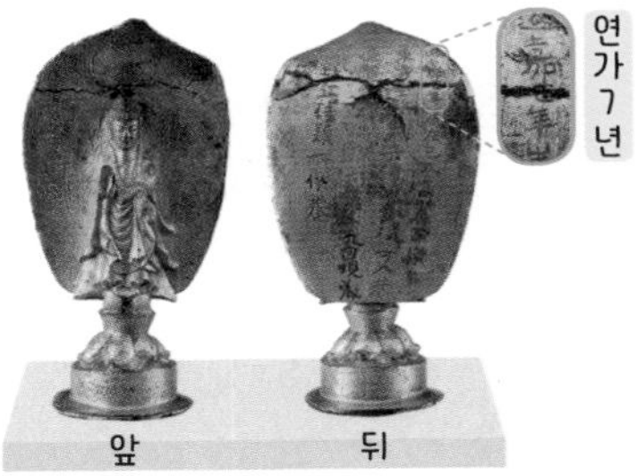

불상 뒷면에는 불상을 만든 까닭과 시기를 알리는 글자가 새겨져 있습니다. '연가 7년'이라는 글자에서 '연가'는 고구려에서 연도를 나타내던 이름으로 추측하고 있습니다.

자료 ② 백제 금동 대향로

봉황, 산, 동물, 연꽃 등이 정교하게 표현되어 있으며, 이를 통해 당시 사람들이 살고 싶어 한 이상 세계를 짐작할 수 있습니다.

용어 사전

① 고분
옛사람들이 남긴 무덤

② 유물
조상들이 후대에 남긴 물건

③ 권위
남이 자신을 따르도록 만드는 힘

③ 익산 미륵사지 석탑

- 백제의 절 중 가장 규모가 컸다고 알려진 미륵사 터에 남아 있는 탑입니다.
- 우리나라에 남아 있는 석탑 중 가장 크며, 우리나라 석탑의 초기 모습을 잘 보여 줍니다.
- 돌을 쌓아 만들었으나, 목탑의 모습과 매우 비슷하게 지어졌습니다.

▲ 익산 미륵사지 석탑

④ 서산 용현리 마애 여래 삼존상: 백제의 대표적인 불상입니다. 자료 ③

❸ 신라와 가야의 문화유산

(1) 신라의 문화유산

→ 신라 사람들의 뛰어난 금속 공예 기술을 알 수 있습니다.

고분에서 발견된 문화유산	• 수도였던 경주 지역에 고분이 많이 남아 있습니다. • 고분에서는 금관과 금장식, 천마도, ❹서역에서 만들어진 유리 제품 등이 발견되었습니다. 자료 ④ ▲ 황남 대총 북분 금관　▲ 경주 천마총 ❺장니 천마도　▲ 경주 황남 대총에서 나온 유리 제품들
불교 문화유산	진흥왕은 황룡사를 지었고, 선덕 여왕은 분황사를 짓고 황룡사 9층 목탑을 만들어 백성의 마음을 하나로 모았습니다. → 선덕 여왕이 이웃 나라가 쳐들어오지 않기를 기원하며 만들었습니다. ▲ 경주 분황사 ❻모전 석탑　▲ 황룡사 9층 목탑
과학 문화유산	선덕 여왕이 하늘의 별, 해와 달의 모습 등을 관찰하는 시설로 알려진 첨성대를 만들었습니다. ▲ 경주 첨성대 하늘의 움직임은 농사에 영향을 주었기 때문에 이를 관찰하는 일이 중요했어.

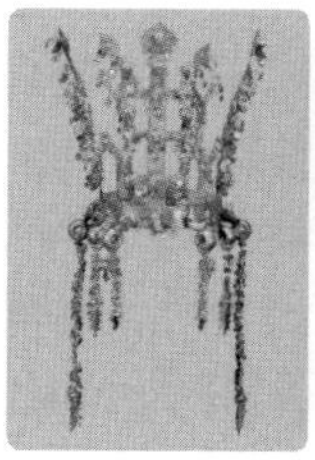

(2) 가야의 문화유산

① 철기 문화가 발달하여 철로 만든 갑옷, 칼, 창 등 다양한 철제 유물이 남아 있습니다.

② 가야 토기, 가야 금동관, 가야금 등의 문화유산에서 가야 문화의 우수성을 알 수 있습니다. 자료 ⑤

→ 가야의 악기로, 오늘날까지 우리나라를 대표하는 전통 악기로 이어지고 있습니다.

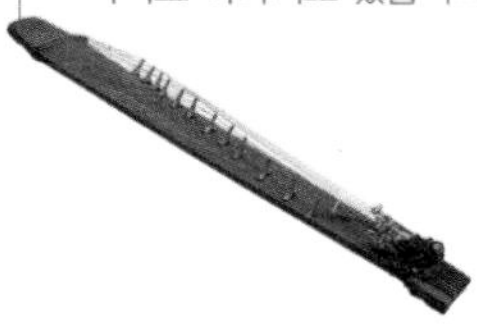

▲ 철제 갑옷과 투구　▲ 가야금

1
단원

자료 ③ 서산 용현리 마애 여래 삼존상

바위에 조각한 불상으로, 자비로운 인상 때문에 '백제의 미소'라고도 불립니다.

자료 ④ 신라에 전해진 서역의 문화유산

신라의 고분에서는 서역의 물품으로 보이는 유리병, 유리잔 등이 발견되었습니다. 이 유물들은 신라가 주변 나라들과 교류하면서 멀리 서역의 물품들까지 들여왔음을 알려 줍니다.

자료 ⑤ 일본에 전해진 삼국과 가야의 문화

- 일본의 목조 미륵보살 반가 사유상은 삼국 시대에 제작된 금동 미륵보살 반가 사유상과 모양이 매우 비슷합니다.
- 가야의 토기 제작 기술이 일본에 전해지면서 일본은 이전보다 훨씬 단단한 토기를 만들게 되었습니다.
- 고구려 수산리 고분 벽화와 일본 다카마쓰 고분 벽화에서 주름치마와 저고리를 입고 있는 벽화 속 여인들의 옷차림이 비슷합니다.

◆ 용어 사전

❹ 서역
중국의 서쪽에 있던 나라들을 통틀어 이르는 말

❺ 장니
말을 탄 사람의 옷에 흙이 튀지 않도록 말안장 양쪽에 늘어뜨려 놓은 물건

❻ 모전 석탑
돌을 벽돌 모양으로 다듬어 쌓아올린 탑

기본 문제로 익히기

핵심 체크

삼국 시대 문화의 특징

• 삼국 시대 사람들은 무덤 안에 죽은 사람이 사용하던 물건을 넣고, 무덤의 벽과 천장에 그림을 그리기도 하였습니다.
• 삼국은 절, 탑, 불상 등 다양한 ❶☐☐ 문화유산을 만들었습니다.

고구려, 백제, 신라, 가야의 문화유산

구분	대표적인 문화유산	특징
고구려	안악 3호분의 부엌과 고기 창고 그림, 무용총의 손님맞이 그림, 금동 연가 7년명 여래 입상 등	불교 문화유산뿐만 아니라 다른 나라들에 비해 ❷☐☐ ☐☐를 많이 남겼습니다.
백제	무령왕릉, 익산 ❸☐☐☐☐ 석탑, 백제 금동 대향로 등	불교 문화유산뿐만 아니라 고분과 예술적 솜씨가 돋보이는 공예품 등도 남겼습니다.
신라	황남 대총 북분 금관, 황룡사 9층 목탑, 경주 첨성대 등	수도였던 ❹☐☐에 문화유산이 많이 남아 있습니다.
가야	철제 갑옷과 투구, 가야금 등	❺☐☐ 문화가 발달하였습니다.

개념 문제

1 삼국의 문화유산에 대한 설명이 맞으면 ○표, 틀리면 X 표 하시오.

(1) 고구려의 고분에는 고분 벽화가 많이 남아 있습니다. (　　　)

(2) 백제의 무령왕릉에서는 중국이나 일본에서 만든 다양한 유물이 발견되었습니다. (　　　)

(3) 신라는 하늘의 별, 해와 달의 모습 등을 관찰하는 시설로 알려진 황룡사 9층 목탑을 만들었습니다. (　　　)

2 삼국의 문화유산과 그 설명을 바르게 선으로 연결하시오.

(1) 백제 금동 대향로 •　　　• ㉠ 우리나라에 남아 있는 가장 큰 석탑

(2) 익산 미륵사지 석탑 •　　　• ㉡ 불상을 만든 까닭과 시기가 새겨진 고구려의 불상

(3) 금동 연가 7년명 여래 입상 •　　　• ㉢ 백제 사람들의 뛰어난 예술 감각과 공예 기술을 보여 주는 문화유산

3 가야의 악기로, 오늘날까지 우리나라의 대표적인 전통 악기로 이어지고 있는 것은 무엇입니까? (　　　)

확인 문제

서술형

1 다음 밑줄 친 부분에 들어갈 알맞은 내용을 쓰시오.

삼국 시대 사람들이 무덤 안에 죽은 사람이 사용하던 물건을 넣고, 무덤의 벽과 천장에 그림을 그린 까닭은 무엇일까?

그 까닭은 ____________

____

____

중요

2 고구려의 문화유산으로 알맞은 것을 두 가지 고르시오. (,)

① 

▲ 익산 미륵사지 석탑

② 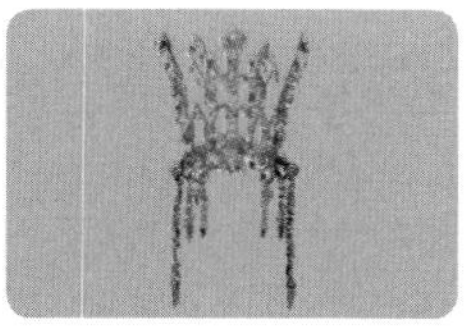

▲ 황남 대총 북분 금관

③ 

▲ 무용총의 손님맞이 그림

④ 

▲ 금동 연가 7년명 여래 입상

3 다음 보기 에서 무령왕릉에 대한 설명으로 알맞은 것을 모두 골라 기호를 쓰시오.

보기
㉠ 백제의 대표적인 무덤이다.
㉡ 무덤 내부의 방이 벽돌로 되어 있다.
㉢ 무덤 안에서 백제의 문화유산만 발견되었다.
㉣ 무덤 안에 부엌과 고기 창고 그림이 남아 있다.

( )

4 다음에서 설명하는 문화유산은 무엇인지 쓰시오.

신라에서 하늘의 별, 해와 달의 모습과 움직임을 관측하기 위해 세운 건축물로 알려져 있습니다. 하늘의 움직임은 농사에 영향을 주었기 때문에 신라 사람들은 이를 중요하게 생각하고 관찰하였습니다.

( )

[5~6] 다음 글을 읽고, 물음에 답하시오.

삼국은 왕의 권위를 높이고 백성의 마음을 하나로 모으려고 이 종교를 받아들였고, 이 종교와 관련된 다양한 문화유산을 남겼습니다.

5 윗글에서 공통으로 밑줄 친 '이 종교'는 무엇인지 쓰시오.

( )

중요

6 윗글의 내용을 뒷받침하는 문화유산이 아닌 것은 어느 것입니까? ( )

① 황룡사 9층 목탑
② 익산 미륵사지 석탑
③ 경주 천마총 장니 천마도
④ 금동 연가 7년명 여래 입상
⑤ 서산 용현리 마애 여래 삼존상

7 가야 문화에 대한 설명으로 알맞지 않은 것은 어느 것입니까? ( )

① 철기 문화가 발달하였다.
② 일본의 토기 제작에 영향을 주었다.
③ 다른 나라들에 비해 고분 벽화를 많이 남겼다.
④ 가야의 악기였던 가야금은 오늘날까지 전해진다.
⑤ 철을 이용하여 다른 나라보다 우수한 칼, 창, 갑옷을 만들었다.

03 통일 신라와 발해

❶ 신라의 삼국 통일 과정

(1) 신라와 ❶당의 ❷동맹

① 신라는 한강 유역을 차지한 후 백제의 공격을 받아 어려움을 겪었습니다.

② 신라의 김춘추가 당에 가서 당과 동맹을 맺었습니다. 자료 ①

(2) 백제, 고구려의 멸망

가야의 왕족 출신으로, 무열왕과 문무왕을 도와 삼국 통일에 앞장섰습니다.

백제 멸망	김유신이 이끄는 신라군은 황산벌 전투에서 계백이 이끄는 백제군을 물리쳤고, 신라와 당의 연합군이 백제를 공격하여 멸망시켰습니다(660년).
고구려 멸망	신라와 당의 연합군이 고구려를 공격하여 평양성을 빼앗고 고구려를 멸망시켰습니다(668년).

(3) 신라와 당의 전쟁

① 백제와 고구려가 멸망하자 당은 신라와의 동맹을 깨고 한반도 전체를 차지하려고 하였습니다.

이 전쟁에는 옛 고구려의 백성도 참여하였습니다.

② 신라의 문무왕은 당을 몰아내려고 전쟁을 벌였습니다.

(4) 신라의 삼국 통일: 신라는 당의 군대를 몰아내고 삼국 통일을 이루었습니다(676년).

신라는 매소성과 기벌포 등에서 당의 군대를 격파하였습니다. 자료 ②

▲ 신라의 삼국 통일 과정

❷ 발해의 건국과 발전

(1) 발해의 건국

① 고구려 출신인 대조영이 옛 고구려 사람들과 ❸말갈족 일부를 이끌고 동모산 근처에 발해를 세웠습니다(698년).

② 발해는 고구려를 계승한 나라임을 내세웠습니다. 자료 ③

(2) 발해의 발전

① 고구려의 옛 땅을 대부분 되찾고, 요동 지역을 차지하였습니다.

'바다 동쪽의 번성한 나라'라는 뜻입니다.

② 당은 발전한 발해를 가리켜 해동성국이라고 불렀습니다.

발해는 거란의 침입으로 멸망하였습니다.

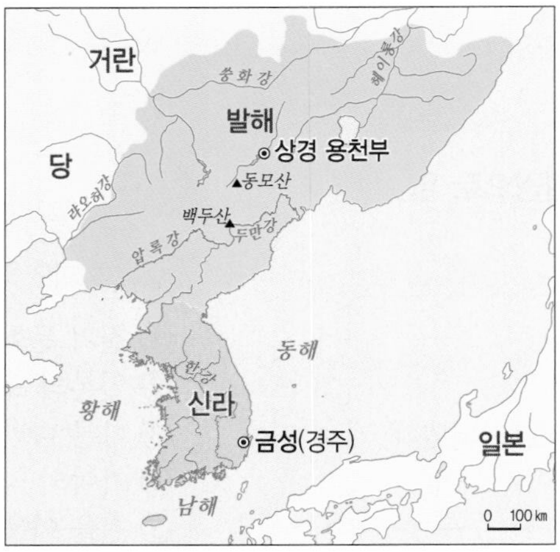

▲ 발해의 전성기(9세기)

자료 ① 신라와 당의 동맹

신라와 당이 연합하여 백제와 고구려를 공격하는 것이 어떻겠습니까?
좋소. 고구려와 백제를 멸망시키면 평양 이남의 땅을 신라에 주겠소.
신라 김춘추
당 태종

김춘추는 어려움에 처한 신라를 지켜 내려고 당으로 가 도움을 요청하였습니다. 당의 군대를 이용해 백제를 물리치자는 것이 김춘추의 생각이었습니다. 고구려 땅을 얻고 싶었던 당은 이 제안을 받아들였습니다.

자료 ② 삼국 통일의 의의와 한계

- 의의: 한반도에 있던 여러 나라를 처음으로 통일하였습니다.
- 한계: 고구려의 북쪽 영토를 차지하지 못하였습니다.

자료 ③ 발해가 고구려를 계승하였음을 뒷받침하는 기록

- 발해의 문왕은 일본에 보낸 외교 문서에서 스스로 '고려(고구려) 국왕'이라고 하였습니다.
- 일본에서 발해에 사신을 보내면서 발해를 '고려(고구려)'라고 하였습니다.

용어 사전

❶ **당**
618년에 이연이 세운 뒤 907년까지 이어진 중국의 나라

❷ **동맹**
둘 이상의 개인이나 단체가 같이 행동하기로 한 맹세나 관계

❸ **말갈족**
만주 북동부 지방과 한반도 북부에 걸쳐 살던 민족

③ 통일 신라의 문화유산

(1) 통일 신라의 불교문화

① 신라가 삼국을 통일한 뒤 불교가 널리 퍼지면서 불교문화가 크게 발전하였습니다.

절이 많이 생기고, 뛰어난 예술성을 갖춘 탑과 불상 등이 만들어졌습니다.

② 불국사와 석굴암은 신라의 불교문화를 대표하는 건축물로, 뛰어난 건축 예술과 과학 기술을 인정받아 유네스코 세계 유산으로 지정되었습니다.

(2) 불국사 자료④

① 신라 사람들이 바라는 부처의 나라를 표현한 절입니다.

② 경주 불국사 3층 석탑과 경주 불국사 다보탑 등의 문화유산이 있으며, 경주 불국사 3층 석탑에서 무구정광대다라니경이 발견되었습니다.

신라를 대표하는 석탑으로, '석가탑'이라고도 불립니다.

▲ 경주 불국사 3층 석탑

독특하고 화려한 모양으로 뛰어난 예술성을 보여 줍니다.

▲ 경주 불국사 다보탑

(3) 석굴암 자료⑤

① 화강암을 다듬어 쌓아 만든 석굴 모양의 절입니다.

② 석굴암의 내부 구조와 ④본존불에는 정확한 수학적 비례가 적용되었습니다.

③ 둥글게 쌓아 올린 천장은 매우 정교하여 신라의 우수한 건축 기술을 엿볼 수 있습니다.

▲ 경주 석굴암 본존불

석굴 한가운데의 본존불은 주변의 여러 조각과 조화를 이루고 있습니다.

④ 발해의 문화유산

독자적인 문화	발해는 고구려 문화를 계승하면서도 당, 말갈 등 주변 나라들의 문화를 받아들여 독자적인 문화를 이루었습니다.
불교문화의 발달	• 발해에서는 불교가 널리 유행하였습니다. • 수도 상경성이 있던 곳에는 절터와 불상, 거대한 석등이 남아 있습니다.
고구려 문화의 영향	발해의 문화유산을 통해 발해가 고구려 문화의 영향을 받았음을 알 수 있습니다.

▲ 이불병좌상

▲ 발해 석등

상경성의 절터에 남아 있는 석등으로, 밑받침돌에 새겨진 연꽃무늬에서 고구려 문화의 영향을 확인할 수 있습니다.

▲ 발해 기와(왼쪽)와 고구려 기와(오른쪽)

발해 기와와
고구려 기와
모두 연꽃무늬를
새겼어.

자료④ 무구정광대다라니경

경주 불국사 3층 석탑에서 발견된 불교 경전입니다. 오늘날 남아 있는 목판 인쇄물 중 세계에서 가장 오래되었습니다.

자료⑤ 석굴암의 내부 구조에 반영된 신라 과학의 우수성

석굴암은 내부의 돌 사이에 작은 틈을 만들어 공기를 순환시키고, 바닥에 항상 차가운 물이 흐르게 해 습한 기운이 아래로 모이도록 하였습니다. 이렇듯 석굴암은 수많은 ⑤통풍 장치가 있어 자연적으로 습기를 막을 수 있었습니다.

공기가 드나드는 통로
지하수가 흐르는 바닥

▲ 석굴암의 내부 구조

용어 사전

④ 본존불
절의 건물에 불상을 모실 때 가장 중심이 되는 부처

⑤ 통풍
바람이 통함.

1 단원

핵심 체크

신라의 삼국 통일 과정

신라와 당의 동맹		백제, 고구려의 멸망
신라의 ❶□□□가 당과 동맹을 맺었습니다.	➔	신라와 당의 연합군이 백제와 고구려를 멸망시켰습니다.

	신라와 당의 전쟁		신라의 삼국 통일
➔	신라의 ❷□□□이 당을 몰아내려고 전쟁을 벌였습니다.	➔	신라가 당을 물리치고 삼국 통일을 이루었습니다.

발해의 건국과 발전

- 고구려 출신인 ❸□□□이 옛 고구려 사람들과 말갈족 일부를 이끌고 발해를 세웠습니다.
- 당은 발전한 발해를 가리켜 '바다 동쪽의 번성한 나라'라는 뜻의 ❹□□□□이라고 불렀습니다.

통일 신라의 문화유산

❺□□□	신라 사람들이 바라는 부처의 나라를 표현한 절입니다.
❻□□□	화강암을 다듬어 쌓아 만든 석굴 모양의 절로, 신라의 우수한 건축 기술을 엿볼 수 있습니다.

개념 문제

1 다음 빈칸에 들어갈 알맞은 인물을 쓰시오.

> 가야의 왕족 출신인 (　　　)은/는 신라군을 이끌고 백제군과 벌인 황산벌 전투에서 승리하는 등 신라의 삼국 통일에 앞장섰습니다.

(　　　　　)

2 신라의 삼국 통일에 대한 설명이 맞으면 ○표, 틀리면 X 표 하시오.

(1) 한반도에 있던 여러 나라를 처음으로 통일하였습니다. (　　　　　)

(2) 당을 몰아내고 옛 고구려의 모든 영토를 차지하였습니다. (　　　　　)

3 다음 괄호 안에 들어갈 알맞은 말에 ○표 하시오.

> 발해의 문화유산이나 다른 나라의 기록 등을 통해 발해가 (백제 , 고구려)를 계승하였음을 알 수 있습니다.

4 경주 불국사 3층 석탑에서 발견된 불교 경전으로, 오늘날 남아 있는 목판 인쇄물 중 세계에서 가장 오래된 것은 무엇입니까? (　　　　　)

확인 문제

1 다음과 같이 신라와 당의 동맹을 이끌어 낸 ㉠ 인물은 누구입니까? ( )

신라와 당이 연합하여 백제와 고구려를 공격하는 것이 어떻겠습니까?
좋소. 고구려와 백제를 멸망시키면 평양 이남의 땅을 신라에 주겠소.
㉠
당 태종

① 계백 ② 온조 ③ 김유신 ④ 김춘추 ⑤ 대조영

중요

2 신라의 삼국 통일 과정을 일어난 순서대로 기호를 쓰시오.

㉠ 신라가 당의 군대를 몰아냈다.
㉡ 신라가 삼국 통일을 이루었다.
㉢ 신라와 당 연합군이 백제를 멸망시켰다.
㉣ 신라와 당 연합군이 고구려의 평양성을 함락하였다.

(→ → →)

3 다음 빈칸에 공통으로 들어갈 알맞은 나라는 어디입니까? ( )

- 대조영이 옛 ( ) 사람들과 말갈족 일부를 이끌고 동모산 근처에 발해를 세웠습니다.
- 발해는 전성기에 ( )의 옛 땅을 대부분 되찾고, 요동 지역을 차지하였습니다.

① 가야 ② 백제 ③ 신라 ④ 고구려 ⑤ 고조선

4 다음과 같은 문화유산을 볼 수 있는 신라의 절은 무엇인지 쓰시오.

▲ 3층 석탑

▲ 다보탑

( )

중요

5 다음 보기 에서 석굴암에 대한 설명으로 알맞은 것을 모두 골라 기호를 쓰시오.

보기
㉠ 절에서 무구정광대다라니경이 발견되었다.
㉡ 화강암을 다듬어 쌓아 석굴 모양으로 만들었다.
㉢ 신라 사람들이 바라는 부처의 나라를 표현한 절이다.
㉣ 내부 구조와 본존불에는 정확한 수학적 비례가 적용되었다.

( )

서술형

6 다음 문화유산을 통해 알 수 있는 발해 문화의 특징을 쓰시오.

▲ 발해 기와

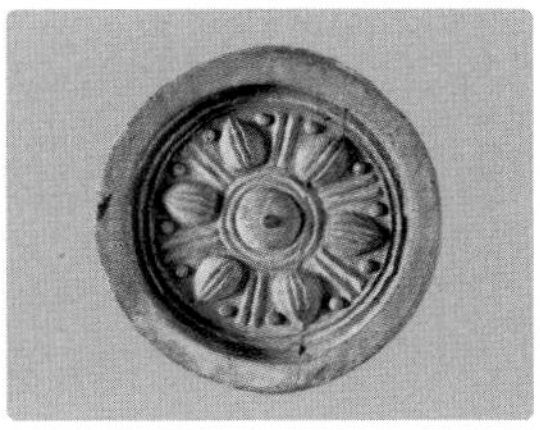
▲ 고구려 기와

실력 문제로 다잡기

1 **고조선의 건국 이야기 중 다음 내용을 통해 알 수 있는 사실은 무엇입니까?** (　　　)

> 환웅은 바람, 비, 구름을 다스리는 신하 등 무리 삼천 명을 이끌고 태백산 꼭대기에 내려와 세상을 다스렸다.

① 화폐의 개념이 있었다.
② 환웅이 고조선을 세웠다.
③ 농업을 중요하게 생각하였다.
④ 모든 사람이 평등한 사회였다.
⑤ 환웅 부족이 곰을 믿는 부족과 힘을 합쳤다.

1-1 고조선의 건국 이야기는 고려 시대의 역사서인 『삼국유사』에 실려 있습니다. (○, ×)

중요

2 **다음 문화유산이 발견된 지역으로 문화 범위를 짐작할 수 있는 나라에 대한 설명으로 알맞은 것을 보기 에서 모두 골라 기호를 쓰시오.**

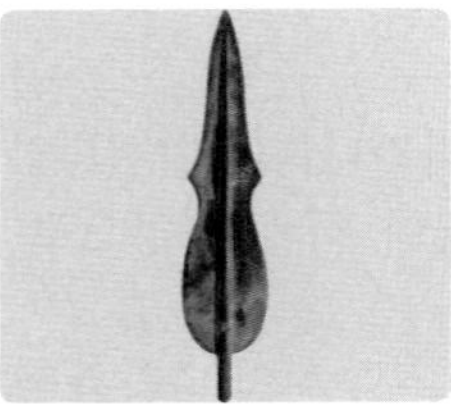
▲ 비파형 동검

▲ 탁자식 고인돌

보기
㉠ 우리 역사 속 최초의 나라이다.
㉡ 풍부한 철을 바탕으로 등장하였다.
㉢ 사회 질서를 유지하고자 여덟 개 조항의 법을 만들었다.
㉣ 한반도 남쪽에서 작은 나라들이 연맹을 이루어 성립하였다.

(　　　　　　　)

2-1 고조선에서 만든 여덟 개 조항의 법은 오늘날까지 모두 전해집니다. (○, ×)

3 **다음 단서들로 짐작할 수 있는 삼국의 왕은 누구입니까?** (　　　)

단서 1 백제의 전성기를 이끌어 남쪽과 북쪽으로 영토를 넓혔다.

단서 2 중국, 왜 등 주변 나라들과 활발하게 교류하였다.

① 법흥왕　② 장수왕　③ 진흥왕
④ 근초고왕　⑤ 광개토 대왕

3-1 백제는 4세기 근초고왕 때 전성기를 맞이하였습니다. (○, ×)

중요

4 삼국의 전성기에 대해 <u>잘못</u> 이야기한 어린이는 누구입니까? (　　　)

① 삼국은 전성기에 영토를 크게 넓혔어.

② 신라의 전성기는 진흥왕이 이끌었어.

③ 고구려가 가장 늦게 전성기를 맞았어.

④ 삼국은 전성기에 한강 유역을 차지하였어.

4-1 삼국 중 가장 먼저 전성기를 맞은 나라는 신라입니다.

(○, ×)

5 다음 문화유산을 남긴 나라에 대한 설명으로 알맞은 것은 어느 것입니까? (　　　)

▲ 안악 3호분의 부엌과 고기 창고 그림

▲ 무용총의 손님맞이 그림

① 온조가 건국하였다.
② 가야 연맹을 멸망시켰다.
③ 근초고왕 때 전성기를 맞았다.
④ 경주 첨성대가 대표적인 과학 문화유산이다.
⑤ 금동 연가 7년명 여래 입상이 대표적인 불교 문화유산이다.

5-1 백제는 다른 나라들에 비해 고분 벽화를 많이 남겼습니다.

(○, ×)

서술형

6 무령왕릉에서 나온 다음 문화유산을 통해 알 수 있는 백제의 모습을 쓰시오.

▲ 중국 도자기

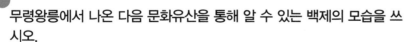

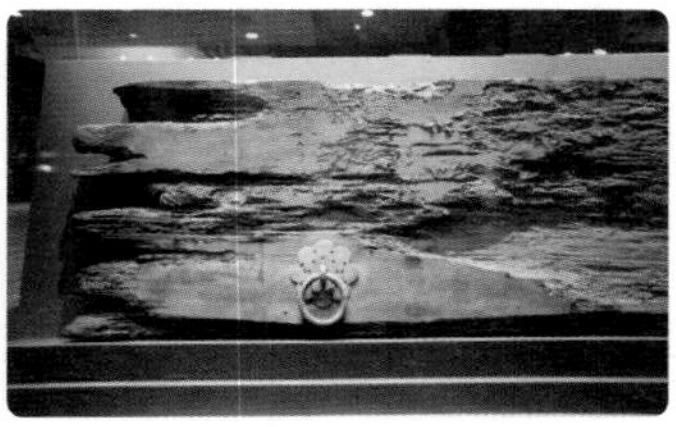

▲ 일본 소나무로 만든 관의 일부

6-1 무령왕릉은 중국의 영향을 받은 벽돌무덤입니다.

(○, ×)

7 다음에서 설명하는 문화유산은 무엇인지 쓰시오.

- 백제 사람들의 뛰어난 예술 감각과 공예 기술을 보여 주는 문화유산입니다.
- 봉황, 산, 동물, 연꽃 등이 정교하게 표현되어 있으며, 이를 통해 당시 사람들이 살고 싶어 한 이상 세계를 짐작할 수 있습니다.

(   )

7-1 백제 금동 대향로를 통해 백제가 주변 나라와 교류하였음을 알 수 있습니다.

(○, ×)

8 다음 대화의 빈칸에 들어갈 문화유산으로 알맞은 것은 어느 것입니까? (   )

우리 수행 평가 주제로 신라의 문화유산을 선택했잖아. 자료를 조사해 보았어?
응. 나는 선덕 여왕이 이웃 나라가 쳐들어오지 않기를 기원하며 만든 탑을 조사했어.
아! 지금은 터만 남아 있는 절에 있었던 탑 말이지?
맞아. 탑의 이름은 (   )(이)야.

① 경주 첨성대
② 황룡사 9층 목탑
③ 경주 불국사 다보탑
④ 익산 미륵사지 석탑
⑤ 경주 불국사 3층 석탑

8-1 백제의 익산 미륵사지 석탑은 우리나라에 남아 있는 가장 큰 석탑입니다.

(○, ×)

중요 9 신라의 삼국 통일 과정에서 다음과 같은 일이 일어난 까닭으로 알맞은 것은 어느 것입니까? (   )

신라는 당을 상대로 전쟁을 벌여 승리하였습니다.

① 당이 신라를 돕지 않았기 때문에
② 당이 고구려를 멸망시켰기 때문에
③ 당이 백제와 동맹을 맺었기 때문에
④ 당이 신라에 무리한 조공을 요구하였기 때문에
⑤ 당이 동맹을 깨고 한반도 전체를 차지하려고 하였기 때문에

9-1 신라는 매소성 전투와 기벌포 전투에서 당에 패배하였습니다.

(○, ×)

중요

10 **오른쪽 지도의 (가) 나라에 대한 설명으로 알맞지 않은 것은 어느 것입니까?** (　　)

① 대조영이 동모산 근처에 세웠다.
② 옛 고구려 땅을 대부분 되찾았다.
③ 스스로 백제를 계승한 나라임을 내세웠다.
④ 당으로부터 해동성국이라고 불리기도 하였다.
⑤ 수도 상경성이 있던 곳에 절터와 불상, 석등 등이 남아 있다.

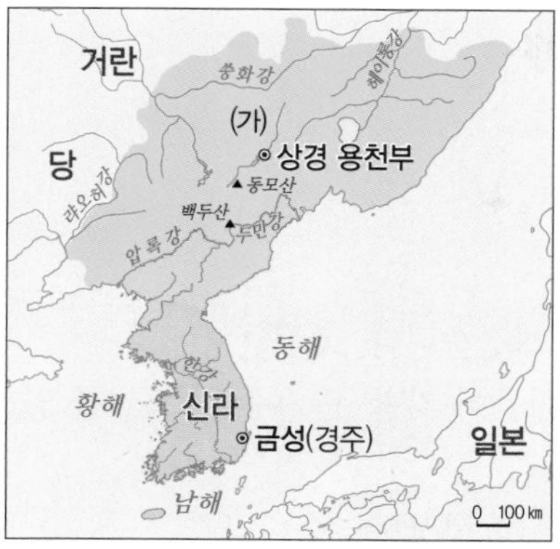

10-1 대조영은 옛 고구려 사람들과 말갈족 일부를 이끌고 발해를 세웠습니다.
(○, ×)

11 **다음 문화유산이 발견된 절에 대한 설명으로 알맞은 것을 보기 에서 모두 골라 기호를 쓰시오.**

▲ 무구정광대다라니경

보기
㉠ 유네스코 세계 유산으로 지정되었다.
㉡ 화강암을 다듬어 쌓아 만든 석굴 모양의 절이다.
㉢ 신라 사람들이 바라는 부처의 나라를 표현한 절이다.
㉣ 둥글게 만든 천장은 신라의 우수한 건축 기술이 반영되어 있다.

(　　　　　)

11-1 불국사와 석굴암은 뛰어난 건축 예술과 과학 기술을 인정받아 유네스코 세계 유산으로 지정되었습니다.
(○, ×)

12 **오른쪽 문화유산을 통해 알 수 있는 발해 문화의 특징으로 알맞은 것은 어느 것입니까?** (　　)

① 불교문화가 발달하였다.
② 고분 문화가 발달하였다.
③ 과학 기술이 발달하였다.
④ 백제 문화의 영향을 받았다.
⑤ 중국, 일본과 활발하게 교류하였다.

▲ 이불병좌상

▲ 발해 석등

12-1 발해는 백제 문화를 계승하면서도 주변 나라들의 문화를 받아들여 독자적인 문화를 이루었습니다.
(○, ×)

01 고려의 건국과 후삼국 통일

❶ 후삼국의 성립과 고려의 건국

(1) 신라 말의 상황

① 귀족들의 왕위 다툼으로 정치가 혼란해졌습니다. 자료①

② 무거운 세금으로 생활이 어려워진 농민들이 지방 곳곳에서 ❶봉기를 일으켰습니다.

③ 지방에서는 새로운 정치 세력인 ❷호족이 성장하였습니다.

(2) 고려의 건국과 후삼국 통일

후삼국의 성립	• 여러 호족 중에서 세력을 키운 견훤은 후백제를 세웠고, 궁예는 후고구려를 세웠습니다. • 신라 말 나라가 신라, 후백제, 후고구려(훗날 고려)로 나뉘었는데, 이를 후삼국이라고 합니다.
↓	
고려 건국	• 왕건은 송악(개성)의 호족으로 궁예가 세력을 키우자 궁예의 신하가 되어 후고구려의 발전에 공을 세웠습니다. 자료② • 궁예가 호족들을 탄압하고 나라를 난폭하게 다스리자 신하들이 궁예를 몰아내고 왕건을 왕으로 ❸추대하였습니다. • 왕건은 나라 이름을 고려라고 정하고, 도읍을 송악(개성)으로 옮겼습니다. 자료③
↓	
고려의 후삼국 통일	• 후백제에서는 왕위를 둘러싸고 다툼이 일어나 견훤이 왕위를 빼앗기고 후백제를 탈출하여 고려로 갔습니다. • 신라는 더 이상 나라를 유지하기 어렵다고 생각하여 스스로 나라를 고려에 넘겨주었습니다. • 고려는 견훤이 항복한 후 후백제와 벌인 전투에서 승리하여 후삼국을 통일하였습니다.

• 고려는 한때 후백제와의 전투에서 패배하여 위기를 겪었으나 몇 년 뒤 전투에서는 크게 승리하여 후삼국의 주도권을 잡았습니다.

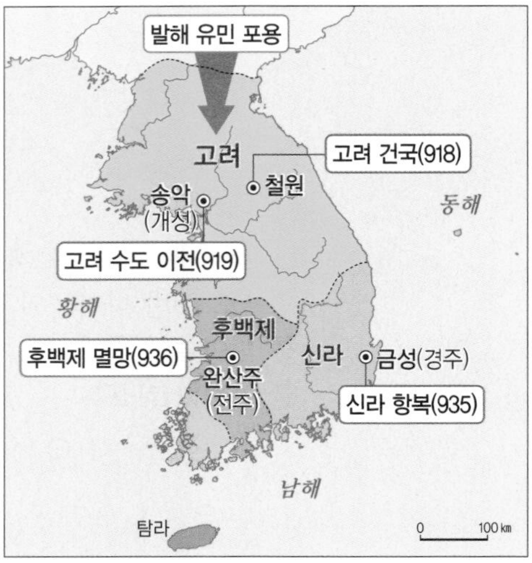

▲ 고려의 건국과 후삼국의 통일

자료 ① 신라 말에 정치가 혼란해진 까닭

• 정치를 이끌었던 귀족들이 왕위를 두고 다투었기 때문입니다.
• 이러한 다툼으로 정치가 혼란해져 지방을 다스리기가 어려웠습니다.

자료 ② 왕건

• 해상 활동으로 부를 축적해 왔으며, 이를 바탕으로 송악 인근에서 영향력을 행사하였습니다.
• 해상 활동 경험으로 수군을 이끌고 지금의 전라남도 나주 일대를 공격하여 후고구려의 영토로 만들었습니다.
• 궁예를 몰아내고 고려를 건국하였습니다.

자료 ③ 왕건이 나라 이름을 고려라고 한 까닭

• 고구려의 옛 땅에 나라를 세웠기 때문입니다.
• 고구려의 정신을 계승하기 위해서입니다.

용어 사전

❶ 봉기
벌 떼처럼 떼 지어 세차게 일어남.

❷ 호족
신라 말부터 고려 초까지 경제력과 군사력을 바탕으로 지방에서 성장한 정치 세력

❸ 추대
윗사람으로 떠받듦.

❷ 고려의 제도 정비

(1) 태조 왕건의 정책 자료 ④

태조는 한 왕조를 세운 첫 번째 임금에게 붙이던 이름으로, 임금이 죽은 뒤에 붙였습니다.

백성의 생활 안정	백성의 세금을 줄이고, 가난한 사람들에게 곡식을 빌려주는 기관을 운영하였습니다.
불교 [4]장려	백성의 마음을 하나로 모으려고 불교를 장려해 전국 곳곳에 절을 짓기도 하였습니다.
정치 안정	호족을 자기편으로 끌어들이는 동시에 적절히 견제하며 나라를 다스렸습니다. 자료 ⑤
민족 통일	신라와 후백제뿐만 아니라 옛 발해의 백성을 받아들였습니다.
[5]북진 정책	북진 정책을 추진하여 북쪽으로 영토를 넓혔습니다.

(2) 태조 왕건의 훈요 10조: 태조 왕건은 자신의 정치 이념과 사상을 '훈요 10조'로 정리하여, 후대 왕들이 꼭 지킬 것을 당부하였습니다.

불교의 힘으로 나라를 세웠으니 불교를 장려할 것	왕위는 맏아들이 계승하게 하되, 맏아들이 현명하지 못하면 다른 아들이 계승하게 할 것	중국의 제도를 억지로 따르지 말고, 거란의 풍습을 본받지 말 것

서경(평양)은 중요한 곳이니 1년에 100일 이상 머무를 것	농민들의 부담을 가볍게 할 것	옛일을 거울삼아 오늘을 조심할 것

(3) 태조 왕건이 죽은 뒤 고려 상황: 왕위 계승을 둘러싸고 다툼이 벌어져 왕권이 불안정해졌습니다.

(4) 광종과 성종의 정책

태조 왕건의 뒤를 이은 왕들은 나라의 제도를 갖추어 나갔습니다.

광종	• 억울하게 호족의 노비가 된 사람들을 풀어 주었습니다. • 능력 있는 관리를 뽑기 위해 [6]유교적 지식을 평가하여 관리를 선발하는 과거제를 실시하였습니다. 자료 ⑥
성종	• 유교 이념에 바탕을 둔 여러 제도를 마련하였습니다. • 지방에 관리를 보내 왕의 명령이 지방에도 잘 전달될 수 있도록 하였습니다.

자료 ④ 태조 왕건 청동상

태조 왕건 청동상에서 왕건은 황제가 쓰는 관을 쓰고 있습니다. 이를 통해 고려가 황제 국가라는 것을 드러내고자 하였음을 알 수 있습니다.

자료 ⑤ 태조 왕건이 호족을 다스릴 때 쓴 정책

- 세력이 강한 여러 호족의 딸과 결혼을 하였습니다.
- 지방의 힘 있는 호족에게 고려 왕실의 성씨인 왕씨 성을 내려 주었습니다.
- 호족의 자녀를 도읍에 머물게 하였습니다.

자료 ⑥ 과거제

과거제는 문장 솜씨와 유교 경전 등의 이해 정도를 시험하여 관리를 선발하는 제도입니다. 고려에서 과거제가 실시되면서 가문이나 신분뿐만 아니라 개인의 능력도 중요해졌습니다. 가문이 좋지 않더라도 능력이 뛰어나면 관직에 오르고 출세할 기회를 얻게 되었습니다. 광종 때 과거제는 호족의 세력이 약해지는 데 영향을 주었습니다.

용어 사전

④ 장려
좋은 일에 힘쓰도록 북돋아 줌.

⑤ 북진
북쪽으로 세력을 넓힘.

⑥ 유교
공자의 가르침을 따르며 나라에 충성하고 부모에게 효도하는 것을 중요하게 여기는 사상

기본 문제로 익히기

핵심 체크

● 고려의 건국과 후삼국 통일

고려 건국	• 후고구려에서는 궁예가 호족들을 탄압하고 나라를 난폭하게 다스렸습니다. • 신하들은 궁예를 몰아내고 ❶ □□을 왕으로 추대하였습니다. • 왕건은 나라 이름을 ❷ □□라고 정하였습니다.

↓

고려의 후삼국 통일	• 후백제의 견훤이 후백제를 탈출하여 고려로 갔습니다. • ❸ □□는 더 이상 나라를 유지하기 어렵다고 생각하여 스스로 나라를 고려에 넘겨주었습니다. • 고려는 후백제와 벌인 전투에서 승리하여 ❹ □□□을 통일하였습니다.

● **태조 왕건의 정책**: 태조 왕건은 백성의 생활을 안정시키기 위해 노력하였으며, ❺ □□을 자기편으로 끌어들이면서도 적절히 견제하며 정치를 안정시키려고 하였습니다.

개념 문제

1 다음 설명이 맞으면 ○표, 틀리면 X 표 하시오.

(1) 신라 말에 나라가 혼란해지자 지방에서 호족이 성장하였습니다. (　　　)

(2) 신라 말 여러 호족 중에서 세력을 키운 궁예는 후백제를 세웠고, 견훤은 후고구려를 세웠습니다. (　　　)

2 고려를 건국하고 후삼국을 통일한 인물은 누구입니까? (　　　)

3 다음을 후삼국의 성립과 고려의 후삼국 통일 과정에 맞게 순서대로 기호를 쓰시오.

㉠ 신라 항복	㉡ 고려 건국	㉢ 후백제 멸망
㉣ 후백제 건국	㉤ 후고구려 건국	

(　　→　　→　　→　　→　　)

4 태조 왕건은 자신의 정치 이념과 사상을 (　　　　　)(으)로 정리하여, 후대 왕들이 꼭 지킬 것을 당부하였습니다.

확인 문제

서술형
1 다음 밑줄 친 부분에 들어갈 알맞은 내용을 쓰시오.

신라 말에는 귀족들이 서로 다투면서 정치가 혼란해졌습니다. 무거운 세금으로 생활이 어려워진 농민들이 지방 곳곳에서 봉기를 일으켰으며, 지방에서는 ______________________

____

____

2 다음 ㉠, ㉡ 나라를 세운 인물을 알맞게 짝지은 것은 어느 것입니까? (　　　)

신라 말에 나라가 신라, ㉠ 후백제, ㉡ 후고구려로 나뉘었는데, 이를 후삼국이라고 합니다.

	㉠	㉡
①	견훤	궁예
②	견훤	왕건
③	왕건	궁예
④	왕건	견훤
⑤	궁예	견훤

중요
3 후삼국의 성립과 고려의 후삼국 통일 과정에 대해 잘못 이야기한 어린이는 누구입니까? (　　　)

①

신라는 스스로 나라를 고려에 넘겨주었어.

②

견훤은 왕위 다툼에서 승리한 후 후삼국을 통일하였어.

③

왕건은 궁예의 부하였지만, 궁예를 몰아내고 고려를 세웠어.

④

왕건은 한때 후백제와의 전투에서 패배하였지만 몇 년 뒤 전투에서는 승리하였어.

4 다음 그림과 관련이 있는 태조 왕건의 정책으로 알맞은 것은 어느 것입니까? (　　　)

호족들에게 관직과 토지를 내려 주겠네.
땅문서

① 세금을 줄였다.
② 불교를 장려하였다.
③ 북쪽으로 영토를 넓혔다.
④ 옛 발해의 백성을 받아들였다.
⑤ 지방 세력과 좋은 관계를 유지하려고 하였다.

중요
5 태조 왕건이 한 일이 아닌 것은 어느 것입니까? (　　　)

① 백성의 세금을 줄여 주었다.
② 가난한 백성이 굶주리지 않도록 힘썼다.
③ 억울하게 호족의 노비가 된 사람들을 풀어 주었다.
④ 호족을 자기편으로 끌어들이는 동시에 적절히 견제하였다.
⑤ 옛 고구려의 영토를 되찾고자 북쪽으로 영토를 넓혀 나갔다.

6 고려의 왕과 그의 업적을 바르게 선으로 연결하시오.

(1) 광종 •　　　• ㉠ 과거제를 처음 실시하여 관리를 뽑았습니다.

(2) 성종 •　　　• ㉡ 유교 이념에 바탕을 둔 여러 제도를 마련하였습니다.

02 외세의 침입과 극복

❶ 거란, 여진의 침입과 대응

(1) 고려와 송, [1]거란의 관계: 고려는 송과 가까이 지내면서 발해를 멸망시킨 거란을 멀리하였습니다.

(2) 거란의 침입과 대응 과정

① 거란의 1차 침입

거란의 침입	고려와 송의 관계를 끊으려고 고려를 침입하였습니다.
고려의 대응	고려의 일부 신하들은 북쪽 땅을 거란에 주고 평화를 찾자고 하였으나 서희는 거란의 침입 의도를 파악하고 소손녕과 [2]담판을 벌였습니다. 자료 ①
서희의 담판 결과	고려는 송과의 관계를 끊고 거란과 교류할 것을 약속하고, 압록강 동쪽의 강동 6주를 차지하게 되었습니다.

강동 6주는 고려와 거란, 송, 여진이 만나는 곳으로, 외교적·군사적으로 매우 중요한 곳이었습니다.

② 거란의 2차 침입: 고려가 송과의 관계를 계속 유지하자 거란은 고려를 다시 침입하였습니다. → 고려는 개경을 빼앗기는 어려움을 겪었으나, 양규가 이끄는 고려군이 거란군을 공격하여 큰 피해를 주었습니다.

③ 거란의 3차 침입

고려는 거란의 침입을 예상하여 강감찬에게 물자를 준비시키고 군사를 훈련시키는 등의 대비를 하게 하였습니다.

거란의 침입	거란은 강동 6주를 돌려달라고 요구하였지만 고려가 이를 거절하자 고려를 다시 침입하였습니다.
고려의 대응	• 귀주 [3]대첩: 강감찬이 이끄는 고려군은 돌아가는 거란군을 귀주에서 크게 물리쳤습니다. 자료 ② • 이후 천리장성을 쌓아 외세의 침입에 대비하였습니다.

귀주 대첩 이후 고려와 거란의 외교 관계는 안정되었습니다.

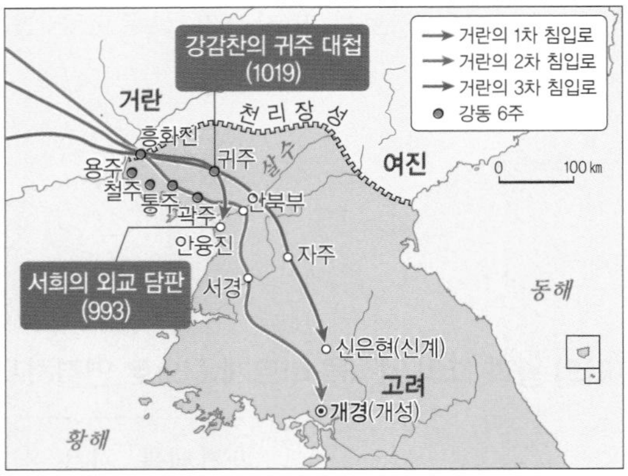

▲ 거란의 침입과 고려의 대응

서희와 강감찬 등의 활약으로 거란의 침입을 물리칠 수 있었어.

(3) 고려의 여진 정벌

여진의 침입	여진이 고려의 국경 지역을 자주 쳐들어왔습니다.
고려의 대응	윤관이 [4]별무반을 이끌고 여진을 물리친 뒤 동북 지역에 9개의 성을 쌓았습니다.

자료 ① 서희의 외교 담판

거란의 1차 침입 때 서희는 거란의 장수 소손녕과 담판을 벌였습니다. 그 결과 고려는 송과의 관계를 끊고 거란과 교류할 것을 약속하는 대신 압록강 동쪽의 강동 6주를 얻어 영토를 압록강까지 넓혔습니다.

자료 ② 강감찬의 활약

강감찬은 거란군이 강을 건널 때 상류에서 막았던 물을 내려보내고, 숨어 있던 병사들에게 거란군을 공격하게 하였습니다. 그리고 귀주에서 후퇴하는 거란군을 공격하여 큰 승리를 거두었습니다.

용어 사전

❶ **거란**
고려가 건국될 무렵, 고려의 북쪽에서 성장해 세력을 넓힌 나라

❷ **담판**
서로 맞선 사람들이 의논해 옳고 그름을 판단함.

❸ **대첩**
크게 이김. 또는 큰 승리

❹ **별무반**
여진을 정벌하는 데 목적을 두고 윤관의 건의로 조직한 기병(말을 타고 싸우는 병사) 중심의 특수 부대

❷ 몽골의 침입과 고려의 항쟁

(1) [5]**몽골의 세력 확대**: 몽골은 나라를 세우고 주변 나라를 침략하여 영토를 넓혀 갔습니다.

(2) 몽골의 침입과 고려의 항쟁

몽골의 침입	고려에 왔던 몽골 [6]사신이 몽골로 돌아가는 길에 사망한 사건을 구실로 고려를 침입하였습니다. → 고려의 군대와 백성이 귀주성 등 여러 성에서 몽골의 군대에 맞서 싸웠습니다.

(귀주성: 관군과 백성이 약 한 달 동안의 항쟁 끝에 몽골군을 물리쳤습니다.)

↓

강화도 [7]천도	[8]무신 정권이 개경에서 강화도로 도읍을 옮기고 몽골과 싸울 준비를 하였습니다.

↓

고려의 군대와 백성의 활약	• 몽골이 여러 차례 고려를 침입할 때마다 고려군과 백성은 적극적으로 맞서 싸웠습니다. • 승려 김윤후가 처인성 전투에서 백성과 함께 싸워 큰 승리를 거두었고, 충주성에서도 몽골군을 물리쳤습니다. 자료 ❸, ❹

↓

삼별초의 저항	• 계속된 전쟁으로 피해가 커지자 고려는 몽골과 [9]강화를 맺었고, 고려의 왕이 강화도에서 개경으로 돌아갔습니다. 자료 ❺ • 삼별초는 이에 반발하여 강화도에서 진도, 탐라(제주)로 근거지를 옮겨 가며 몽골군과 싸웠습니다. • 고려와 몽골의 연합군이 삼별초의 저항을 [10]진압하면서 몽골과의 오랜 전쟁이 끝났습니다.

(삼별초: 원래 무신 정권의 군사적 기반이었는데, 몽골이 침략하자 그에 대항하는 군대가 되어 마지막까지 싸웠습니다.)

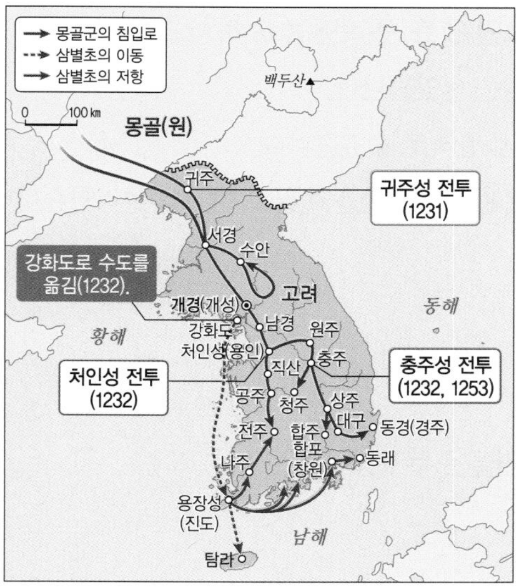

▲ 몽골의 침입과 고려의 항쟁

(3) 전쟁 이후 몽골의 간섭

① 몽골은 고려에서 많은 물자를 거두어 갔고, 사람도 많이 끌고 갔습니다.

② 고려는 고유한 풍속과 제도를 유지하고자 노력하였고, 몽골의 간섭을 벗어나기 위한 개혁을 추진하였습니다.

자료 ❸ 처인성 전투

김윤후와 백성이 처인성에서 몽골의 장수 살리타를 죽여 승리를 거두었습니다. 그 결과 몽골군이 물러갔습니다.

1 단원

자료 ❹ 충주성 전투

김윤후는 노비 문서를 불태우면서 사람들의 사기를 북돋워 주었습니다. 이에 따라 노비들도 힘을 합쳐 성을 지켜 냈습니다.

자료 ❺ 몽골과의 전쟁으로 고려가 입은 피해

- 많은 백성이 죽거나 몽골에 끌려갔습니다.
- 논밭은 돌보지 못해 거칠고 쓸모없는 땅이 되었습니다.
- 초조대장경과 경주의 황룡사 9층 목탑 등 귀중한 문화유산이 불타 없어졌습니다.

(초조대장경: 고려 시대에 제작한 우리나라 최초의 대장경입니다.)

✔ 용어 사전

❺ 몽골
중국 북쪽의 초원에 흩어져 살던 민족으로, 13세기에 영토가 아시아에서 유럽에 걸친 나라를 세움.

❻ 사신
임금이나 국가의 명령을 받고 다른 나라에 보내는 신하

❼ 천도
도읍을 옮김.

❽ 무신 정권
고려에서 문신과의 차별에 불만을 품은 무신들이 반란을 일으켜 세운 정권

❾ 강화
전쟁을 하던 두 나라가 싸움을 멈추고 평화로운 상태가 되는 것

❿ 진압
힘으로 억눌러 진정시킴.

기본 문제로 익히기

핵심 체크

● 거란의 침입과 대응

1차 침입	거란이 고려와 송의 관계를 끊으려고 고려를 침입하였습니다. → ❶ □□의 담판으로 고려는 강동 6주를 얻게 되었습니다.
2차 침입	거란이 다시 침략하여 고려는 개경을 빼앗겼습니다. → ❷ □□가 이끄는 고려군이 거란군을 공격하여 큰 피해를 주었습니다.
3차 침입	고려가 강동 6주 돌려주지 않자 거란이 다시 침입하였습니다. → ❸ □□□이 이끄는 고려군은 귀주에서 거란군을 크게 물리쳤습니다.

● 몽골의 침입과 고려의 항쟁

- **몽골의 침입**: 고려에 왔던 몽골 사신이 사망한 사건을 구실로 몽골이 고려를 침입하였습니다.
- **고려의 군대와 백성의 활약**: 처인성, 충주성 등에서 몽골의 계속되는 침입에 맞서 싸웠습니다.
- ❹ □□□**의 저항**: 고려가 몽골과 ❺ □□를 맺고 개경으로 돌아가자, 이에 반발하여 근거지를 강화도, 진도, 탐라(제주)로 옮겨 가며 저항하였습니다.

개념 문제

1 **거란의 1차 침입 때 서희는 거란의 소손녕과 담판을 벌여 압록강 동쪽의 (　　　　　)을/를 얻었습니다.**

2 **외세의 침입과 고려의 대응에 대한 설명이 맞으면 ○표, 틀리면 X 표 하시오.**

(1) 귀주 대첩 이후 고려는 국경 지역에 천리장성을 쌓았습니다. (　　　)

(2) 몽골의 1차 침입 이후 고려는 도읍을 개경에서 탐라로 옮겼습니다. (　　　)

(3) 세력을 키운 여진이 고려를 자주 침입하자 윤관은 별무반을 이끌고 여진을 물리쳤습니다. (　　　)

3 **거란의 3차 침입 때 귀주 대첩을 승리로 이끈 인물은 누구입니까?** (　　　　　)

4 **다음 괄호 안에 들어갈 알맞은 군대에 ○표 하시오.**

> 고려의 왕이 몽골의 요구에 따라 개경으로 돌아가자 (별무반 , 삼별초)은/는 이에 반발하여 강화도에서 진도, 탐라로 근거지를 옮겨 가며 몽골군과 계속 싸웠습니다.

확인 문제

1 다음에서 설명하는 나라는 어디입니까? (　　　)

- 고려의 북쪽에서 성장해 세력을 넓혔습니다.
- 발해를 멸망시키고, 세 차례에 걸쳐 고려를 침입하였습니다.

① 송　② 거란　③ 일본　④ 몽골　⑤ 여진

서술형

2 다음은 거란의 1차 침입 당시 서희가 거란의 장수 소손녕과 담판을 벌인 모습입니다. 이 담판의 결과 고려가 얻은 것은 무엇인지 쓰시오.

우리와 국경을 접하고 있는데도 왜 바다를 건너 송과 교류하는 것이오?
여진을 쫓아내고 우리가 그 땅을 얻게 되면 어찌 거란과 교류하지 않겠소?
서희
소손녕

3 다음에서 설명하는 부대는 무엇인지 쓰시오.

- 고려가 조직한 기병 중심의 부대입니다.
- 윤관이 이 부대를 이끌고 여진을 물리쳤습니다.

(　　　)

4 다음 빈칸에 들어갈 알맞은 인물은 누구입니까? (　　　)

승려 (　　)이/가 처인성 전투에서 백성과 함께 몽골의 장수를 죽이는 등 큰 승리를 거두었고, 충주성에서도 몽골군을 물리쳤습니다.

① 견훤　② 서희　③ 윤관　④ 강감찬　⑤ 김윤후

중요

5 몽골의 침입과 고려의 항쟁 과정에서 있었던 일로 알맞은 것을 두 가지 고르시오. (　　,　　)

① 초조대장경이 불타 없어졌다.
② 별무반이라는 부대가 만들어졌다.
③ 개경에서 강화도로 도읍을 옮겼다.
④ 고려가 국경 지역에 천리장성을 쌓았다.
⑤ 서희의 담판으로 고려가 강동 6주를 얻었다.

6 고려의 개경 환도에 반발하여 다음 지도와 같이 근거지를 옮겨 가며 저항한 군대는 무엇인지 쓰시오.

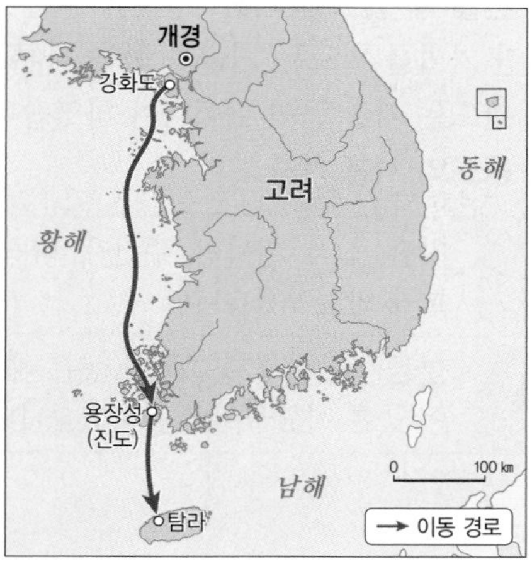
개경
강화도
고려
동해
황해
용장성
(진도)
남해
탐라
0　100 km
이동 경로

(　　　)

7 다음은 몽골의 침입과 고려의 항쟁 과정에서 있었던 일입니다. 일어난 순서대로 기호를 쓰시오.

㉠ 고려가 강화도에서 개경으로 도읍을 옮겼다.
㉡ 고려에 왔던 몽골 사신이 돌아가는 길에 사망하였다.
㉢ 김윤후와 백성이 처인성에서 몽골의 장수를 죽이고 몽골군을 물리쳤다.
㉣ 고려와 몽골의 연합군이 삼별초의 저항을 진압하면서 몽골과의 전쟁이 끝났다.

(　　→　　→　　→　　)

03 고려 문화의 우수성

❶ 고려청자 → 고려를 대표하는 예술품입니다.

(1) 상감 청자 자료①

① 초기에는 중국의 기술을 받아들여 청자를 만들었습니다. → 상감 기법을 청자에 적용하여 청자의 표면에 무늬를 새기고 그 자리에 색이 다른 흙을 메운 뒤 [1]유약을 발라 구워서 독창적인 도자기를 만들었습니다.

(상감 기법: 재료의 겉을 파내고 그 자리에 다른 재료를 채워 장식하는 기법입니다.)

▲ 청자 상감 운학 무늬 [2]매병

▲ 청자 모자 원숭이 모양 [3]연적

② 상감 청자는 뛰어난 곡선미와 아름다운 색으로 유명하여 중국에도 널리 알려졌습니다.

(2) 청자를 만들 때 필요한 기술

청자를 구울 때 높은 온도를 일정하게 유지하려면 가마를 만드는 기술과 불을 다루는 기술이 발달해야 하였고, 유약을 만드는 기술 등이 뛰어나야 하였습니다.

(3) 청자의 용도와 사용 계층

청자의 용도	찻잔, 접시, 항아리, 주전자, 화병, 연적 등 용도에 따라 다양하게 만들어졌습니다.
사용 계층	만들기가 어렵고 가치가 높은 제품이어서 주로 왕실과 신분이 높은 사람들이 사용하였습니다.

❷ 팔만대장경

(1) [4]팔만대장경을 만든 까닭

① 고려 시대에는 나라에 어려운 일이 생기면 부처의 힘으로 사람들의 마음을 하나로 모아 어려움을 이겨 내려고 하였습니다.

(거란의 침입을 물리치려고 만들었습니다.)

② 몽골의 침입으로 초조대장경이 불타 없어지자, 부처의 힘으로 몽골의 침입을 막아 내려고 팔만대장경을 만들었습니다.

(1,500여 종의 불교 경전 내용이 담겨 있어 고려의 불교문화 수준이 매우 높았음을 알 수 있습니다.)

(2) 팔만대장경판을 만드는 과정 자료②

① 나무가 갈라지거나 비틀어지는 것을 막으려고 바닷물에 2년간 담가 둡니다. → ② 나무를 알맞은 크기로 자른 뒤 나뭇결을 부드럽게 하기 위해 소금물에 삶습니다. → ③ 바람이 잘 드는 곳에서 1년간 말립니다. → ④ 경전의 내용을 종이에 쓴 뒤 나무 위에 뒤집어 붙이고 글자를 새깁니다. → ⑤ 목판이 뒤틀리지 않도록 귀퉁이에 구리판을 덧대고 옻칠을 합니다. → ⑥ 조심히 운반하여 안전한 곳에 보관합니다.

자료① 상감 청자를 만드는 과정

① 모양 만들기 → ② 모양을 새긴 뒤 다른 색의 흙 넣기 → ③ 초벌구이 → ④ 유약 바르기 → ⑤ 재벌구이 → ⑥ 청자 고르기

자료② 팔만대장경판

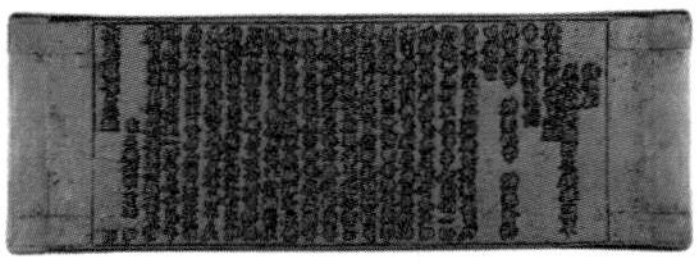

팔만대장경을 새긴 인쇄용 목판으로, 합천 해인사에 있습니다.

용어 사전

❶ **유약**
도자기를 구울 때 그 겉면에 바르는 약임. 도자기에 액체나 기체가 스며들지 못하게 하고 겉면에 광택이 나게 함.

❷ **매병**
목이 좁고 어깨는 넓으며 밑이 홀쭉하게 생긴 병

❸ **연적**
벼루에 먹을 갈 때 쓰는, 물을 담아 두는 그릇

❹ **팔만대장경**
정식 이름은 고려대장경으로, 두 번째로 만든 대장경이라는 뜻에서 재조대장경이라고도 함. 팔만대장경이라는 이름은 경판의 수가 8만여 장으로 이루어져 있다는 것에서 유래함.

(3) 팔만대장경판의 우수성

① 글자 모양이 고르고, 잘못된 글자나 빠진 글자가 거의 없을 정도로 정확합니다.

② 오늘날까지도 [5]목판이 상하거나 뒤틀리지 않고 잘 보존되어 있습니다.

③ 유네스코 세계 기록 유산으로 지정되었으며, 이를 보관하는 합천 해인사 장경판전도 유네스코 세계 유산으로 지정되었습니다. 자료 ③

조선 시대에 지어져 팔만대장경판을 보관하고 있는 건물로, 과학적으로 지어져 팔만대장경판이 잘 보존되고 있습니다.

▲ 합천 해인사 장경판전

③ 목판 인쇄술과 금속 활자 인쇄술

(1) 목판 인쇄술: 나무에 글씨를 새긴 뒤 종이에 찍어 내는 기술입니다.

장점	하나의 목판으로 여러 장의 인쇄물을 찍어 낼 수 있었습니다.
단점	• 다른 책을 만들려면 목판을 새로 만들어야 했습니다. • 갈라지거나 휘는 나무의 성질 때문에 보관하기 어려웠습니다.

(2) 금속 [6]활자 인쇄술 자료 ④

① 금속 활자의 발명: 고려는 목판 인쇄술의 단점을 해결하려고 일찍부터 인쇄술의 개발에 힘을 기울였습니다. → 그 결과 세계 최초로 금속 활자를 발명하였습니다.

▲ 고려 시대의 금속 활자

② 금속 활자의 특징
- 필요한 활자를 골라 인쇄판을 새로 짤 수 있어서 짧은 시간에 여러 종류의 책을 만들 수 있었습니다.
- 금속으로 만들어져 쉽게 부서지거나 닳지 않아 보관이 쉬웠습니다.

(3) 『직지심체요절』

① 오늘날에 남아 있는 금속 활자로 인쇄한 책 중에서 세계에서 가장 오래된 것입니다. → 1377년에 인쇄되어 독일에서 인쇄된 책보다 70여 년이나 앞섰습니다.

② 불교 가르침의 주요 내용을 정리한 것으로, 1377년에 청주 흥덕사에서 인쇄하였습니다.

③ 유네스코 세계 기록 유산으로 지정되었으며, 프랑스 국립 도서관에 보관되어 있습니다.

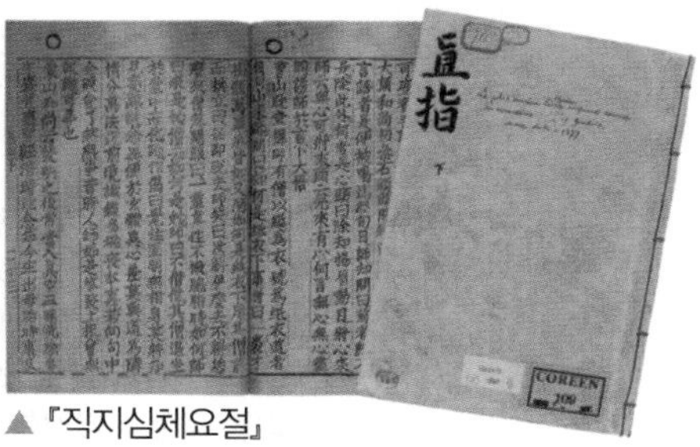
▲ 『직지심체요절』

『직지심체요절』은 조선 시대에 한 프랑스인이 가져간 뒤 프랑스 국립 도서관에 보관되어 있어.

자료 ③ 합천 해인사 장경판전에 담긴 과학

- 밑에서 올라오는 습기를 막을 수 있도록 바닥 사이에 공간을 두고, 흙바닥 속에 숯과 횟가루, 소금을 모래와 함께 넣었습니다.
- 창살이 있는 창을 내어 햇빛이 적당하게 실내로 들어가도록 하고, 위아래 창 크기를 다르게 하여 바람이 잘 통해서 온도와 습도가 일정하게 유지되도록 하였습니다.

자료 ④ 금속 활자를 만들어 책을 인쇄하는 과정

① [7]밀랍에 글자 새기기
↓
② 밀랍 활자 만들기
↓
③ [8]거푸집 만들기
↓
④ 쇳물 붓기
↓
⑤ 금속 활자 떼기
↓
⑥ [9]조판하기
↓
⑦ 인쇄하기

용어 사전

5 목판
나무에 글이나 그림 등을 새긴 인쇄용 판

6 활자
인쇄에 쓰는 작은 쇠붙이 네모기둥에 글자나 기호를 도드라지게 새긴 것

7 밀랍
벌집을 만들기 위하여 꿀벌이 분비하는 물질

8 거푸집
만들려는 물건의 모양대로 속이 비어 있는 모형이나 틀

9 조판
활자로 인쇄의 판을 짜는 것, 또는 그 판

1 단원

기본 문제로 익히기

핵심 체크

- **고려청자**

❶ □□ 청자	청자의 표면에 무늬를 새기고 그 자리에 색이 다른 흙을 메운 뒤 유약을 발라 구워서 독창적인 도자기를 만들었습니다.
활용	용도에 따라 다양하게 만들어졌으며, 만들기가 어렵고 가치가 높아 주로 ❷ □□과 신분이 높은 사람들이 사용하였습니다.

- ❸ □□□□□

제작 목적	❹ □□의 힘으로 몽골의 침입을 막아 내기 위해 만들었습니다.
장점	• 글자 모양이 고르고, 잘못된 글자나 빠진 글자가 거의 없습니다. • 목판이 상하거나 뒤틀리지 않고 잘 보존되어 있습니다.

- **금속 활자**
  - 고려는 세계 최초로 ❺ □□ 활자를 발명하였습니다.
  - 금속 활자는 필요한 활자를 골라 인쇄판을 새로 짤 수 있어 짧은 시간에 여러 종류의 책을 만들 수 있었으며, 쉽게 부서지지 않아 보관이 쉬웠습니다.

개념 문제

1 고려의 도자기 기술자들은 재료의 겉을 파내고 그 자리에 다른 재료를 채워 장식하는 상감 기법을 도자기에 적용하여 (   )을/를 만들었습니다.

2 고려청자에 대한 설명이 맞으면 ○표, 틀리면 X 표 하시오.

(1) 주로 장식품으로 만들어졌습니다. (   )

(2) 아름다운 색으로 유명하여 중국에도 널리 알려졌습니다. (   )

(3) 고려청자를 만들려면 불을 다루는 기술, 유약을 만드는 기술 등이 필요하였습니다. (   )

3 다음에서 설명하는 건물은 무엇인지 쓰시오.

- 유네스코 세계 유산으로 지정되었습니다.
- 조선 시대에 지어진 건물로, 팔만대장경판을 보관하고 있습니다.

(   )

4 오늘날 남아 있는 금속 활자로 인쇄한 책 중 세계에서 가장 오래된 것은 무엇입니까?

(   )

확인 문제

1 고려청자를 만들 때 사용된 다음과 같은 공예 기법은 무엇인지 쓰시오.

고려는 도자기 표면에 무늬를 새기고, 여기에 다른 색의 흙을 메워 굽는 방법을 사용하였습니다.

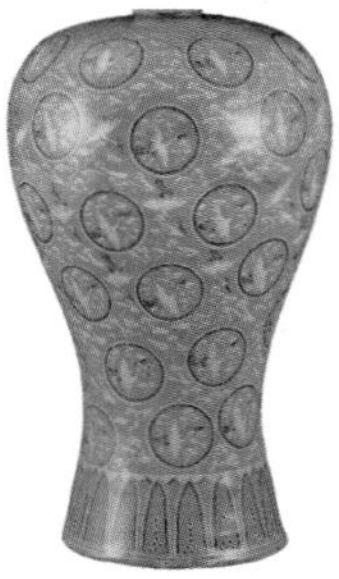

▶ 청자 상감 운학무늬 매병

(　　　　　　)

2 고려청자에 대한 설명으로 알맞지 않은 것은 어느 것입니까? (　　)

① 고려를 대표하는 예술품이다.
② 만들기가 쉬워 주로 서민들이 사용하였다.
③ 상감 기법을 도자기에 적용하여 만들었다.
④ 뛰어난 곡선미와 아름다운 색으로 유명하였다.
⑤ 찻잔, 항아리, 주전자 등 다양한 용도로 쓰였다.

중요

3 다음 문화유산에 대한 설명으로 알맞은 것은 어느 것입니까? (　　)

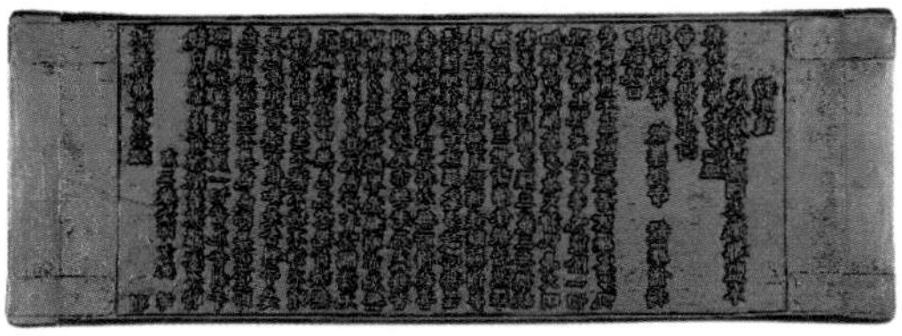

▲ 팔만대장경판

① 상감 기법이 적용되었다.
② 거란의 침입 때 만들어졌다.
③ 현재 프랑스 국립 도서관에 있다.
④ 잘못되거나 빠진 글자가 거의 없다.
⑤ 경주 불국사 3층 석탑에서 발견되었다.

서술형

4 고려 시대에 사람들이 팔만대장경을 만든 까닭을 쓰시오.

중요

5 다음 선생님의 질문에 알맞지 않은 답변을 한 어린이는 누구입니까? (　　)

선생님: 지금부터 고려가 발명한 금속 활자에 대해 말해 볼까요?

① 가영: 고려가 세계 최초로 발명하였습니다.
② 준호: 짧은 시간에 여러 종류의 책을 만들 수 있었습니다.
③ 윤하: 갈라지거나 휘는 성질 때문에 보관하기 어려웠습니다.
④ 정국: 필요한 활자를 골라 인쇄판을 새로 짤 수 있었습니다.
⑤ 수정: 『직지심체요절』은 금속 활자로 인쇄한 책 중 세계에서 가장 오래되었습니다.

6 『직지심체요절』에 대해 바르게 이야기한 어린이는 누구입니까? (　　)

①

세계에서 가장 오래된 목판 인쇄물이야.

②

유네스코 세계 기록 유산으로 지정되었어.

③

현재 청주 흥덕사에 보관되어 있어.

④

부처의 힘으로 몽골의 침입을 막아 내려고 만들었어.

실력 문제로 다잡기

1 **다음은 어떤 역사적 인물의 가상 면담 내용입니다. ㉠에 공통으로 들어갈 알맞은 인물은 누구입니까?** (　　)

- 기자: 궁예를 몰아낸 까닭은 무엇인가요?
- (㉠): 궁예가 호족들을 탄압하고 나라를 난폭하게 다스렸기 때문입니다.
- 기자: 후삼국을 통일한 최후의 승리자가 되었는데, 소감을 말씀해 주십시오.
- (㉠): 혼란한 시대를 끝내고 후삼국을 통일한 것이 뿌듯합니다.

① 견훤　② 왕건　③ 강감찬
④ 김춘추　⑤ 대조영

1-1 왕건은 고려를 건국하고 후삼국을 통일하였습니다. (○, ×)

중요

2 **고려의 후삼국 통일 과정에서 일어난 일을 순서대로 나열한 것은 어느 것입니까?** (　　)

㉠ 고려가 후백제를 멸망시켰다.
㉡ 신라가 스스로 나라를 고려에 넘겨주었다.
㉢ 견훤이 왕위를 빼앗기고 후백제를 탈출하여 고려로 갔다.
㉣ 신하들이 왕건을 왕으로 세웠고, 왕건은 나라 이름을 고려라 하였다.

① ㉠ - ㉡ - ㉣ - ㉢　② ㉠ - ㉣ - ㉡ - ㉢
③ ㉡ - ㉠ - ㉣ - ㉢　④ ㉢ - ㉣ - ㉡ - ㉠
⑤ ㉣ - ㉢ - ㉡ - ㉠

2-1 고려는 후백제와 벌인 전투에서 승리하여 후삼국을 통일하였습니다. (○, ×)

서술형

3 **다음은 태조 왕건의 업적을 표로 정리한 것입니다. 물음에 답하시오.**

불교 장려	백성의 마음을 하나로 모으려고 불교를 장려하였음.
정치 안정	호족을 자기편으로 끌어들이는 동시에 적절히 견제하였음.
민족 통일	신라, 후백제, 옛 (㉠)의 백성을 받아들였음.
북진 정책	북쪽으로 영토를 넓혔음.
민생 안정	㉡

(1) 위 표의 ㉠에 들어갈 알맞은 나라를 쓰시오.
(　　　　　)

(2) 위 표의 ㉡에 들어갈 정책을 쓰시오.

3-1 태조 왕건은 호족을 자기편으로 끌어들이기 위해 여러 호족의 딸과 결혼을 하였습니다. (○, ×)

4 **다음 빈칸에 공통으로 들어갈 알맞은 나라를 쓰시오,**

> • 고려는 (　　　)이/가 여러 방면으로 세력을 확장하고 발해까지 멸망시키자 (　　　)을/를 멀리하였습니다.
> • (　　　)은/는 고려와 송의 관계를 끊으려고 고려를 침입하였습니다.

(　　　　　　)

4-1 고려는 송과 가까이 지내면서 거란을 멀리하였습니다. (○, ×)

5 **다음은 거란의 고려 침입 과정에 있었던 일을 나타낸 자료입니다. (가)에 들어갈 내용으로 알맞은 것은 어느 것입니까?** (　　　)

거란은 고려와 송의 관계를 끊으려고 고려를 침입하였다.
↓
(가)
↓
고려가 송과의 관계를 계속 유지하자 고려를 다시 침입하였다.
↓
양규가 이끄는 고려군이 거란군을 공격하여 큰 피해를 주었다.

① 서희의 담판으로 강동 6주를 얻었다.
② 삼별초가 근거지를 옮겨 가며 저항하였다.
③ 고려가 천리장성을 쌓아 외적의 침입에 대비하였다.
④ 고려가 강화도로 도읍을 옮기고 싸울 준비를 하였다.
⑤ 강감찬이 이끄는 고려군이 귀주에서 거란군에 큰 승리를 거두었다.

5-1 거란의 3차 침입 때 서희는 소손녕과 담판을 벌여 거란군을 돌아가게 하였습니다. (○, ×)

중요
6 **다음 대화의 밑줄 친 부분에 들어갈 내용으로 알맞은 것은 어느 것입니까?** (　　　)

거란의 3차 침입 당시 고려가 거란군을 물리칠 수 있었던 까닭은 무엇일까?
____________ 때문이야.

① 서희가 소손녕과 외교 담판을 벌였기
② 압록강 동쪽의 강동 6주를 돌려주었기
③ 윤관이 별무반을 이끌고 정벌에 나섰기
④ 김윤후가 처인성 전투에서 적의 장수를 죽였기
⑤ 강감찬이 이끄는 고려군이 거란과 전투를 벌여 승리하였기

6-1 거란을 물리친 고려는 국경에 천리장성을 쌓아 외세의 침입에 대비하였습니다. (○, ×)

중요

7 다음 지도와 같이 침입한 나라에 대한 고려의 항쟁으로 알맞지 않은 것은 어느 것입니까? (　　)

① 삼별초가 근거지를 옮겨 가며 끝까지 저항하였다.
② 윤관이 별무반이라는 특수 부대를 이끌고 맞섰다.
③ 충주성에서 노비를 비롯한 하층민들이 맞서 싸웠다.
④ 귀주성에서 군대와 백성이 몽골의 군대에 맞서 싸웠다.
⑤ 승려 김윤후와 백성이 처인성에서 적의 장수를 죽이고 몽골군을 물리쳤다.

7-1 몽골은 고려에 왔던 몽골 사신이 사망한 것을 구실로 고려를 침입하였습니다. (○, ×)

8 다음 밑줄 친 부분에 들어갈 지역을 알맞게 나열한 것은 어느 것입니까? (　　)

고려의 왕이 몽골의 요구에 따라 개경으로 돌아오자, 삼별초는 이에 반발하여 ____________(으)로 근거지를 옮겨 가며 몽골군과 계속 싸웠습니다.

① 강화도 → 진도 → 탐라
② 강화도 → 탐라 → 진도
③ 진도 → 탐라 → 강화도
④ 진도 → 강화도 → 개경
⑤ 탐라 → 개경 → 강화도

8-1 고려의 왕과 일부 신하가 전쟁을 멈추는 조건으로 강화도에서 개경으로 돌아오자 삼별초는 스스로 해산하였습니다. (○, ×)

9 오른쪽 문화유산을 통해 알 수 있는 고려 문화의 특징으로 알맞은 것은 어느 것입니까? (　　)

① 인쇄술이 발달하였다.
② 불교문화가 발달하였다.
③ 일본 문화의 영향을 받았다.
④ 수준 높은 문화유산을 만들었다.
⑤ 소박하고 실용적인 문화가 발달하였다.

▲ 청자 상감 운학 무늬 매병

▲ 청자 모자 원숭이 모양 연적

9-1 고려청자에서 당시 서민들의 소박한 문화를 엿볼 수 있습니다. (○, ×)

중요

10 **다음과 같은 목적으로 만들어진 문화유산은 무엇입니까?** (　　　)

> 몽골이 고려를 침입하자 고려는 부처의 힘으로 사람들의 마음을 하나로 모아 어려움을 이겨 내려고 하였습니다.

①

▲ 석굴암

②
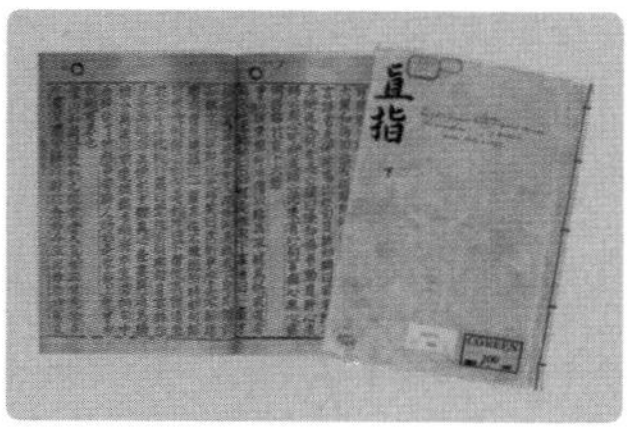
▲ 『직지심체요절』

③
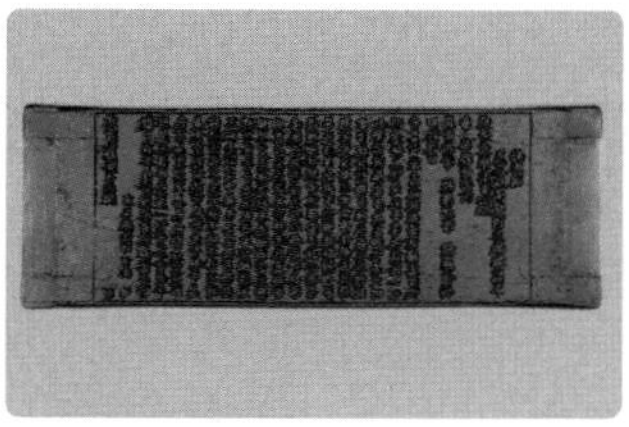
▲ 팔만대장경판

④

▲ 청자 음각 풀꽃무늬 꽃 모양 잔과 잔 받침

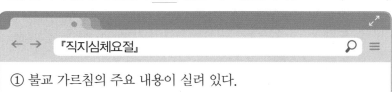

10-1 팔만대장경판은 현재 프랑스 국립 도서관에 보관되어 있습니다.

(○, ×)

11 **금속 활자에 대한 설명으로 알맞은 것을 두 가지 고르시오.** (　　　,　　　)

① 쉽게 부서지지 않는다.
② 상감 기법으로 제작되었다.
③ 짧은 시간에 여러 종류의 책을 만들 수 있었다.
④ 갈라지거나 휘는 성질 때문에 보관하기 어려웠다.
⑤ 하나의 목판으로 여러 장의 인쇄물을 찍어 낼 수 있었다.

11-1 목판 인쇄술은 다른 책을 만들려면 목판을 새로 만들어야 한다는 단점이 있었습니다.

(○, ×)

12 **다음 검색의 결과로 알맞지 않은 것은 어느 것입니까?** (　　　)

『직지심체요절』

① 불교 가르침의 주요 내용이 실려 있다.
② 합천 해인사 장경판전에 보관되어 있다.
③ 유네스코 세계 기록 유산으로 지정되었다.
④ 1377년에 청주 흥덕사에서 금속 활자로 인쇄되었다.
⑤ 오늘날에 남아 있는 금속 활자로 인쇄한 책 중 세계에서 가장 오래되었다.

12-1 『직지심체요절』은 유럽에서 금속 활자로 인쇄한 책보다 약 70여 년 후에 제작되었습니다.

(○, ×)

01 조선의 건국과 유교 질서에 따른 사회 모습

❶ 조선의 건국

(1) 고려 말의 상황

① 나라의 혼란: 외적이 자주 침입하였고, [1]권문세족이 횡포를 부렸습니다.

② 새로운 세력의 등장

- [2]신진 사대부는 고려 사회의 문제점을 해결하려고 노력하였습니다.
- 최영, 이성계 등의 [3]무인이 외적을 물리치는 과정에서 성장하였습니다.

(2) 조선의 건국 과정

① 위화도 회군(1388년)

배경	중국에 새롭게 등장한 명이 고려에 무리한 요구를 하였습니다.
과정	고려는 이성계에게 요동 지역을 공격하게 하였으나, 요동 정벌에 반대하였던 이성계는 위화도에서 군대를 돌렸습니다.
결과	이성계는 개경으로 돌아와 반대 세력을 몰아내고 권력을 잡았습니다.

(무리한 요구 → 명이 고려에 북쪽 땅 일부를 내놓으라고 하였습니다.)

(요동 정벌에 반대하였던 이성계 → 무리한 전쟁이라고 여겼기 때문입니다.)

② 이성계와 신진 사대부의 개혁: 권문세족이 불법으로 가지고 있던 땅을 거두어들이고, 새로운 토지 제도를 마련하였습니다.

③ 개혁 방법을 둘러싼 신진 사대부의 대립

정몽주 세력	고려 왕조를 유지하면서 개혁을 해야 한다고 주장하였습니다.
정도전 세력	개혁을 위해 새로운 나라를 세워야 한다고 주장하였습니다.

④ 조선의 건국

- 새로운 나라를 세우려던 세력은 정몽주 등 반대 세력을 제거하였습니다.
- 이성계를 중심으로 한 세력이 새로운 나라를 세워 이름을 조선이라고 하였습니다(1392년).
- 태조 이성계는 도읍을 개경에서 한양으로 옮겼습니다(1394년). 자료①

❷ 조선의 제도 정비

(1) 유교 정신에 따른 한양 도읍 건설

① 조선은 유교 정신에 따라 나라를 다스리고자 하였습니다.

② 경복궁, 종묘, [4]사직단 등의 건물과 도성으로 들어가는 출입문의 위치와 이름을 유교 사상에 따라 정하였습니다. 자료②

▲ **경복궁** 조선 시대에 지은 궁궐로, 큰 복을 누린다는 뜻을 담았습니다.

▲ **종묘** 역대 왕과 왕비의 [5]위패를 모시고 제사를 지내던 곳입니다.

경복궁을 중심으로
동쪽에는 종묘, 서쪽에는
사직단을 세웠어.

자료① 조선이 한양을 도읍으로 삼은 까닭

- 한반도의 중앙에 자리하고 한강이 흐르고 있어 교통이 편리하였습니다.
- 주변이 산으로 둘러싸여 있어 적의 공격을 방어하기에 유리하였습니다.
- 강과 바다를 이용하여 물자를 옮기기 쉽고, 농사를 지으며 생활하기에 좋았습니다.

자료② 한양의 사대문

흥인지문	한양 도성의 동쪽 문으로, 인자함을 일으켜야 한다는 뜻을 담았습니다.
돈의문	한양 도성의 서쪽 문으로, 의리를 지켜야 한다는 뜻을 담았습니다.
숭례문	한양 도성의 남쪽 문으로, 예의를 존중한다는 뜻을 담았습니다.
숙정문	한양 도성의 북쪽 문으로, 엄숙하게 다스린다는 뜻을 담았습니다.

용어 사전

❶ **권문세족**
고려가 몽골의 간섭을 받던 시기에 나타나 고려 말까지 권력을 누렸던 지배 세력

❷ **신진 사대부**
고려 말에 등장한 새로운 정치 세력으로, 성리학을 공부한 뒤 과거에 합격하여 관리가 된 사람들

❸ **무인**
무예를 익혀 실력을 갖춘 사람

❹ **사직단**
토지와 곡식의 신에게 제사를 지내던 곳

❺ **위패**
묘나 절 등의 장소에 모시는, 죽은 사람의 이름을 적은 나무패

(2) 나라의 기틀 마련

태종	• 왕족이나 신하들이 개인적으로 거느리던 병사를 없앴습니다. • 인구를 파악하려고 호패를 차고 다니게 하였습니다. 자료③ • 전국을 8개의 도로 나누고 각 도의 모든 고을에 관리를 파견하여 나라를 효과적으로 다스리려고 하였습니다.
세종	• [6]집현전을 설치하여 학문과 정책을 연구하게 하는 등 문화와 과학의 발전을 위하여 많은 노력을 하였습니다. • 왜구를 물리치고자 쓰시마섬(대마도)을 정벌하였고, 북쪽으로는 여진을 몰아내고 4군 6진을 설치하였습니다.
성종	세조 때부터 만들기 시작한 『경국대전』을 완성하였습니다. 자료④

3 유교 질서에 따른 사회 모습

(1) 조선 시대의 유교 질서

나라의 근본은 백성에게 있다는 유교의 가르침에 따라 백성을 위한 정치를 하려고 노력하였습니다.

① 왕과 관리들은 유교의 가르침에 따라 나라를 다스렸습니다.

② 나라의 행사와 백성의 집안 행사는 주로 유교의 예절을 따랐습니다.

③ 세종은 백성이 유교의 가르침을 알고 실천할 수 있도록 『삼강행실도』를 펴냈습니다. 자료⑤

글을 잘 모르는 백성도 그림을 보고 책 내용을 알 수 있었고, 성종 때 한글로 뜻을 풀어 쓴 내용을 추가하였습니다.

④ 전국의 모든 고을에는 유교를 가르치기 위한 교육 기관이 있었습니다.

(2) 조선 시대의 신분 제도

① 조선 시대의 신분

• 태어나면서부터 부모를 따라 신분이 정해졌습니다.

• 신분은 양인과 천인(천민)으로 나뉘었는데, 양인을 다시 양반, 중인, 상민으로 나누어 실제로 양반, 중인, 상민, 천민으로 구분하였습니다.

② 신분에 따른 생활 모습

양반	양반 남자는 유교의 가르침이 담긴 책을 공부하였고, 과거를 치러 관리가 될 수 있었습니다.
중인	환자를 치료하는 의관, 궁궐에서 그림을 그리는 화원, 외국 사람의 말을 통역하는 역관 등 관청에서 일하거나 전문적인 일을 하였습니다.
상민	• 농업, 어업, 상업, 수공업 등의 일을 하였는데, 대부분 농사를 지었습니다. • 세금을 내고 군대에 가서 나라를 지켰으며, 나라에 큰 공사가 있을 때 불려 가서 일을 하였습니다.
천민	• 노비가 대부분이었으며, 양반의 집이나 관공서에서 주인을 위하여 허드렛일을 하거나 물건을 만드는 일을 하였습니다. • 주인과 따로 살면서 주인집에 돈이나 물건을 바치기도 하였습니다.

↳ 유교에서는 자신의 지위에 맞는 역할을 강조하였기 때문에 조선 사람들은 주어진 신분에 맞게 생활하였고, 남녀의 역할도 달랐습니다.

자료③ 호패

인구를 정확히 파악하여 노동력을 동원하고 세금을 걷으려는 목적으로, 16세 이상의 남자들에게 차고 다니게 하였습니다.

자료④ 『경국대전』

조선의 국가 조직과 정치, 사회, 경제 활동 등의 기준이 된 기본 법전입니다. 조선은 『경국대전』이 완성되어 유교 중심의 국가 통치 질서를 확립할 수 있었습니다.

자료⑤ 『삼강행실도』

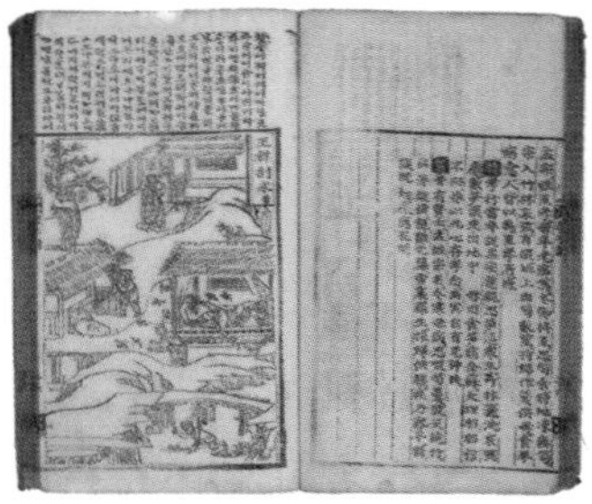

우리나라와 중국의 책에서 모범이 될 만한 효자, 충신 등의 이야기를 골라 글과 그림으로 구성한 책입니다. 백성이 유교의 가르침에 따라 바른 생활을 하도록 도와주었습니다.

용어 사전

6 집현전
학문 연구를 위해 궁중에 설치한 기관으로 도서 수집, 왕에게 자문 등을 담당하였음.

기본 문제로 익히기

핵심 체크

● 조선의 건국 과정

이성계가 ❶☐☐☐에서 군대를 돌려 권력을 잡았습니다. → 이성계와 ❷☐☐ ☐☐☐가 새로운 토지 제도를 마련하였습니다. → 개혁 방법을 둘러싸고 신진 사대부 사이에 갈등이 생겼습니다. → 이성계를 중심으로 한 세력이 반대 세력을 제거하고 조선을 세웠습니다.

● **조선의 도읍 건설**: 조선은 도읍을 개경에서 ❸☐☐으로 옮기고, 궁궐 등의 건물과 도성으로 들어가는 출입문의 위치와 이름을 ❹☐☐ 사상에 따라 정하였습니다.

● 신분에 따른 생활 모습

양반	유교의 가르침을 공부하고, 과거를 치러 관리가 될 수 있었습니다.
❺☐☐	의관, 화원, 역관 등 관청에서 일하거나 전문적인 일을 하였습니다.
❻☐☐	대부분 농사를 지었으며, 세금을 내고 군대에 가서 나라를 지켰습니다.
천민	노비가 대부분이었으며, 양반의 집이나 관공서에서 허드렛일을 하였습니다.

개념 문제

1 조선의 건국 과정에서 있었던 일에 대한 설명이 맞으면 ○표, 틀리면 X 표 하시오.

(1) 이성계는 고려의 요동 정벌에 반대하였습니다. ( )

(2) 정도전 등은 고려 왕조를 유지하면서 개혁을 해야 한다고 주장하였습니다. ( )

2 다음 ㉠, ㉡에 들어갈 알맞은 말에 각각 ○표 하시오.

> 조선 초 ㉠ (세종 , 태종)은 왜구를 물리치고자 쓰시마섬을 정벌하였고, 북쪽으로는 ㉡ (거란 , 여진)을 몰아내고 4군 6진을 설치하였습니다.

3 조선의 국가 조직과 정치, 사회, 경제활동 등의 기준이 된 기본 법전으로, 세조에서 성종 대에 걸쳐 완성된 것은 무엇입니까? ( )

4 조선의 신분 제도에 대한 설명이 맞으면 ○표, 틀리면 X 표 하시오.

(1) 조선 시대의 신분은 태어나면서부터 부모를 따라 정해졌습니다. ( )

(2) 신분은 양인과 천인으로 나뉘었는데, 양인은 다시 양반, 중인, 농민으로 구분하였습니다. ( )

확인 문제

1 다음에서 설명하는 세력은 무엇입니까? (　　　)

- 고려 말에 등장한 새로운 세력입니다.
- 성리학을 공부한 뒤 과거에 합격하여 관리가 된 사람들입니다.

① 귀족　② 무인　③ 호족
④ 권문세족　⑤ 신진 사대부

중요
2 조선의 건국 과정을 일어난 순서대로 기호를 쓰시오.

㉠ 이성계가 위화도에서 군대를 돌렸다.
㉡ 개혁 세력이 새로운 토지 제도를 마련하였다.
㉢ 이성계를 중심으로 한 세력이 새로운 나라를 세웠다.
㉣ 개혁 방법을 둘러싸고 신진 사대부 사이에 갈등이 생겼다.

(　　→　　→　　→　　)

3 조선이 한양을 도읍으로 삼은 까닭으로 알맞지 않은 것은 어느 것입니까? (　　　)

① 교통이 편리하였기 때문에
② 고려의 도읍이었기 때문에
③ 농사를 지으며 생활하기에 좋았기 때문에
④ 한강을 이용하여 물자를 옮기기 편하였기 때문에
⑤ 주변이 산으로 둘러싸여 있어 적의 공격을 방어하기에 유리하였기 때문에

4 다음 빈칸에 들어갈 알맞은 사상을 쓰시오.

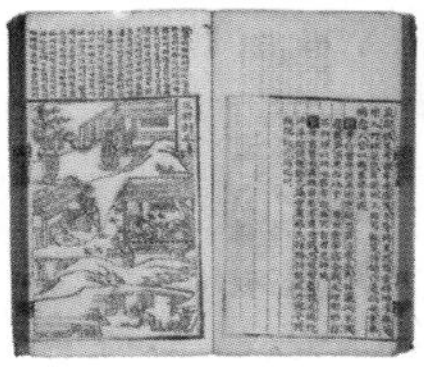

『삼강행실도』는 우리나라와 중국의 책에서 모범이 될 만한 효자, 충신 등의 이야기를 골라 글과 그림으로 구성한 책입니다. 백성이 (　　　)의 가르침을 알고 실천할 수 있도록 세종이 펴냈습니다.

(　　　　　)

5 조선의 왕과 그의 업적을 바르게 선으로 연결하시오.

(1) 태종 •　　• ㉠ 조선의 기본 법전인 『경국대전』을 완성하였습니다.

(2) 세종 •　　• ㉡ 집현전을 설치하여 학문과 정책을 연구하게 하였습니다.

(3) 성종 •　　• ㉢ 16세 이상의 남자들에게 호패를 차고 다니게 하였습니다.

[6~7] 다음 글을 읽고, 물음에 답하시오.

조선 시대에는 태어날 때부터 신분이 정해져 있어 크게 양인과 천인으로 나뉘었고, 양인은 다시 (　　　), 중인, 상민으로 구분되었습니다.

6 윗글의 빈칸에 들어갈 알맞은 신분을 쓰시오.

(　　　　　)

서술형
7 6번에서 답한 신분의 생활 모습을 두 가지 쓰시오.

중요
8 조선 시대 천민의 생활 모습으로 알맞은 것은 어느 것입니까? (　　　)

① 대부분 농사를 지었다.
② 외국 사람의 말을 통역하는 일을 하였다.
③ 관청에서 일하거나 전문적인 일을 하였다.
④ 나라에 큰 공사가 있을 때 가서 일을 하였다.
⑤ 양반의 집이나 관공서에서 허드렛일을 하였다.

02 조선 전기 문화와 과학의 발전

❶ 세종 대 문화와 과학의 발전 자료①

(1) 훈민정음 [1]창제 자료②

훈민정음: '백성을 가르치는 바른 소리'라는 뜻입니다.

① 창제 배경
- 중국의 한자는 배우기 어렵고 우리말과 달라 불편한 점이 많았습니다.
- 대부분의 백성이 한자를 몰라 일상생활에 어려움을 겪었습니다.

② 창제 목적: 세종이 백성도 글자를 쉽게 익히고 사용할 수 있도록 하고자 훈민정음을 만들어 널리 퍼뜨렸습니다.

> 우리나라의 말이 중국과 달라 문자와 서로 통하지 않는다. 이런 까닭으로, 백성이 말하고자 하는 바가 있어도 마침내 제 뜻을 펴지 못하는 사람이 많다. 내 이를 가엾게 여겨 새로 스물여덟 글자를 만드니 모든 사람이 쉽게 익혀 날마다 씀에 편안하게 할 따름이니라. – 『훈민정음』 해례본의 서문

③ 특징: 우리말을 그대로 읽고 쓰기에 편리하였으며, 독창적이고 과학적으로 만들어져 모든 소리를 표현할 수 있었습니다.

④ 의의: 민족 문화가 발전하는 밑바탕이 되었습니다.

(2) 다양한 책의 편찬

① 배경: 세종 대에는 인쇄술과 종이 만드는 기술이 발전하였습니다.

② 『농사직설』: 농민들의 오랜 경험과 농사 기술을 조사하여 우리나라의 환경에 맞는 농사법을 정리한 책입니다.

『농사직설』이 보급되어 백성이 발달한 농업 기술로 농사를 지을 수 있게 되었습니다.

③ 『향약집성방』: 우리나라에서 나는 약재와 질병 치료법을 정리한 의학 서적입니다.

(3) 과학 기술의 발달

① 배경: 세종이 장영실 등 여러 신하에게 농사와 백성의 생활에 도움이 되는 다양한 과학 기구를 만들게 하였습니다. 자료③

② 천문 관측기구

혼천의	간의

해와 달, 별의 움직임과 위치를 관찰하는 기구로, '혼천'은 우주, '의'는 천문 관측기구를 뜻합니다.	혼천의의 구조를 간단하게 만든 것으로, 행성과 별의 위치, 시간, 방위를 측정하는 데 쓰였습니다.

③ 『칠정산』: 조선에서 천체를 관측한 기록을 바탕으로, 한성(한양)을 기준으로 우리나라의 실정에 맞게 만든 [2]역법서입니다. 자료④

자료① 세종 대 문화와 과학이 발전한 배경

세종은 안정된 왕권을 바탕으로 유교적인 이상 정치를 추구하였습니다. 세종은 학문 연구 기관인 집현전을 두어 학자들을 길렀으며, 백성의 생활에 도움이 되는 과학 기구를 만드는 데 힘썼습니다. 그 결과 세종 대에는 문화, 과학 기술, 국방 등 여러 분야가 크게 발전하였습니다.

자료② 훈민정음

훈민정음은 발음 기관의 모양을 본뜬 자음과 하늘(·), 땅(ㅡ), 사람(ㅣ)을 본뜬 모음을 기본으로 하였습니다. 자음 17자와 모음 11자 등 총 28자의 소리글자로 되어 있습니다.

자료③ 장영실

자격루, 혼천의 등 다양한 과학 기구를 만든 과학 기술자이자 발명가입니다. 신분이 낮아 관리가 될 수 없었지만, 세종이 과학 기술의 발전을 위해 장영실을 관리로 뽑아 능력을 발휘하게 하였습니다.

자료④ 『칠정산』

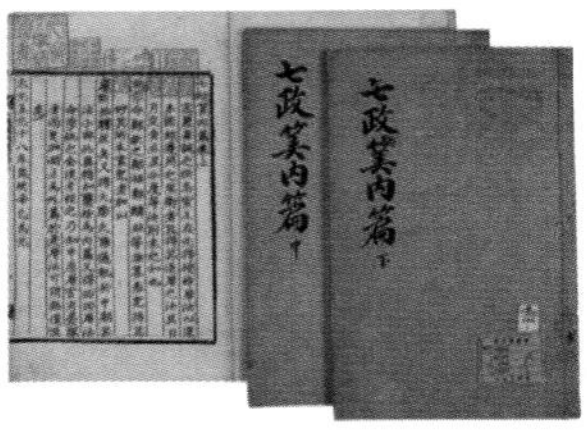

우리나라를 기준으로 만든 역법서로, 현재 사용하고 있는 달력과 비교해도 큰 차이가 없을 정도로 정확합니다.

용어 사전

❶ 창제
전에 없던 것을 처음으로 만듦.

❷ 역법
해와 달 등 하늘의 반복적인 움직임을 관측하여 시간을 연, 월, 일 등의 단위로 구분하여 정하는 방법

④ 시간 측정 기구 ─ '앙부'는 하늘을 우러러보는 모양의 가마솥, '일구'는 해의 그림자를 뜻합니다.

앙부일구(해시계)	자격루(물시계)

• 해의 그림자를 관측하여 시간을 재는 기구입니다. • 한양 거리에 설치해 백성이 시각을 알 수 있도록 하였습니다.	• 자동으로 종을 쳐서 시각을 알려 주는 물시계입니다. • 2시간마다 동물 인형이 종과 북을 울려 시각을 알려 주었습니다.

⑤ 측우기: 빗물을 원통형의 그릇에 받아 비가 내린 양을 측정하는 기구로, 지역의 기후를 파악하고 세금을 걷는 데 활용하였습니다. 자료⑤

(4) 새로운 무기 개발: 세종이 국방 강화를 위해 새로운 무기를 만들도록 지원하여 신기전과 화차 등이 만들어졌습니다. 자료⑥

❷ 조선 전기의 예술

(1) 특징

① 양반 중심의 문화가 발달하였습니다.

② 양반들은 유교의 가르침을 따라 문화에서도 검소함을 강조하였습니다.

(2) 도자기: 화려한 청자 대신에 소박하고 깨끗한 느낌의 ❸분청사기와 백자가 인기를 끌었습니다.

▲ 분청사기 철화 연꽃 물고기 무늬 병(왼쪽)과 백자 끈 무늬 병(오른쪽)

(3) 음악: 세종은 박연에게 궁중 음악인 아악을 정리하고 악기를 정비하게 했으며, 이후 ❹종묘 제례악이 완성되었습니다.

(4) 그림

① 산과 물이 어우러진 자연을 그리는 산수화가 유행하였습니다. 자료⑦

② 양반들은 매화, 난초, 국화, 대나무 등을 그려 자신의 마음과 학문 세계를 표현하였습니다.

③ 주로 양반 남성들이 활약하였으나, 신사임당과 같은 여성 예술가들도 등장하여 그림을 남겼습니다.

신사임당은 학자 율곡 이이의 어머니로 시와 그림, 글씨에 모두 뛰어난 인물이었어.

▲ 신사임당의 「초충도」

자료⑤ 측우기

세계 최초로 제작되었으며, 세종 때 처음 만들어진 이후 여러 차례 다시 만들어졌습니다.

자료⑥ 신기전과 화차

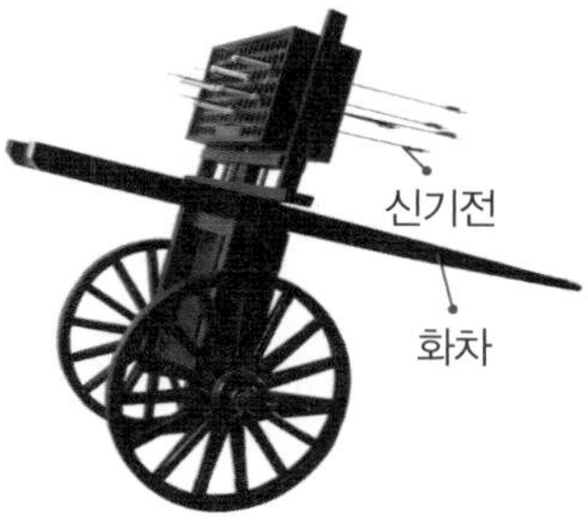

신기전은 화살에 화약을 단 무기이고, 화차는 여러 발의 신기전을 연속해서 발사할 수 있는 거치대의 역할을 하였습니다.

자료⑦ 「몽유도원도」

조선에서 그림을 그리는 관리였던 안견이 그린 산수화입니다.

용어 사전

❸ **분청사기**
회청색 흙으로 빚은 뒤 흰 흙을 분처럼 칠한 도자기

❹ **종묘 제례악**
종묘에서 역대 왕과 왕비의 제사를 지낼 때 사용된 음악, 무용 등을 두루 일컫는 말

기본 문제로 익히기

핵심 체크

- ❶ □□□□ 창제

목적	❷ □□이 백성도 글자를 쉽게 익히고 사용할 수 있도록 하고자 만들었습니다.
특징	우리말을 그대로 읽고 쓰기에 편리한, 과학적이고 독창적인 글자입니다.

- 세종 대 과학 기술의 발전

혼천의	해와 달, 별의 움직임과 위치를 관찰하는 기구
『칠정산』	우리나라를 기준으로 만든 역법서
❸ □□□□	해의 그림자를 관측하여 시간을 재는 기구
❹ □□□	자동으로 종을 쳐서 시각을 알려 주는 물시계
❺ □□□	빗물을 원통형의 그릇에 받아 비가 내린 양을 측정하는 기구

개념 문제

1 훈민정음에 대해 잘못 이야기한 어린이는 누구인지 쓰시오.

‘백성을 가르치는 바른 소리’라는 뜻이야.
28자의 소리글자로 이루어져 있어.
태종이 글을 몰라 어려움을 겪는 백성을 위해 만들었어.
서연
인아
정민

( )

2 다음 괄호 안에 들어갈 알맞은 말에 ○표 하시오.

> 세종 대에는 농민들의 오랜 경험과 농사 기술을 조사하여 우리나라의 환경에 맞는 농사법을 정리한 책인 (『농사직설』, 『향약집성방』)이 편찬되었습니다.

3 조선에서 천체를 관측한 기록을 바탕으로, 한성(한양)을 기준으로 우리나라의 실정에 맞게 만든 역법서는 무엇입니까? ( )

4 조선 시대 학자 율곡 이이의 어머니인 ( )은/는 시와 그림, 글씨에도 뛰어났으며, 「초충도」 등의 그림을 남겼습니다.

확인 문제

1 다음 빈칸에 들어갈 알맞은 기관을 쓰시오.

> 세종은 학문 연구 기관인 (　　　)을/를 두어 학자들을 길렀으며, 백성의 생활에 도움이 되는 과학 기구를 만드는 데 힘썼습니다. 그 결과 세종 대에는 문화, 과학 기술, 국방 등 여러 분야가 크게 발전하였습니다.

(　　　　　　)

서술형

2 다음 글을 참고하여 세종이 훈민정음을 만든 목적을 쓰시오.

> 우리나라의 말이 중국과 달라 문자와 서로 통하지 않는다. 이런 까닭으로, 백성이 말하고자 하는 바가 있어도 마침내 제 뜻을 펴지 못하는 사람이 많다. 내 이를 가엾게 여겨 새로 스물여덟 글자를 만드니 모든 사람이 쉽게 익혀 날마다 씀에 편안하게 할 따름이니라.
>
> – 『훈민정음』 해례본의 서문

____

____

★중요★

3 다음 ㉠, ㉡에 들어갈 말을 알맞게 짝지은 것은 어느 것입니까? (　　　)

> 세종은 우리나라 하늘에서 일어나는 각종 천문 현상을 연구하고자 해와 달, 별의 움직임과 위치를 관찰할 수 있는 (㉠)을/를 만들었습니다. 또한 이를 바탕으로 우리나라의 실정에 맞는 (㉡)(이)라는 역법서를 만들었습니다.

	㉠	㉡
①	자격루	『칠정산』
②	자격루	『향약집성방』
③	측우기	『칠정산』
④	혼천의	『칠정산』
⑤	혼천의	『향약집성방』

[4~5] 다음은 조선 시대에 만들어진 과학 기구입니다. 물음에 답하시오.

(가)

▲ 혼천의

(나)

▲ 앙부일구

(다)

▲ 자격루

(라)

▲ 측우기

★중요★

4 위 (가)~(라) 중 시간을 재는 기구를 모두 골라 기호를 쓰시오.

(　　　　　　)

5 위 (가)~(라) 중 다음 설명에 해당하는 문화유산을 골라 기호를 쓰시오.

> 빗물을 원통형의 그릇에 받아 비가 내린 양을 측정하는 기구로, 세계 최초로 제작되었습니다.

(　　　　　　)

6 조선 전기의 문화에 대한 설명으로 알맞지 않은 것은 어느 것입니까? (　　　)

① 양반 중심의 문화가 발달하였다.
② 자연을 그린 산수화가 유행하였다.
③ 화려한 상감 청자가 인기를 끌었다.
④ 신사임당과 같은 여성 화가도 활약하였다.
⑤ 궁중 음악인 아악을 정리하고 악기를 정비하였다.

03 임진왜란과 병자호란의 과정과 극복 노력

① 임진왜란의 전개 과정과 극복 노력

(1) 임진왜란이 일어나기 전 상황

조선	건국 이후 오랫동안 큰 전쟁 없이 평화를 누렸기 때문에 전쟁에 대한 대비가 부족하였습니다.
일본	일본을 통일한 도요토미 히데요시가 조선과 명까지 차지하려고 전쟁을 준비하고 있었습니다.

(2) 임진왜란의 발발

일본은 명으로 가는 길을 내어 달라는 구실로 조선을 침략하였습니다(1592년). ➜ [1]조총으로 무장한 일본군은 부산진과 동래성을 공격하여 무너뜨리고 [2]한성으로 향하였습니다. ➜ 선조는 한성을 떠나 의주까지 [3]피란하였고, 명에 군대를 보내 줄 것을 요청하였습니다.

(3) 이순신과 조선 수군의 활약

전쟁 대비	판옥선과 거북선을 만들고 식량과 무기를 준비하는 등 일본의 침략에 대비하고 있었습니다. 자료 ①
활약 내용	뛰어난 전술과 거북선, 화포 등을 사용하여 옥포 해전에서 첫 승리를 거둔 뒤 사천 해전, 한산도 대첩 등 계속되는 전투에서 일본 수군에 승리하였습니다. 자료 ②
의의	충청도와 전라도 지방을 지켜 냈고, 바닷길을 통해 무기와 식량을 운반하려던 일본군의 계획을 막을 수 있었습니다.

→ 충청도와 전라도 지방: 쌀과 같은 곡식이 많이 나는 곡창 지대였습니다.

(4) 육지에서의 활약

① [4]의병의 활약

→ 곽재우: 의령에서 의병을 모아 일본에 맞서 싸운 대표적인 의병장으로, 붉은 옷을 입고 여러 전투를 지휘하여 홍의 장군이라고 불렸습니다.

- 곽재우와 같은 양반부터 천민에 이르기까지 다양한 신분의 사람들이 의병에 참여하였습니다.
- 의병들은 고장의 지형에 알맞은 전술을 펼쳐 일본군을 물리쳤습니다.

② 명의 참전: 명의 지원군이 도착한 뒤 조선과 명의 연합군은 평양성을 되찾았습니다.

③ 관군의 활약: 권율이 이끄는 관군이 행주산성에서 의병, [5]승병과 힘을 합쳐 일본군에 큰 승리를 거두었습니다(행주 대첩).

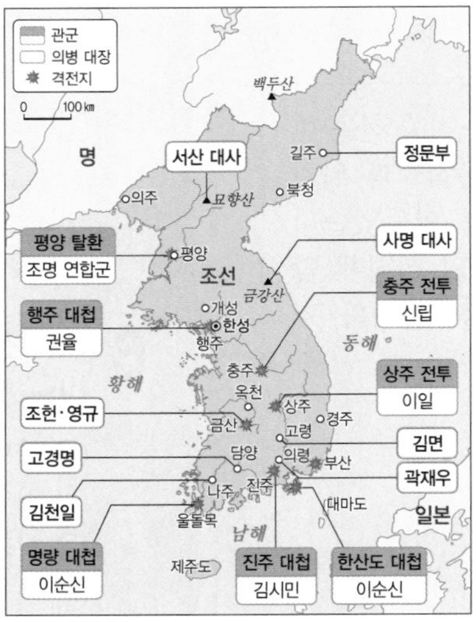

▲ 임진왜란 당시 관군과 의병의 활동

자료 ① 거북선

▲ 거북선(복원 모형)

거북 모양으로 지붕과 갑판을 얹은 배로, 적에게 돌격하는 데 유리하여 주로 맨 앞에서 적을 공격하였습니다.

자료 ② 학익진 전법

학이 날개를 펼친 듯한 형태로 배를 배치하여 적을 공격하는 방법입니다. 이순신은 학익진 전법을 활용하여 한산도에서 일본군을 크게 물리쳤습니다.

용어 사전

① 조총
노끈에 불을 붙여서 화약을 터뜨려 쏘는 총

② 한성
조선 시대의 도읍으로, 1395년부터 '한양' 대신 '한성'이라는 이름을 사용하였음.

③ 피란
전쟁 등 난리를 피해 안전한 곳으로 옮겨 가는 것

④ 의병
외적의 침입에 맞서 백성이 자발적으로 조직한 군대. 또는 그 군대의 병사

⑤ 승병
승려들로 조직된 군대

(5) 임진왜란의 극복 자료 ③

상황이 불리해진 일본이 휴전을 제안하였으나 휴전 회담이 성과 없이 끝나자 조선을 다시 침입하였습니다(정유재란, 1597년).	➜	전쟁에 대비하고 있었던 조선은 육지에서 일본군을 물리쳤고, 이순신이 이끄는 수군도 명량에서 크게 승리하였습니다.	➜	일본군은 도요토미 히데요시가 죽자 조선에서 물러갔고, 이순신과 수군이 철수하는 일본군을 노량에서 무찌르면서 전쟁이 끝났습니다(1598년).

❷ 병자호란의 전개 과정

(1) 병자호란이 일어나기 전 상황

중국의 변화		광해군의 ❻중립 외교
• 임진왜란 때 조선에 지원군을 보낸 명은 세력이 약해졌습니다. • 이 틈을 타 여진이 후금이라는 나라를 세우고 명을 위협하였습니다.	➜	• 명이 후금을 물리치려고 조선에 군사 지원을 요청하였습니다. • 광해군은 명과 후금 사이에서 중립 외교를 펼쳐 전쟁에 휘말리지 않으려고 하였습니다.

(2) 정묘호란(1627년)

일부 신하들은 광해군이 명에 의리를 저버렸다고 하여 광해군을 몰아내고 인조를 왕으로 세웠습니다.

배경	광해군을 몰아내고 왕이 된 인조가 명을 가까이하고 후금을 멀리하는 정책을 펼쳤습니다.
전개 및 결과	후금이 조선을 침략하여 조선과 '형제의 관계'를 맺고 돌아갔습니다.

(3) 병자호란(1636년)

① 배경: 세력이 더욱 강해진 후금은 나라 이름을 청으로 바꾸고, 조선에 '임금과 신하의 관계'를 요구하였으나 조선이 거절하였습니다.

② 전개

남한산성은 전쟁 준비가 되어 있지 않았고, 먹을 것도 부족해 성안 사람들은 어려움을 겪었습니다.

- 청이 조선을 침략하자 인조와 신하들은 남한산성으로 피란하였습니다. 자료 ④
- 청과의 관계를 놓고 신하들이 갈등하였습니다. 자료 ⑤
- 상황이 어려워지자 인조는 남한산성에서 나와 삼전도에서 청에 항복하였습니다.

③ 결과: 조선과 청은 '신하와 임금의 관계'를 맺었고, 이후 조선의 왕자와 신하, 많은 백성이 청에 ❼인질로 끌려갔습니다.

▲ 정묘호란과 병자호란의 전개

자료 ③ 임진왜란으로 조선이 입은 피해

- 많은 사람이 죽거나 다쳤고, 기술자와 유학자 등 수만 명의 사람이 일본에 포로로 끌려갔습니다.
- 국토가 황폐해져 농사를 제대로 짓지 못해 식량이 부족해졌습니다.
- 백성의 생활과 나라의 살림이 어려워졌습니다.
- 불국사와 경복궁 등이 불탔고, 도자기와 서적 등 많은 문화유산을 일본에 빼앗겼습니다.

자료 ④ 남한산성

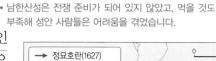

주변이 험한 산으로 둘러싸여 있어 외적을 방어하는 데 유리하였습니다. 역사적·문화적 가치를 인정받아서 유네스코 세계 유산에 등재되었습니다.

자료 ⑤ 청의 요구에 대한 신하들의 의견 대립

최명길	청과 화해하여 전쟁을 멈추어야 한다고 주장하였습니다.
김상헌	청과 끝까지 싸워야 한다고 주장하였습니다.

용어 사전

❻ 중립 외교
어느 한 나라에 치우치지 않고 각 나라에 같은 중요도를 두는 외교

❼ 인질
약속을 지키게 하려고 잡아 두는 사람

기본 문제로 익히기

핵심 체크

● 임진왜란의 전개 과정과 극복 노력

발발	일본의 도요토미 히데요시가 조선을 침략하였습니다(1592년).
전개	• ❶ ☐☐☐이 이끄는 조선 수군은 옥포, 사천, 한산도 등 여러 전투에서 일본군에 승리하였습니다. • 곽재우와 같은 ❷ ☐☐부터 천민에 이르기까지 다양한 신분의 사람들이 의병에 참여하였습니다. • ❸ ☐☐이 이끄는 관군은 행주산성에서 의병, 승병과 힘을 합쳐 일본군에 큰 승리를 거두었습니다(행주 대첩).
결과	일본군이 조선에서 철수하면서 7년 동안의 전쟁이 끝났습니다.

● ❹ ☐☐☐☐의 전개 과정

청이 조선에 '임금과 신하의 관계'를 요구하였으나 조선이 거절하자 청이 조선을 침략하였습니다. → 인조가 ❺ ☐☐☐☐에서 항전하였으나 결국 삼전도에서 청에 항복하였습니다. → 조선과 청은 '신하와 임금의 관계'를 맺었고, 많은 백성이 청에 인질로 끌려갔습니다.

개념 문제

1 임진왜란이 일어나기 전 조선의 상황에 대한 설명이 맞으면 ○표, 틀리면 X 표 하시오.

(1) 건국 이후 오랫동안 큰 전쟁 없이 평화를 누렸습니다. (　　　)

(2) 외적의 침입에 대비하여 군사 훈련을 하는 등 전쟁을 준비하였습니다. (　　　)

2 임진왜란 당시 의령에서 의병을 모아 일본군에 맞서 싸운 의병장으로, 붉은 옷을 입고 전투를 지휘하여 홍의 장군이라고도 불린 인물은 누구입니까? (　　　)

3 광해군은 명과 후금 사이에서 어느 한 나라에 치우치지 않고 각 나라에 같은 중요도를 두는 외교 정책인 (　　　　)을/를 펼쳐 전쟁에 휘말리지 않으려고 하였습니다.

4 다음 괄호 안에 들어갈 알맞은 인물에 ○표 하시오.

병자호란 당시 청과의 관계를 두고 신하들이 갈등하였을 때 (김상헌 , 최명길)은 청과 화해하여 전쟁을 멈추어야 한다고 주장하였습니다.

확인 문제

1 이순신이 다음 그림과 같은 전법으로 일본 수군을 크게 물리친 전투는 무엇입니까? ( )

◀ 학익진 전법

① 노량 해전 ② 사천 해전 ③ 옥포 해전
④ 행주 대첩 ⑤ 한산도 대첩

중요

2 다음 대화의 밑줄 친 부분에 들어갈 내용으로 알맞은 것을 두 가지 고르시오. (,)

조선이 임진왜란을 극복할 수 있었던 까닭은 무엇일까?
때문이야.

① 선조가 한성에서 항전했기
② 전국에서 의병이 활약했기
③ 전쟁 초기에 관군이 계속해서 승리했기
④ 바다에서 수군이 일본군의 보급로를 차단했기
⑤ 임진왜란이 일어나기 전 전쟁 대비를 철저히 했기

3 임진왜란 때 활약하였던 의병에 대한 설명으로 알맞지 않은 것은 어느 것입니까? ( )

① 육지에서 활약하였다.
② 양반만이 참여할 수 있었다.
③ 곽재우가 대표적인 의병장이다.
④ 고장의 지형에 알맞은 전술을 펼쳤다.
⑤ 나라를 지키고자 자발적으로 참여하였다.

4 다음 빈칸에 들어갈 알맞은 조선의 왕은 누구입니까? ( )

> 명이 후금을 물리치려고 조선에 군사 지원을 요청하자, ( )은/는 명과 후금 사이에서 중립 외교를 펼쳐 전쟁에 휘말리지 않으려고 하였습니다.

① 태종 ② 세종 ③ 선조
④ 인조 ⑤ 광해군

[5~6] 다음 표를 보고, 물음에 답하시오.

배경	청이 조선에 '임금과 신하의 관계'를 요구하였으나 조선이 거절하였습니다.
전개	청이 조선을 침략하자 인조와 신하들은 남한산성으로 피란하여 항전하였으나 결국 삼전도에서 청에 항복하였습니다.
결과	(가)

5 위와 같은 과정으로 전개된 전쟁은 무엇인지 쓰시오. ( )

서술형

6 위 표의 (가)에 들어갈 내용을 두 가지 쓰시오.

실력 문제로 다잡기

중요

1 **조선의 건국 과정 중 세 번째로 일어난 사건은 어느 것입니까?** (   )

① 정몽주 등의 세력이 제거되었다.
② 이성계가 위화도에서 회군하였다.
③ 개혁 세력이 새로운 토지 제도를 마련하였다.
④ 이성계를 중심으로 한 세력이 새로운 나라를 세웠다.
⑤ 개혁 방법을 둘러싸고 신진 사대부 사이에 갈등이 생겼다.

1-1 정몽주는 개혁을 위해 새로운 나라를 세워야 한다고 주장하였습니다.

(○, ×)

2 **다음 빈칸에 들어갈 알맞은 왕은 누구입니까?** (   )

박물관 견학 보고서

견학 날짜: 20○○년 ○월 ○일
견학 장소: ○○ 박물관

조선 시대에 16세 이상의 남자들이 차고 다녔다는 호패를 보았다. (   )이/가 인구를 정확히 파악하여 노동력을 동원하고 세금을 걷으려는 목적으로 차고 다니게 했다고 한다. 오늘날의 신분증과 비슷하다는 생각이 들었다.

① 성종　② 세조　③ 세종
④ 태종　⑤ 태조

2-1 세종은 전국을 8개의 도로 나누고 관리를 파견하였습니다.

(○, ×)

3 **다음 밑줄 친 부분에 들어갈 내용으로 알맞지 않은 것은 어느 것입니까?** (   )

> 조선은 유교를 나라의 기본 정신으로 삼아 질서와 예절이 바로 선 나라를 만들고자 하였습니다. 이에 따라 ____________________

① 전국에 유교 교육 기관을 세웠습니다.
② 백성의 집안 행사도 유교의 예절을 따르게 하였습니다.
③ 세종은 유교의 가르침을 담은 『삼강행실도』를 펴냈습니다.
④ 『경국대전』을 만들어 유교 중심의 통치 질서를 확립하였습니다.
⑤ 왕을 나라의 근본으로 삼아 왕을 위한 정치를 하려고 노력하였습니다.

3-1 『경국대전』은 세조 때 만들기 시작하여 성종 때 완성하였습니다.

(○, ×)

4 조선 시대의 신분에 대해 잘못 이야기한 어린이는 누구입니까? ( )

①

태어나면서부터 신분이 정해졌어.

②

신분은 크게 양반과 상민으로 나뉘었어.

③

상민은 대부분 농사를 지었어.

④

의관, 화원, 역관 등은 중인이었어.

4-1 조선 시대의 천민은 세금을 내고 군대에 가서 나라를 지켰습니다. (○, ×)

중요

5 다음 밑줄 친 '내'가 가리키는 인물이 한 일로 알맞은 것은 어느 것입니까? ( )

> 우리나라의 말이 중국과 달라 문자와 서로 통하지 않는다. 이런 까닭으로, 백성이 말하고자 하는 바가 있어도 마침내 제 뜻을 펴지 못하는 사람이 많다. 내 이를 가엾게 여겨 새로 스물여덟 글자를 만드니 모든 사람이 쉽게 익혀 날마다 씀에 편안하게 할 따름이니라.
>
> –『훈민정음』 해례본의 서문

① 한양으로 도읍을 옮겼다.
② 조선의 기본 법전인 『경국대전』을 완성하였다.
③ 전국을 8개의 도로 나누고 관리를 파견하였다.
④ 학문 연구 기관인 집현전을 두어 학자들을 길렀다.
⑤ 처음으로 16세 이상의 남자들에게 호패를 차고 다니게 하였다.

5-1 훈민정음은 세종이 백성을 위해 만든 문자입니다. (○, ×)

6 다음에서 설명하는 인물은 누구인지 쓰시오.

- 자격루, 혼천의 등 다양한 과학 기구를 만든 과학 기술자이자 발명가입니다.
- 신분이 낮아 관리가 될 수 없었지만, 세종이 과학 기술의 발전을 위해 관리로 뽑아 능력을 발휘하게 하였습니다.

( )

6-1 자격루는 해의 그림자를 관측하여 시간을 재는 해시계입니다. (○, ×)

7 **다음에서 설명하는 문화유산은 무엇인지 쓰시오.**

혼천의 등으로 천체를 관측한 기록을 바탕으로 우리나라의 실정에 맞게 만든 역법서야.
현재 사용하고 있는 달력과 비교해도 큰 차이가 없을 정도로 정확하대.

(　　　　　　)

7-1 혼천의는 해와 달, 별의 움직임과 위치를 관찰하는 기구입니다.

(○, ×)

중요

8 **다음 자료를 활용한 보고서의 주제로 알맞은 것은 어느 것입니까?** (　　　)

▲ 앙부일구

▲ 자격루

① 조선의 천문 관측기구
② 세종의 국방 강화 노력
③ 조선의 시간 측정 기구
④ 조선 전기의 상공업 발달
⑤ 조선 전기 유교 질서의 확립

8-1 앙부일구는 자동으로 종을 쳐서 시각을 알려 주는 물시계입니다.

(○, ×)

서술형

9 **임진왜란 당시 이순신과 조선 수군이 다음과 같이 활약한 결과를 두 가지 쓰시오.**

뛰어난 전술과 거북선, 화포 등을 사용하여 옥포 해전에서 첫 승리를 거둔 뒤 사천 해전, 한산도 대첩 등 계속되는 전투에서 일본 수군에 승리하였습니다.

9-1 이순신은 학익진 전법을 활용하여 한산도에서 일본군을 크게 물리쳤습니다.

(○, ×)

중요

10 **다음 검색 결과로 알맞지 않은 것은 어느 것입니까?** ( )

임진왜란을 극복하기 위한 노력

① 선조가 한성을 지키며 항전하였다.
② 조선과 명의 연합군이 평양성을 되찾았다.
③ 권율이 이끄는 관군이 행주 대첩에서 승리하였다.
④ 곽재우를 비롯한 의병이 전국 각지에서 활약하였다.
⑤ 바다에서 이순신이 이끄는 수군이 활약하여 일본군의 보급로를 차단하였다.

10-1 임진왜란이 일어나자 백성은 자기 고장과 나라를 지키고자 적극적으로 의병에 참여하였고, 의병은 전국으로 확대되었습니다.

(○, ×)

1 단원

11 **병자호란이 일어난 까닭을 바르게 이야기한 어린이는 누구인지 쓰시오.**

광해군이 중립 외교 정책을 펼쳤기 때문이야.
인조가 명을 가까이하고 후금을 멀리하는 정책을 펼쳤기 때문이야.
청이 '임금과 신하의 관계'를 맺자고 했는데 조선이 거절했기 때문이야.
민성
지은
주승

( )

11-1 광해군의 중립 외교 정책을 비판한 세력은 광해군을 몰아내고 인조를 왕으로 세웠습니다.

(○, ×)

12 **다음 ㉠, ㉡에 들어갈 인물을 알맞게 짝지은 것은 어느 것입니까?** ( )

병자호란 당시 남한산성 안에서 (㉠)을 중심으로 한 신하들은 청과 화해하여 전쟁을 멈추어야 한다고 주장하였고, (㉡)을/를 중심으로 한 신하들은 청과 끝까지 싸우자고 주장하였습니다.

	㉠	㉡
①	권율	최명길
②	김상헌	권율
③	김상헌	최명길
④	최명길	곽재우
⑤	최명길	김상헌

12-1 병자호란의 결과 조선과 청은 형제의 관계를 맺었습니다.

(○, ×)

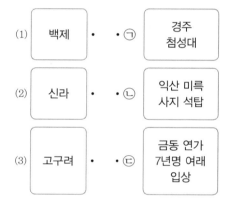

❶ 나라의 등장과 발전

개념 ❶ 여러 나라의 건국과 발전

- **고조선의 등장:** 고조선은 우리 역사 속 최초의 나라입니다.
- **삼국의 성립과 발전**

백제	❶ □□가 세웠으며, 근초고왕 때 전성기를 맞이하였음.
고구려	주몽이 세웠으며, 광개토 대왕, 장수왕 때 전성기를 맞이하였음.
신라	박혁거세가 세웠으며, ❷ □□□ 때 전성기를 맞이하였음.

- **신라의 삼국 통일 과정:** 신라와 당의 동맹 → 백제 멸망 → 고구려 멸망 → 신라와 당의 전쟁 → 신라의 삼국 통일
- **발해의 건국:** ❸ □□□이 옛 고구려 사람들과 말갈족 일부를 이끌고 동모산 근처에 발해를 세웠습니다.

개념 ❷ 여러 나라의 문화유산

- **삼국과 가야의 문화유산**

고구려	무용총의 손님맞이 그림, 금동 연가 7년명 여래 입상 등
백제	무령왕릉, 백제 금동 대향로, 익산 미륵사지 석탑 등
신라	경주 ❹ □□□ 9층 목탑, 경주 첨성대 등
가야	철제 갑옷과 투구, 가야금 등

- **통일 신라와 발해의 문화유산**

통일 신라	불국사, 석굴암 등	발해	발해 석등, 이불병좌상 등

❷ 독창적 문화를 발전시킨 고려

개념 ❸ 고려의 후삼국 통일과 외세의 침입 극복

- **고려의 건국과 후삼국 통일 과정:** 후삼국 성립 → 고려 건국 → 신라 항복 → 후백제 멸망 → 후삼국 통일
- **태조 ❺ □□의 정책:** 백성의 생활 안정, 불교 장려, 정치 안정, 민족 통일, 북진 정책 등
- **거란의 침입과 극복**

1차 침입		2차 침입		3차 침입
서희의 담판	→	양규의 활약	→	❻ □□□의 귀주 대첩

- **몽골의 침입과 고려의 항쟁:** 몽골의 침입 → ❼ □□□ 천도 → 처인성, 충주성 전투 승리 → 개경 환도 → 삼별초의 저항

1 여러 나라의 건국과 발전에 대한 설명이 맞으면 ○표, 틀리면 X표 하시오.

(1) 고조선은 우리 역사 속 최초의 나라입니다. (　　)

(2) 고구려의 전성기는 근초고왕과 장수왕이 차례로 이끌었습니다. (　　)

(3) 대조영이 옛 백제 사람들과 말갈족 일부를 이끌고 발해를 세웠습니다. (　　)

2 삼국의 문화유산을 바르게 선으로 연결하시오.

(1)	백제 •	• ㉠	경주 첨성대
(2)	신라 •	• ㉡	익산 미륵사지 석탑
(3)	고구려 •	• ㉢	금동 연가 7년명 여래 입상

3 다음에서 설명하는 인물은 누구인지 쓰시오.

> 거란의 1차 침입 때 거란의 장수 소손녕과 담판을 벌여 송과의 관계를 끊고 거란과 교류할 것을 약속하고, 압록강 동쪽의 강동 6주를 얻었습니다.

(　　　　)

개념 4 고려의 문화유산

⑧ □□□□	• 고려를 대표하는 예술품임. • 상감 기법을 청자에 적용하여 고려만의 독창적인 상감 청자를 만들었음.
팔만대장경	• 부처의 힘으로 몽골의 침입을 막아 내려고 만들었음. • 글자 모양이 고르고, 잘못된 글자나 빠진 글자가 거의 없을 정도로 정확하였음.
금속 활자	• 세계 최초로 금속 활자를 발명하였음. • 『⑨ □□□□□□』은 오늘날 남아 있는 금속 활자로 인쇄한 책 중에서 세계에서 가장 오래되었음.

3 민족 문화를 지켜 나간 조선

개념 5 조선의 건국과 민족 문화의 발전

- **조선의 건국 과정:** 위화도 회군 → 토지 제도 개혁 → 신진 사대부 사이의 갈등 → 정몽주 등 반대 세력 제거 → 조선 건국 → ⑩ □□ 천도
- **유교 질서에 따른 사회 모습**

유교 질서	유교를 나라의 기본 정신으로 삼았음.
신분 제도	크게 양인과 천인으로 나뉘었고, 양인은 다시 ⑪ □□, 중인, 상민으로 구분되었음.

- **세종 대 문화와 과학의 발전**

문화 발전	⑫ □□□□ 창제, 『농사직설』·『향약집성방』 등 다양한 책 편찬
과학 발전	천문 관측기구(혼천의, 간의 등), 시간 측정 기구(앙부일구, 자격루 등), 측우기 등을 만들었음.

개념 6 임진왜란과 병자호란

임진왜란	일본이 명으로 가는 길을 내어 달라는 구실로 조선을 침략하였음. → ⑬ □□□이 이끄는 조선 수군의 활약, 전국에서 일어난 의병의 활약, 관군의 활약 등으로 일본군을 물리쳤음.
병자호란	청이 조선에 '형제의 관계'를 '임금과 신하의 관계'로 바꾸자고 요구하였으나 조선이 거절하자 청이 조선을 침략하였음. → 인조는 ⑭ □□□□으로 피란하여 항전하였으나 상황이 불리해지자 청에게 항복하였음.

4 고려의 문화유산에 대한 설명이 맞으면 ○표, 틀리면 X표 하시오.

(1) 고려청자는 주로 일반 백성이 사용하였습니다. ( )

(2) 고려는 세계 최초로 금속 활자를 발명하였습니다. ( )

(3) 팔만대장경은 부처의 힘으로 거란의 침입을 막아 내려고 만들었습니다. ( )

5 다음 빈칸에 들어갈 알맞은 사상을 쓰시오.

> 조선 시대에는 나라의 근본이 백성에게 있다는 ( )의 가르침에 따라 왕과 관리들은 백성을 위한 정치를 하고자 하였습니다.

( )

6 다음 ㉠, ㉡에 들어갈 알맞은 말을 각각 쓰시오.

> 조선 시대에 (㉠)의 침입으로 임진왜란이 일어났고, (㉡)의 침입으로 병자호란이 일어났습니다.

㉠: ( )
㉡: ( )

❶ 나라의 등장과 발전

1 다음 지도의 (가) 나라에 대한 설명으로 알맞지 않은 것은 어느 것입니까? ( )

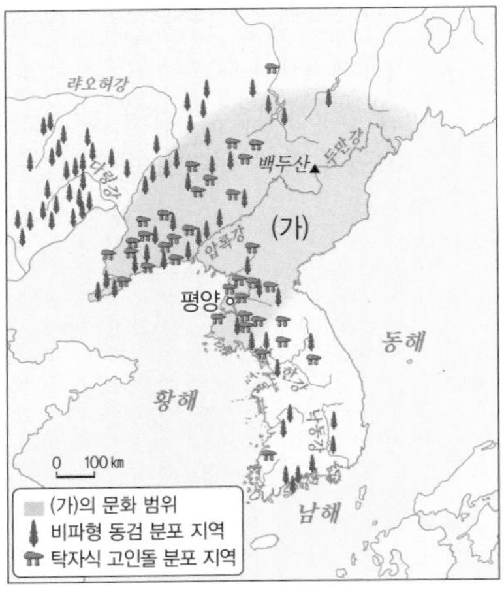

① 주몽이 세웠다.
② 여덟 개의 법 조항이 있었다.
③ 우리 역사 속 최초의 나라이다.
④ 중국 한의 침입을 받아 멸망하였다.
⑤ 청동기 문화를 바탕으로 성립하였다.

2 다음 보기 에서 근초고왕에 대한 설명으로 알맞은 것을 모두 골라 기호를 쓰시오.

보기
㉠ 가야 연맹을 멸망시켰다.
㉡ 한강 유역에 백제를 세웠다.
㉢ 고구려를 공격하여 북쪽으로 영토를 넓혔다.
㉣ 중국, 왜 등 주변 나라와 활발하게 교류하였다.

( )

중요
3 오른쪽 비석을 세운 왕이 한 일로 알맞은 것은 어느 것입니까? ( )

① 황룡사를 세웠다.
② 대가야를 정복하였다.
③ 요동 지역을 차지하였다.
④ 백제의 전성기를 이끌었다.
⑤ 국내성에서 평양으로 도읍을 옮겼다.

▲ 광개토 대왕릉비

4 오른쪽 문화유산에 대한 설명으로 알맞지 않은 것은 어느 것입니까? ( )

▲ 익산 미륵사지 석탑

① 백제의 문화유산이다.
② 미륵사 터에 남아 있다.
③ 우리나라 석탑의 초기 모습을 보여 준다.
④ 우리나라에 남아 있는 석탑 중 가장 크다.
⑤ 석탑 안에서 무구정광대다라니경이 발견되었다.

5 다음 (가)~(다) 중 신라의 문화유산을 찾아 기호를 쓰시오.

(가)

(나)

(다)

( )

중요
6 신라의 삼국 통일 과정 중 세 번째로 일어난 사건은 어느 것입니까? ( )

① 백제가 멸망하였다.
② 고구려가 멸망하였다.
③ 신라가 당과 동맹을 맺었다.
④ 신라 군대가 당 군대를 격파하였다.
⑤ 문무왕 때 신라가 삼국 통일을 이루었다.

7 다음에서 설명하는 나라는 어디인지 쓰시오.

- 대조영이 건국하였습니다.
- 전성기에 고구려의 옛 땅을 대부분 되찾았습니다.
- 스스로 고구려를 계승한 나라임을 내세웠고, 고구려 문화의 영향을 받았습니다.

( )

❷ 독창적 문화를 발전시킨 고려

8 다음 빈칸에 공통으로 들어갈 알맞은 세력은 누구입니까? (　　　)

> (　　　)은/는 신라 말부터 고려 초까지 경제력과 군사력을 바탕으로 지방에서 성장한 정치 세력입니다. 여러 (　　　) 중에서 세력을 키운 견훤과 궁예는 나라를 세웠습니다.

① 군인　② 왕족　③ 무인
④ 호족　⑤ 신진 사대부

중요

9 다음 가상 면담에서 밑줄 친 부분에 들어갈 내용으로 알맞지 않은 것은 어느 것입니까? (　　　)

고려 건국을 축하드립니다. 앞으로 어떤 정책을 펼치실 건가요?
고맙습니다. 저는 앞으로 ________

① 불교를 장려할 것입니다.
② 과거제를 실시할 것입니다.
③ 백성의 세금을 줄일 것입니다.
④ 북쪽으로 영토를 넓힐 것입니다.
⑤ 가난한 백성이 굶주리지 않도록 힘쓸 것입니다.

10 고려가 다음 지도의 (가) 지역을 차지하는 계기가 된 사건은 무엇입니까? (　　　)

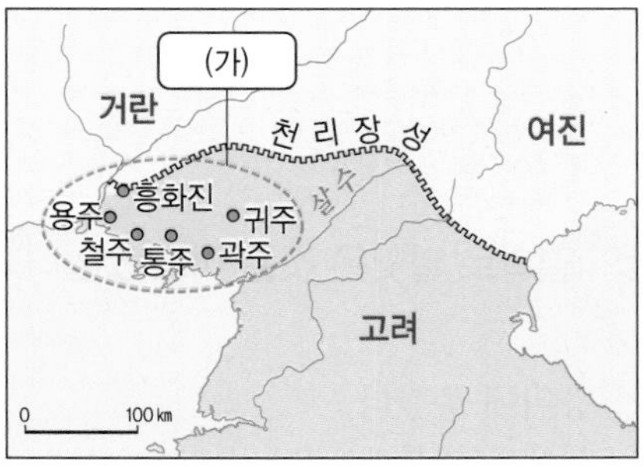

① 발해 멸망　② 서희의 담판
③ 삼별초의 저항　④ 강감찬의 귀주 대첩
⑤ 고려의 후삼국 통일

11 몽골의 침입과 고려의 항쟁 과정에서 있었던 일을 바르게 이야기한 어린이를 두 명 고르시오. (　　　,　　　)

①
고려가 국경 지역에 천리장성을 쌓았어.
②
기병 중심의 특수 부대인 별무반이 만들어졌어.
③
몽골이 침입한 뒤 고려는 도읍을 개경에서 강화도로 옮겼어.
④
부처의 힘으로 몽골의 침입을 막아 내려고 팔만대장경을 만들었어.

12 다음 보기 에서 고려청자에 대한 설명으로 알맞은 것을 모두 골라 기호를 쓰시오.

> **보기**
> ㉠ 서민들이 주로 사용하였다.
> ㉡ 상감 기법을 적용하기도 하였다.
> ㉢ 고려 시대를 대표하는 예술품이다.
> ㉣ 만들기 쉬워 다양한 용도로 쓰였다.

(　　　)

13 다음에서 설명하는 문화유산을 쓰시오.

> 오늘날에 남아 있는, 금속 활자로 인쇄한 책 중에서 세계에서 가장 오래되었습니다. 유네스코 세계 기록 유산으로 지정되었으며, 프랑스 국립 도서관에 보관되어 있습니다.

(　　　)

❸ 민족 문화를 지켜 나간 조선

14 다음에서 설명하는 인물은 누구입니까? (　　　)

> 고려 말에 등장한 신진 사대부입니다. 고려 왕조를 유지하면서 개혁할 것을 주장하였으나, 반대 세력에 의해 죽임을 당하였습니다.

① 최영　② 이성계　③ 장영실
④ 정도전　⑤ 정몽주

15 태종이 한 일을 바르게 이야기한 어린이는 누구입니까? (　　　)

① 민아: 4군 6진을 설치하였어.
② 한수: 『경국대전』을 완성하였어.
③ 수정: 도읍을 개경에서 한양으로 옮겼어.
④ 여민: 위화도에서 군대를 돌려 권력을 잡았어.
⑤ 채경: 전국을 8개의 도로 나누고 관리를 파견하였어.

16 다음 문화유산을 활용한 보고서의 주제로 알맞은 것은 어느 것입니까? (　　　)

▲ 숭례문

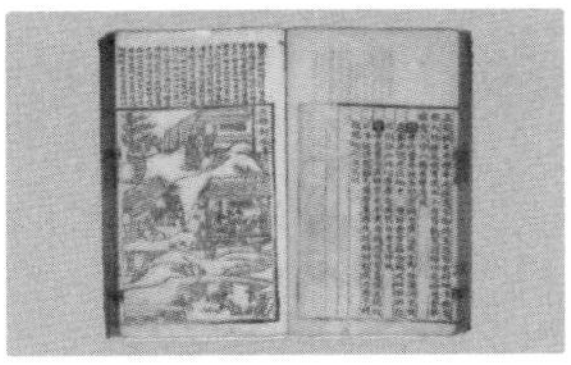
▲ 『삼강행실도』

① 세종 대의 문화 발전
② 조선 시대의 불교문화
③ 조선 시대의 유교 질서
④ 조선의 한양 도성 건설
⑤ 임진왜란과 조선의 극복 노력

중요
17 세종 대에 이루어진 발전으로 알맞지 않은 것은 어느 것입니까? (　　　)

① 집현전을 설치하였다.
② 훈민정음을 창제하였다.
③ 『농사직설』을 편찬하였다.
④ 세계 최초로 금속 활자를 발명하였다.
⑤ 혼천의, 앙부일구, 자격루 등의 과학 기구를 만들었다.

18 다음 (가), (나)에서 설명하는 세종 대의 과학 기구를 알맞게 짝지은 것은 어느 것입니까? (　　　)

> (가) 해와 달, 별의 움직임과 위치를 관측하는 기구
> (나) 물의 양이 변함에 따라 자동으로 종을 쳐서 시각을 알려 주는 물시계

	(가)	(나)
①	자격루	혼천의
②	자격루	앙부일구
③	혼천의	자격루
④	혼천의	앙부일구
⑤	앙부일구	자격루

중요
19 다음 (가) 시기에 있었던 일로 알맞지 않은 것은 어느 것입니까? (　　　)

1592년 임진왜란 발발 → (가) → 1597년 정유재란 발발

① 선조가 의주로 피란하였다.
② 곽재우가 의령에서 의병을 이끌었다.
③ 조선과 명의 연합군이 평양성을 되찾았다.
④ 권율이 행주산성에서 일본군에 승리하였다.
⑤ 이순신의 수군이 노량 해전에서 일본군을 무찔렀다.

20 병자호란의 결과로 알맞은 것은 어느 것입니까? (　　　)

① 인조가 왕위에 올랐다.
② 명이 조선에 군대를 보냈다.
③ 도요토미 히데요시가 사망하였다.
④ 광해군이 중립 외교를 추진하였다.
⑤ 조선과 청은 '신하와 임금의 관계'를 맺었다.

서술형 마무리

1 **다음 고조선의 건국 이야기를 읽고, 물음에 답하시오.**

> 옛날에 하늘을 다스리던 환인의 아들 환웅이 인간 세상에 관심을 두었다. 환웅은 바람, 비, 구름을 다스리는 신하 등 무리 삼천 명을 이끌고 내려와 세상을 다스렸다.
> 어느 날 곰 한 마리와 호랑이 한 마리가 환웅에게 사람이 되게 해 달라고 빌었다. 환웅은 쑥과 마늘을 주면서 "이것을 먹고 100일 동안 햇빛을 보지 않으면 사람이 될 것이다."라고 하였다. 곰은 이 말을 지킨 지 20여 일 만에 여자(웅녀)가 되었다. 웅녀는 환웅과 혼인하여 아들을 낳았는데, 이름을 (　　　)(이)라고 하였다. -『삼국유사』

(1) 윗글의 빈칸에 들어갈 알맞은 인물을 쓰시오.
(　　　　　　　)

(2) 윗글의 밑줄 친 부분에 담겨 있는 의미는 무엇인지 쓰시오.

____

____

2 **다음 지도를 보고, 물음에 답하시오.**

(1) 위 지도에 나타난 시기의 백제 왕을 쓰시오.
(　　　　　　　)

(2) 위 지도를 보고, 이 시기에 백제의 대외 관계는 어떠하였는지 쓰시오.

____

____

3 **다음 지도를 보고, 물음에 답하시오.**

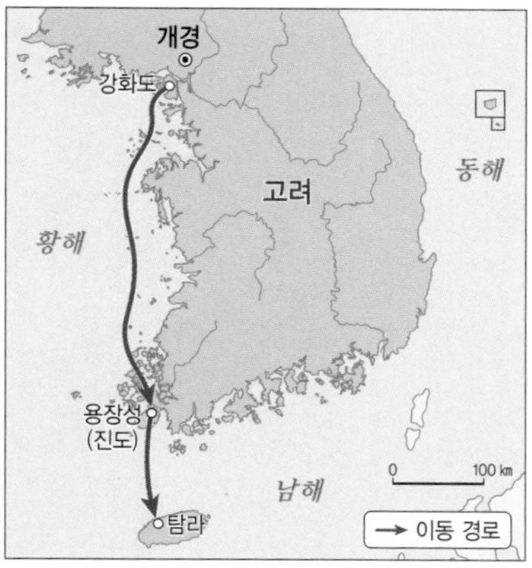

(1) 몽골에 저항하여 위 지도에 나타난 경로로 이동한 고려의 군대를 쓰시오.
(　　　　　　　)

(2) (1)에서 답한 군대가 몽골군에 저항한 원인을 쓰시오.

____

____

4 **다음 글을 읽고, 물음에 답하시오.**

> 중국에서 명의 세력이 약해진 틈을 타 여진이 후금이라는 나라를 세웠습니다. 명은 위협하는 후금을 물리치고자 조선에 군사를 요청하였습니다. 이에 (　　　)은/는 명에 군사를 보내면서 적극적으로 전투에 나서지 말고 상황에 따라 대처하도록 하였습니다. 이처럼 (　　　)은/는 명과 후금 사이에서 중립 외교를 펼쳐 전쟁에 휘말리지 않으려고 하였습니다.

(1) 윗글의 빈칸에 공통으로 들어갈 조선의 왕을 쓰시오.
(　　　　　　　)

(2) 윗글의 밑줄 친 정책에 반대한 세력이 (1)에서 답한 왕을 몰아낸 뒤 펼친 외교 정책을 쓰시오.

____

____

2

사회의 새로운 변화와 오늘날의 우리

01 영조와 정조의 개혁 정책 ~ 실학의 등장과 서민 문화의 발전

① 영조와 정조의 개혁 정책

학문이나 정치적 생각을 같이하는 사람들의 집단입니다.

(1) **영조 즉위 당시의 상황**: 임진왜란 즈음부터 신하들이 붕당을 이루어 정치를 이끌었습니다. → 점차 붕당 간의 대립이 심해져 정치가 혼란스러워졌습니다.

(2) **영조와 정조의 개혁 정책**

탕평책을 실시하여 왕권을 강화하고 정치를 안정시키고자 하였습니다.

영조	• 붕당에 관계없이 능력에 따라 인재를 고르게 뽑아 쓰는 [1]탕평책을 실시하였습니다. 자료 ① • 신문고를 다시 설치하였습니다. (백성이 억울한 일을 말할 때 치게 하던 북입니다.) • 세금을 줄이고 가혹한 형벌을 금지하여 백성의 생활을 안정시켰습니다. • 청계천 바닥을 정비하여 홍수를 대비하였습니다. • 많은 책을 편찬하여 학문과 제도를 정비하였습니다.
정조	• 탕평책을 적극 실시하였습니다. • 규장각에서 개혁 정치를 뒷받침할 관리들을 길러 냈습니다. (신분 때문에 능력을 펼칠 수 없었던 서얼들을 관리로 등용하였습니다.) • 국왕을 호위하는 군대를 설치하였습니다. • 수원 화성을 건설하여 정치적·군사적·상업적 기능을 갖춘 중심지로 만들고자 하였습니다. 자료 ② • 노비의 처지를 개선하였습니다. • 상인들이 자유롭게 물건을 팔 수 있게 하였습니다.

② 실학의 등장

(1) **실학의 등장 배경**: 임진왜란과 병자호란 이후 백성의 생활이 더욱 어려워졌습니다. → 나라에서는 이러한 문제를 해결하기 위한 적절한 대책을 세우지 못하였습니다.

(2) **실학**: 백성의 생활을 돕고 현실 문제를 해결하기 위한 학문입니다.

(3) **실학자들의 주장**

실생활에 도움이 되는 학문이라 하여 실학이라고 합니다.

① 토지 제도를 바꿔 농민의 생활을 안정시켜야 합니다.

② 청의 [2]문물을 받아들이고 상업과 공업을 발달시켜야 합니다.

③ 우리의 역사, 지리, 언어 등을 연구해야 합니다.

(4) **실학자들의 활동**

유형원, 정약용 등	농업에 관심을 두고 토지 제도를 개혁하여 농촌 사회를 안정시키려고 하였습니다.
박지원, 박제가 등	상업과 공업에 관심을 두고 청의 발달된 문물을 받아들여 백성의 삶을 풍요롭게 하는 데 이용하자고 주장하였습니다.
유득공, 김정호 등	• 유득공: 발해가 고구려를 이은 나라임을 밝혔습니다. • 김정호: 우리나라의 산, 강, 길 등을 자세히 표시한 『대동여지도』를 만들었습니다. 자료 ③

자료 ① 탕평비

• 영조가 탕평책을 널리 알리기 위해 세운 비석입니다.
• '두루 사귀면서 편을 가르지 않는 것이 군자의 공정한 마음이요, 편을 가르고 두루 사귀지 않는 것은 소인의 사사로운 마음이다.'라는 내용이 적혀 있습니다.

자료 ② 수원 화성

정조의 개혁을 뒷받침하는 계획도시로, 정약용이 고안한 거중기 등 새로운 과학 기술을 활용하여 만들었습니다.

자료 ③ 『대동여지도』

김정호가 만든 우리나라 전도로, 지도책을 이어 붙이면 지도가 됩니다.

용어 사전

❶ **탕평**
어느 한쪽에 치우치지 않고 공평함.

❷ **문물**
정치, 경제, 예술, 법률 등 문화의 산물

조선 후기의 실학을 한데 모아 완성하였습니다.

(5) 정약용의 활동 자료④

① 농업, 정치, 건축, 지리, 과학 등 전 분야에 관심을 두었습니다.

② 수원 화성을 설계하고 거중기를 만들었습니다. (한강에 배다리를 설치해 정조가 수원 화성으로 이동하기 쉽도록 했습니다.)

③ 지방에 ❸유배된 시기에 『목민심서』, 『경세유표』 등 많은 책을 썼습니다.

❸ 서민 문화의 발전

(1) 발달 배경: 조선 후기 농업과 상공업이 발달하여 경제적으로 여유가 생긴 사람들이 늘어나, 이들이 문화와 예술에 관심을 갖게 되면서 일반 백성이 문화의 주인공으로 참여하는 ❹서민 문화가 발달하였습니다.

(2) 서민 문화의 종류 (다양한 신분의 인물들이 주인공으로 등장해 사회의 잘못된 점을 비판하거나 서민들의 감정을 그대로 표현하였습니다.)

한글 소설	• 서당이 널리 보급되고 한글 사용이 늘어나면서 일반 백성도 쉽게 읽을 수 있는 한글 소설이 유행하였습니다. • 『홍길동전』, 『춘향전』, 『흥부전』, 『심청전』 등이 있습니다. 자료⑤
탈놀이	• 사람들이 탈을 쓰고 하는 연극입니다. • 주로 장터나 사람들이 많이 모이는 곳에서 공연하였습니다. • 백성의 감정을 솔직하게 표현하고 양반 사회를 비판하는 내용이 많았습니다.
판소리	• 소리꾼이 북장단에 맞추어 이야기와 노래를 하는 공연입니다. • 소리꾼이 즉흥적으로 내용을 빼거나 더할 수 있고, 구경하는 사람들도 추임새를 넣는 등 참여할 수 있어 인기가 많았습니다.
민화	• 작가가 대부분 알려지지 않은 그림입니다. • 동물, 나무, 꽃, 문자 등을 그려서 복을 바라는 백성의 소망을 담았습니다. • 사람들은 민화를 사서 벽에 걸거나 병풍으로 만들어 생활 공간을 꾸미는 데 이용하였습니다.
풍속화	• 사람들이 살아가는 모습을 생동감 있게 표현한 그림입니다. • 김홍도는 주로 일반 백성의 모습을 재미있게 표현하였으며, 신윤복은 주로 양반과 여성들의 생활 모습을 그렸습니다.

▲ 하회 별신굿 탈놀이

▲ 판소리

▲ 까치와 호랑이

▲ 김홍도의 「서당도」

▲ 신윤복의 「단오풍정」 일부

자료④ 『목민심서』

• ❺아전이 백성에게 빌려줄 곡식에 ❻쭉정이를 섞어 두 배로 늘린다. 그리고 나머지 곡식을 훔쳐 자기 집으로 가져간다.
• 절약하면 백성에게 베풀 수 있고, 절약하지 못하면 백성에게 베풀지 못한다.
• 나라에서 정한 법은 지켜야 하지만 각 고을의 잘못된 규칙들은 고쳐서 백성을 위한 법을 세워야 한다.

『목민심서』는 지방 관리의 마음가짐을 담은 책으로, 조선 사회의 문제에 대한 정약용의 주장이 담겨 있습니다.

자료⑤ 한글 소설

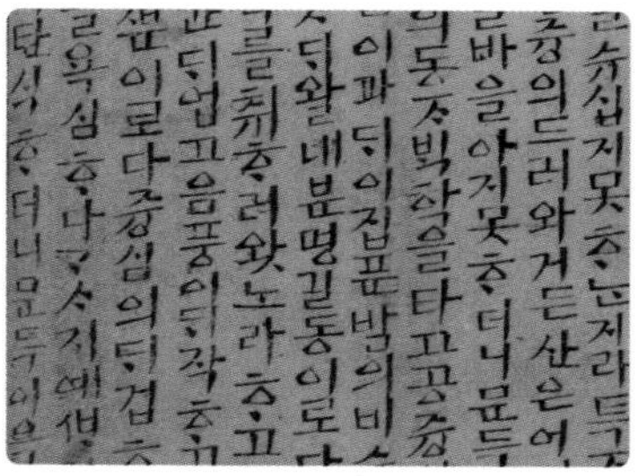
▲ 『홍길동전』

조선 후기에는 책을 살 수 없거나 한글을 읽을 줄 모르는 사람들에게 돈을 받고 책을 읽어 주는 '전기수'라는 직업이 있었습니다.

용어 사전

❸ 유배
죄를 지은 사람을 먼 곳으로 보내 살게 한 형벌

❹ 서민
벼슬이나 권력이 없는 보통 사람

❺ 아전
지방 관리들 밑에서 일을 보던 사람

❻ 쭉정이
껍질만 있고 속에 알맹이가 들어 있지 않은 곡식

2 단원

기본 문제로 익히기

핵심 체크

● 영조와 정조의 개혁 정책

영조	• 인재를 고르게 뽑아 쓰는 ❶ ☐☐☐을 실시하였습니다. • 신문고를 다시 설치해 백성이 억울한 일을 당하지 않게 하였습니다. • 세금을 줄이고 가혹한 형벌을 금지하였습니다.
정조	• 탕평책을 적극 실시하였습니다. • ❷ ☐☐☐에서 개혁 정치를 뒷받침할 관리들을 길러 냈습니다. • 수원 화성을 건설하였습니다.

● ❸ ☐☐: 백성의 생활을 돕고 현실 문제를 해결하기 위한 학문입니다.

● 서민 문화

한글 소설	『홍길동전』, 『춘향전』, 『심청전』 등이 유행하였습니다.
❹ ☐☐☐	사람들이 탈을 쓰고 하는 연극입니다.
판소리	소리꾼이 북장단에 맞추어 이야기와 노래를 하는 공연입니다.
❺ ☐☐	작가가 대부분 알려지지 않은 그림입니다.
풍속화	사람들이 살아가는 모습을 생동감 있게 표현한 그림입니다.

개념 문제

1 다음 설명이 맞으면 ○표, 틀리면 X 표 하시오.

(1) 영조는 세금을 줄여 백성의 생활을 안정시켰습니다. (　　　)

(2) 정조는 규장각에서 개혁 정치를 뒷받침할 관리들을 길러 냈습니다. (　　　)

(3) 영조는 수원 화성을 건설하여 정치적·군사적·상업적 기능을 갖춘 중심지로 만들고자 하였습니다. (　　　)

2 우리나라의 산, 강, 길 등을 자세히 표시한 『대동여지도』를 만든 인물은 누구입니까?

(　　　)

3 조선 후기 농업과 상공업의 발달로 경제적으로 여유가 생긴 사람들이 문화와 예술에 관심을 갖게 되면서 일반 백성이 문화의 주인공으로 참여하는 (　　　　　)이/가 발달하였습니다.

4 다음 ㉠, ㉡에 들어갈 알맞은 인물에 각각 ○표 하시오.

> 풍속 화가 중 ㉠ (신윤복 , 김홍도)은/는 주로 일반 백성의 모습을 재미있게 표현하였으며, ㉡ (신윤복 , 김홍도)은/는 주로 양반과 여성들의 생활 모습을 그렸습니다.

확인 문제

중요
1 영조가 추진한 개혁 정책으로 알맞지 않은 것은 어느 것입니까? (　　)

① 탕평책을 실시하였다.
② 신문고를 다시 설치하였다.
③ 청계천 바닥을 정비하였다.
④ 세금을 줄이고 가혹한 형벌을 금지하였다.
⑤ 규장각에서 개혁 정치를 뒷받침할 관리를 길러 냈다.

서술형
2 정조가 수원 화성을 건설한 목적을 쓰시오.

3 다음 빈칸에 들어갈 알맞은 학문은 무엇입니까? (　　)

> 임진왜란과 병자호란 이후 백성의 생활이 더욱 어려워졌으나 나라에서는 이러한 문제를 해결하기 위한 적절한 대책을 세우지 못하였습니다. 이에 백성의 생활을 돕고 현실 문제를 해결하려는 (　　)이 등장하였습니다.

① 동학　② 서학　③ 실학
④ 유학　⑤ 성리학

4 다음 보기 에서 정약용에 대한 설명으로 알맞은 것을 모두 골라 기호를 쓰시오.

> 보기
> ㉠ 『대동여지도』를 만들었다.
> ㉡ 수원 화성을 설계하고 거중기를 만들었다.
> ㉢ 『목민심서』, 『경세유표』 등 많은 책을 썼다.
> ㉣ 농업, 정치, 건축, 지리, 과학 등 전 분야에 관심을 두었다.

(　　　　)

5 다음 밑줄 친 '이 문화'의 종류로 알맞지 않은 것은 어느 것입니까? (　　)

> 조선 후기 농업과 상공업이 발달하여 경제적으로 여유가 생긴 사람들이 늘어나, 이들이 문화와 예술에 관심을 갖게 되면서 일반 백성이 문화의 주인공으로 참여하는 이 문화가 발달하였습니다.

① 민화　② 탈놀이　③ 판소리
④ 사군자화　⑤ 한글 소설

6 다음 사진에 나타난 서민 문화는 무엇인지 쓰시오.

(　　　　)

7 다음 (가), (나) 풍속화를 그린 인물을 알맞게 짝지은 것은 어느 것입니까? (　　)

(가)

▲ 「단오풍정」 일부

(나)

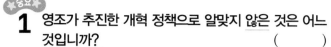

▲ 「서당도」

	(가)	(나)
①	김정호	김홍도
②	김홍도	신윤복
③	김홍도	정약용
④	신윤복	김정호
⑤	신윤복	김홍도

2 단원

02 흥선 대원군의 정책과 강화도 조약

❶ 흥선 대원군의 정책

(1) 세도 정치

왕권이 약해졌습니다.

시작	정조의 뒤를 이어 나이 어린 왕이 즉위하자 왕실과 혼인 관계를 맺은 몇몇 가문이 나랏일을 마음대로 하는 세도 정치가 나타났습니다.
폐해	• 세도 가문이 돈을 받고 관직을 팔았습니다. • 돈을 주고 관직을 산 관리들이 뇌물로 바친 돈을 채우기 위해 더 많은 세금을 거두었습니다. • 나라의 정치가 어지러워지고 부정부패가 심해졌습니다. • 생활이 어려워진 일부 백성이 도망가거나 ❶봉기하였습니다.

⭐(2) 흥선 ❷대원군의 개혁 정치 [자료❶]

① 흥선 대원군의 집권: 고종이 어린 나이에 왕이 되자, 아버지인 흥선 대원군이 고종을 대신하여 나라를 다스렸습니다.

② 흥선 대원군의 개혁

목적	세도 정치의 문제점을 바로잡고 왕권을 강화하고자 하였습니다.
개혁 내용	• 세도 가문을 억누르고 인재를 고루 뽑았습니다. • 나라의 재정을 튼튼히 하기 위해 양반에게도 군포를 거두는 등 세금을 내게 하였습니다. • 세금을 면제받고 백성을 힘들게 하던 ❸서원을 정리하여 일부만 유지하였습니다. • 왕실의 권위를 높이기 위해 임진왜란 때 불탄 경복궁을 다시 지었습니다. → 백성을 공사에 동원하고 공사 비용을 마련하기 위해 강제로 돈을 거둬들여 백성의 불만이 커졌습니다.

[흥선 대원군의 정책]

▲ 양반에게도 군포를 거두었습니다.　▲ 전국의 서원을 일부만 남기고 정리하였습니다.　▲ 임진왜란 때 불탄 경복궁을 다시 지었습니다.

(3) 서양 세력의 침입

① 흥선 대원군 집권기의 상황 [자료❷]

• 조선의 해안에 이양선이라 불린 서양 배가 자주 나타나 조선에 여러 차례 ❹통상을 요구하였습니다. '이상한 모양의 배'라는 뜻입니다.

• 흥선 대원군은 서양 세력의 접근을 경계하며 통상을 거부하였습니다.

[자료❶] 흥선 대원군

세도 정치로 혼란스러운 시기에 정치 권력을 잡은 흥선 대원군은 세도 정치의 문제점을 바로잡고 왕권을 강화하기 위한 여러 개혁 정책을 추진하였습니다.

[자료❷] 이양선

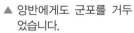

조선 후기 조선의 바닷가에는 이양선이라고 불린 서양의 배가 자주 나타나 조선에 통상을 요구하였습니다. 조선 정부는 이들의 통상 요구가 침략으로 이어질 것으로 보고 이를 거부하였습니다.

✅ 용어 사전

❶ 봉기
지배를 받는 사람들이 지배하는 세력에 대항해 무리를 지어 들고 일어남.

❷ 대원군
돌아가신 왕에게 자식이 없어 친척이 대신 왕이 될 때, 그 왕의 친아버지에게 주는 칭호

❸ 서원
조선 시대에 지방에서 이름 높은 위인에게 제사를 지내고 학문을 가르치던 교육 기관

❹ 통상
나라들 사이에 서로 물건을 사고파는 것

② 병인양요(1866년) 자료 ③

발발	프랑스가 통상을 요구하며 군대를 이끌고 강화도를 침략하였습니다. (양헌수가 이끄는 부대는 삼랑성(정족산성)에 숨어 있다가 프랑스군을 공격하여 승리하였습니다.)
전개 과정	양헌수 등이 이끄는 부대가 프랑스군에 맞서 싸웠습니다. → 프랑스군이 물러가면서 [5]외규장각 의궤 등 귀중한 책과 무기, 곡식 등을 빼앗아 갔습니다.

③ 신미양요(1871년) 자료 ③

발발	미국이 통상을 요구하며 조선에 군대를 보내 강화도를 침략하였습니다. (어재연이 이끄는 부대는 광성보에서 미군에 맞서 싸웠지만 결국 패배하였습니다.)
전개 과정	어재연이 이끄는 수비대가 미군에 맞서 강력하게 저항하였습니다. → 미군이 스스로 물러갔습니다.

④ 척화비 건립: 프랑스와 미국의 침입을 물리친 후 흥선 대원군은 전국에 척화비를 세워 서양과 교류하지 않겠다고 널리 알렸습니다. 자료 ④

2 강화도 조약

(1) [6]개항의 움직임

① 조선이 발전하려면 외국과 교류하며 새로운 문물을 받아들여야 한다고 주장하는 사람들이 늘어나고 있었습니다.

② 흥선 대원군이 물러나고 고종이 직접 정치에 나서면서 조선의 대외 정책에 변화가 나타났습니다.

(2) 강화도 [7]조약 체결(1876년)

배경	일본이 강화도에 군함을 보냈습니다. → 강화도의 조선군이 일본군의 배가 허락 없이 다가오자 배 주변에 대포를 쏘며 경고하였습니다. → 일본군이 영종도에 가서 살인과 약탈을 저질렀습니다.
체결	일본이 조선군의 일본 군함 공격을 빌미로 조선에 개항을 요구하였습니다. → 조선이 일본과 강화도 조약을 맺고 개항하게 되었습니다.
특징	• 우리나라가 외국과 맺은 최초의 근대적 조약입니다. • 일본에 유리한 불평등 조약입니다.
영향	이후 조선은 서양의 다른 나라들과도 조약을 맺고 교류하였습니다.

[강화도 조약의 주요 내용]

제1조	조선은 자주국이며, 일본과 평등한 권리를 가진다.
제4조	조선은 부산 이외에 두 곳의 항구를 개항하고 일본인이 와서 통상하는 것을 허용한다. (부산, 원산, 인천을 개항하였습니다.)
제7조	일본인이 조선의 해안을 자유롭게 측정하는 것을 허가한다.
제10조	조선의 항구에서 죄를 지은 일본인은 일본 관리가 재판한다.

자료 ③ 병인양요와 신미양요

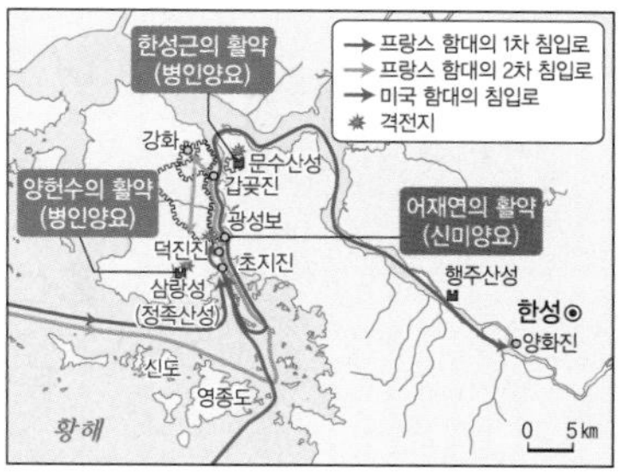

조선은 프랑스, 미국 등의 침입을 받았으나 군대와 백성들의 노력으로 극복할 수 있었습니다.

자료 ④ 척화비

'서양 오랑캐가 침범하였을 때 싸우지 않는 것은 화친하는 것이요, 화친을 주장하는 것은 나라를 파는 것이다.'라는 내용이 담겨 있습니다.

용어 사전

⑤ 외규장각 의궤
강화도에 있었던 왕실 도서관인 외규장각에 보관되어 있던 책들

⑥ 개항
항구를 열어 외국의 배, 사람, 상품 등이 들어오게 함.

⑦ 조약
나라와 나라 사이에 문서를 작성하여 합의한 약속

기본 문제로 익히기

핵심 체크

- ❶ ☐☐☐☐: 왕실과 혼인 관계를 맺은 몇몇 가문이 나랏일을 마음대로 하는 정치입니다.
- 흥선 대원군의 개혁 정치

목적	세도 정치의 문제점을 바로잡고 왕권을 강화하고자 하였습니다.
개혁 내용	• 양반에게도 세금을 내게 하였습니다. • 전국에 있는 서원을 정리하였습니다. • 임진왜란 때 불탄 ❷ ☐☐☐을 다시 지었습니다.

- 서양 세력의 침입

❸ ☐☐☐☐	프랑스가 통상을 요구하며 군대를 이끌고 강화도를 침략하였습니다.
신미양요	❹ ☐☐이 통상을 요구하며 군대를 이끌고 강화도를 침략하였습니다.
척화비 건립	프랑스와 미국의 침입을 물리친 후 흥선 대원군이 전국에 척화비를 세워 서양과 교류하지 않겠다고 널리 알렸습니다.

- ❺ ☐☐☐☐☐: 일본과 맺은 조약으로, 우리나라가 외국과 맺은 최초의 근대적 조약이자 일본에 유리한 불평등 조약입니다.

개념 문제

1 정조의 뒤를 이어 나이 어린 왕이 즉위하자 왕실과 혼인 관계를 맺은 몇몇 가문이 나랏일을 마음대로 하는 (　　　　　)이/가 나타났습니다.

2 흥선 대원군이 한 일에 대한 설명이 맞으면 ○표, 틀리면 X 표 하시오.

(1) 수원 화성을 건설하였습니다. (　　　)

(2) 양반에게도 세금을 내게 하였습니다. (　　　)

(3) 전국에 있는 서원을 정리하여 일부만 유지하였습니다. (　　　)

3 다음 ㉠, ㉡에 들어갈 알맞은 사건에 각각 ○표 하시오.

> ㉠ (병인양요 , 신미양요)는 프랑스가 강화도를 침략한 사건이고, ㉡ (병인양요 , 신미양요)는 미국이 강화도를 침략한 사건입니다.

4 조선이 일본과 맺은 조약으로, 조선이 개항을 하는 계기가 된 조약은 무엇입니까?

(　　　　　)

확인 문제

1 다음 시기의 상황에 대한 설명으로 알맞지 않은 것은 어느 것입니까? ( )

> 정조의 뒤를 이어 나이 어린 왕이 즉위하자 왕실과 혼인 관계를 맺은 몇몇 가문이 나랏일을 마음대로 하는 세도 정치가 나타났습니다.

① 왕권이 강화되었다.
② 부정부패가 심해졌다.
③ 나라의 정치가 어지러워졌다.
④ 돈을 받고 관직을 사고파는 일이 빈번하였다.
⑤ 생활이 어려워진 일부 백성이 도망가거나 봉기하였다.

2 다음 빈칸에 들어갈 알맞은 인물을 쓰시오.

> 고종이 어린 나이에 왕이 되자, 아버지 ( ) 이/가 고종을 대신하여 나라를 다스렸습니다.

( )

3 다음 보기 에서 흥선 대원군이 추진한 개혁의 내용으로 알맞은 것을 모두 골라 기호를 쓰시오.

> 보기
> ㉠ 탕평책을 실시하였다.
> ㉡ 양반에게도 세금을 내게 하였다.
> ㉢ 세도 가문을 억누르고 인재를 고루 뽑았다.
> ㉣ 전국에 있는 서원을 정리하여 일부만 남겼다.

( )

서술형

4 다음 밑줄 친 부분에 들어갈 알맞은 내용을 두 가지 쓰시오.

> 흥선 대원군은 왕실의 권위를 높이기 위해 임진왜란 때 불탄 경복궁을 다시 지었습니다. 그러나 ____________________
> 때문에 백성의 불만이 커졌습니다.

____

____

5 다음 (가), (나)에 해당하는 사건을 알맞게 짝지은 것은 어느 것입니까? ( )

> (가) 프랑스가 통상을 요구하며 군대를 이끌고 강화도를 침략한 사건입니다.
> (나) 미국이 통상을 요구하며 조선에 군대를 보내 강화도를 침략한 사건입니다.

	(가)	(나)
①	병자호란	신미양요
②	병인양요	신미양요
③	병인양요	임진왜란
④	신미양요	병인양요
⑤	신미양요	병자호란

[6~7] 다음은 어느 조약의 주요 내용입니다. 물음에 답하시오.

제1조	조선은 자주국이며, 일본과 평등한 권리를 가진다.
제4조	조선은 부산 이외에 두 곳의 항구를 개항하고 일본인이 와서 통상하는 것을 허용한다.
제7조	일본인이 조선의 해안을 자유롭게 측정하는 것을 허가한다.
제10조	조선의 항구에서 죄를 지은 일본인은 일본 관리가 재판한다.

6 위 조약의 이름을 쓰시오.

( )

★중요★

7 위 조약의 특징을 알맞게 이야기한 어린이를 두 명 고르시오. (,)

① 재민: 조선의 강요로 맺어진 조약이야.
② 미연: 일본에 유리한 불평등 조약이야.
③ 유진: 일본이 개항을 하는 계기가 되었어.
④ 원영: 우리나라가 외국과 맺은 최초의 근대적 조약이야.
⑤ 수한: 조선과 일본이 평등한 상황에서 체결된 조약이야.

03 갑신정변과 동학 농민 운동

① 개화 정책의 추진과 반발

(1) [1]**개화 정책의 추진**: 개화 정책을 추진하기 위한 기구를 설치하고, 신식 군대를 만들었습니다.

(2) 개화 정책에 대한 반발

① 외국 세력을 경계하면서 개화 정책을 반대하는 사람들이 있었습니다.

② 임오군란 (당시 생활이 어려웠던 도시의 가난한 백성도 임오군란에 참여하였습니다.)

발발	구식 군인들이 신식 군대에 비해 차별 대우를 받자 분노하여 난을 일으켰습니다.
결과	• 조선 정부가 청에 도움을 요청하자 청의 군대가 파견되어 난을 진압하였습니다. • 이후 청이 조선의 정치에 깊숙이 간섭하였습니다.

② 갑신정변

(1) **개화 세력의 분화**: 조선의 개화 정책을 둘러싸고 의견이 둘로 나뉘었습니다. 자료 ①

김홍집	청과 관계를 유지하면서, 조선의 법과 제도를 바탕에 두고 서양의 기술을 받아들여야 한다고 주장하였습니다.
김옥균	청과 관계를 끊고, 서양의 기술 외에도 사상과 제도까지 받아들여야 한다고 주장하였습니다.

(2) 갑신[2]정변의 발생(1884년) 자료 ②, ③

배경	• 청의 간섭이 심해지면서 조선이 개화 정책을 제대로 추진하지 못하였습니다. • 김옥균 등이 청에 의지하는 세력을 몰아내고 새로운 조선을 만들고자 하였습니다.
전개	• 김옥균 등이 조선에 영향력을 확대하려던 일본의 군사 지원을 약속받고 우정총국 개국 축하 잔치에서 정변을 일으켰습니다. • 새로운 정부를 구성하고 개혁안을 발표하였습니다.
결과	청의 군대가 개입하면서 3일 만에 실패로 끝났습니다.

김옥균 등은 일본으로 몸을 피하였습니다.

(3) 갑신정변의 의의와 한계

의의	국가의 제도를 바꿔 자주적인 나라를 세우고자 하였던 개혁 운동이었습니다.
한계	• 일본에 의지하여 정변을 추진하였습니다. • 급하게 개혁하려 했기 때문에 백성의 지지를 얻지 못하였습니다.

자료 ① 개화 세력의 분화

▲ 김홍집 ▲ 김옥균

개항 이후 조선은 청의 간섭을 받고 있었는데, 개화를 주장하는 사람들은 크게 김홍집을 중심으로 한 사람들과 김옥균을 중심으로 한 사람들로 나뉘었습니다.

자료 ② 우정총국

우편 업무를 담당하던 관청으로, 김옥균 등은 우정총국이 새로 생긴 것을 축하하는 행사를 이용하여 갑신정변을 일으켰습니다.

자료 ③ 갑신정변의 개혁안(일부)

• 청에 바치던 예물을 없앤다.
• 신분과 지위를 없애고 능력에 따라 관리를 뽑는다.
• 관리의 부정을 막고 국가의 살림살이를 넉넉하게 한다.
• 부정한 관리를 처벌하고, 백성이 빚진 쌀을 면해 준다.

– 김옥균, 『갑신일록』

김옥균 등은 새 정부를 구성하고 청의 간섭에서 벗어나 조선의 개화를 이루자는 개혁안을 발표하였습니다.

용어 사전

① **개화 정책**
외국의 발전된 문물을 받아들여 낡은 사회 제도와 생각을 새롭게 바꾸는 정책

② **정변**
합법적이지 않은 방법으로 일어난 정치적 변화

❸ 동학 농민 운동

(1) 개항 이후의 상황

① 일본 상인들이 조선에서 곡식을 대량으로 사 가면서 곡식 가격이 오르고 식량 사정이 어려워졌습니다.

② 양반과 지방 관리의 수탈이 심해져 농민의 생활이 더욱 어려워졌습니다.

(2) ❸동학의 등장

(최제우가 만든 종교입니다.)

① 조선 후기에 사람이 모두 평등하며 새로운 세상이 열릴 것이라는 동학이 등장하였습니다.

② 동학은 지배층의 횡포로 살기 어려웠던 농민들에게 퍼져 나갔습니다.

(3) 동학 농민 운동의 전개(1894년) 자료 ④, ⑤

시작	전라도 고부 지역에서는 ❹군수 조병갑의 횡포로 농민들이 어려움을 겪자 동학 지도자인 전봉준이 농민들과 함께 봉기하였습니다.
전개	조선 정부가 고부 농민 봉기를 조사하는 과정에서 백성을 탄압하자 동학 농민군이 다시 봉기하였습니다. → 동학 농민군이 관군을 연이어 물리치고 전주성을 점령하자 조선 정부는 청에 군대를 요청하였습니다. → 청이 군대를 보내자 일본도 뒤따라 군대를 보냈습니다.
개혁 추진	동학 농민군은 조선 정부와 협상하여 개혁을 약속받고 전주성에서 물러났으며, 여러 고을에서 개혁을 추진하였습니다.
청일 전쟁	조선 정부가 일본과 청에 군대를 철수할 것을 요청하였으나 일본군이 청군을 공격하여 전쟁을 일으켰습니다.
다시 봉기	동학 농민군이 일본군을 몰아내려고 다시 봉기하였습니다.
결과	동학 농민군은 공주 우금치 전투에서 일본군과 관군에게 패하고 이후 전봉준 등이 잡혀 처형되었습니다.

(4) 동학 농민 운동의 의의

(동학 농민 운동은 비록 실패하였지만 부패를 없애고 외세에 저항하려는 운동이었습니다.)

① 동학 농민군은 안으로는 양반 중심의 신분 질서를 개혁하고, 밖으로는 외국 세력의 침략을 물리쳐 나라를 지키고자 하였습니다.

② 동학 농민군이 요구한 개혁의 일부 내용은 조선 정부에서 추진한 갑오개혁에 반영되었습니다.

(갑오개혁: 조선 정부가 갑신정변의 일부 개혁안과 동학 농민군의 요구를 일부 받아들여 추진한 개혁입니다.)

[갑오개혁의 주요 내용]

▲ 집안 대대로 내려오는 지위, 양반이 누리던 특별한 권리와 노비 제도를 없애 평등한 사회를 만들고자 하였습니다.

▲ 양반 위주로 인재를 뽑는 방식인 과거제를 없애고 실제 업무 능력이 뛰어난 인재를 폭넓게 뽑고자 하였습니다.

자료 ④ 동학 농민 운동의 전개

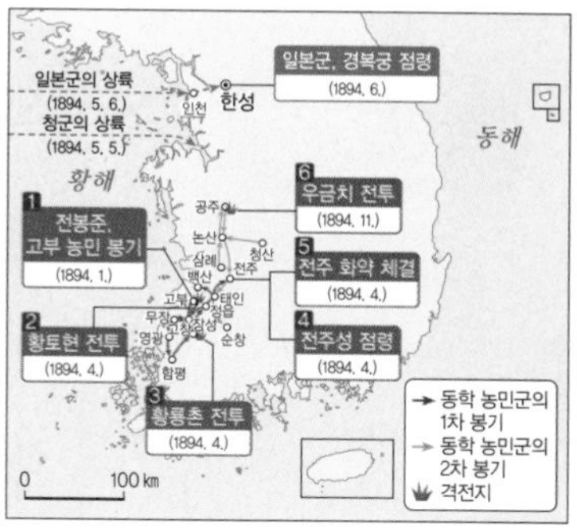

동학 농민 운동은 농민들 스스로 정치를 바로잡고, 외세를 물리치려 한 개혁 운동이었습니다.

자료 ⑤ 동학 농민군의 개혁안

- ❺탐관오리를 ❻징계하고 쫓아낼 것
- 각국 상인은 항구에서만 매매하게 할 것
- 각 읍에서 아전을 뽑을 때 뇌물을 받지 말고 쓸 만한 사람을 골라 뽑을 것

– 정교, 『대한계년사』

동학 농민군은 전주성에서 조선 정부로부터 개혁하겠다는 약속을 받은 후 물러나 각자 고을의 문제를 해결하려고 노력하였습니다.

용어 사전

❸ 동학
서학(천주교)에 맞선다는 의미로 붙여진 이름

❹ 군수
군의 최고 관리

❺ 탐관오리
백성의 재물을 빼앗는 행실이 깨끗하지 못한 관리

❻ 징계
부당한 행위에 대하여 처벌함.

기본 문제로 익히기

핵심 체크

● 갑신정변

배경	❶ □□□ 등이 청에 의지하는 세력을 몰아내고 새로운 조선을 만들고자 하였습니다.
전개	• 김옥균 등이 일본의 지원을 약속받고 ❷ □□□□ 개국 축하 잔치에서 정변을 일으켰습니다. • 김옥균 등은 새로운 정부를 구성하고 개혁안을 발표하였습니다.
결과	❸ □의 군대가 개입하면서 3일 만에 실패로 끝났습니다.

● 동학 농민 운동

전개	고부 군수의 횡포에 맞서 ❹ □□□이 농민들과 함께 봉기하였습니다. → 동학 농민군이 전주성을 점령하자 정부가 청에 군대를 요청하였습니다. → 청과 일본이 군대를 보냈습니다. → 동학 농민군이 전주성에서 정부와 협상을 한 후 여러 고을에서 개혁을 추진하였습니다.
❺ □□ 전쟁	일본군이 경복궁을 점령하고 청군을 공격하여 전쟁을 일으켰습니다.
다시 봉기	동학 농민군이 일본군을 몰아내기 위해 다시 봉기하였습니다. → 공주 ❻ □□□ 전투에서 동학 농민군이 패배하였습니다.

개념 문제

1 다음 괄호 안에 들어갈 알맞은 인물에 ○표 하시오.

(1) (김옥균 , 김홍집)은 청과 관계를 끊고 서양의 기술 외에도 사상과 제도까지 받아들이자고 주장하였습니다.

(2) (김옥균 , 김홍집)은 청과 관계를 유지하면서 조선의 법과 제도를 바탕에 두고 서양의 기술을 받아들이자고 주장하였습니다.

2 김옥균 등이 새로운 조선을 만들기 위해 우정총국 개국 축하 잔치에서 일으킨 사건은 무엇입니까? (　　　　)

3 조선 후기에 사람이 모두 평등하며 새로운 세상이 열릴 것이라는 (　　　　)(이)라는 종교가 농민들에게 퍼져 나갔습니다.

4 동학 농민 운동에 대한 설명이 맞으면 ○표, 틀리면 X 표 하시오.

(1) 공주 우금치 전투에서 동학 농민군이 일본군과 관군에게 승리하였습니다. (　　　　)

(2) 고부 군수 조병갑의 횡포에 맞서 전봉준이 농민들과 함께 봉기하였습니다. (　　　　)

(3) 전주성을 점령한 동학 농민군은 조선 정부와 협상한 후 여러 고을에서 개혁을 추진하였습니다. (　　　　)

확인 문제

1 다음에서 설명하는 사건은 무엇인지 쓰시오.

> 개항 이후 구식 군인들이 신식 군대에 비해 차별 대우를 받자 분노하여 일으킨 난으로, 청의 군대가 파견되어 난을 진압하였습니다.

()

2 다음과 같은 주장을 한 인물은 누구입니까?
()

> 조선은 청과 관계를 끊고, 서양의 기술 외에도 사상과 제도까지 받아들여야 합니다.

① 김옥균 ② 김홍집 ③ 양헌수
④ 어재연 ⑤ 전봉준

★중요★
3 갑신정변에 대한 설명으로 알맞지 <u>않은</u> 것은 어느 것입니까? ()

① 김옥균 등이 일으킨 정변이다.
② 우정총국 개국 축하 잔치에서 일어났다.
③ 새로운 조선을 만들기 위한 개혁 시도였다.
④ 청의 군대가 개입하면서 3일 만에 실패로 끝났다.
⑤ 개혁 세력은 정변을 일으키기 전에 청에 도움을 요청하였다.

4 다음 보기 에서 갑신정변의 한계로 알맞은 것을 모두 골라 기호를 쓰시오.

> **보기**
> ㉠ 급하게 개혁하려 하였다.
> ㉡ 일본군의 공격을 받았다.
> ㉢ 백성의 지지를 얻지 못하였다.
> ㉣ 일본에 의지하여 정변을 추진하였다.

()

5 다음 빈칸에 공통으로 들어갈 알맞은 종교는 무엇입니까? ()

> 개항 이후 농민들의 생활이 더욱 어려워진 상황에서 사람이 모두 평등하며 새로운 세상이 열릴 것이라고 주장하는 ()이/가 등장하였습니다. ()은/는 일부 지배층의 횡포 등으로 살기 어려웠던 농민들에게 빨리 퍼져 나갔습니다.

① 동학 ② 불교 ③ 서학
④ 유교 ⑤ 이슬람교

[6~7] 다음 자료를 보고, 물음에 답하시오.

> 고부 군수의 횡포에 맞서 전봉준과 농민들이 봉기하였다.
>
> ↓
>
> 청과 일본이 조선에 군대를 보내자 동학 농민군이 조선 정부와 협상해 개혁안을 약속받았다.
>
> ↓
>
> 조선에서 청일 전쟁이 일어나자 동학 농민군은 일본을 몰아내려고 다시 봉기하였다.
>
> ↓
>
> 동학 농민군은 우금치 전투에서 일본군과 관군에게 패하였다.

6 위 자료와 같이 전개된 사건은 무엇입니까?
()

① 갑신정변 ② 병인양요
③ 신미양요 ④ 임오군란
⑤ 동학 농민 운동

서술형
7 6번 답 사건의 의의를 안과 밖으로 나누어 각각 쓰시오.

2

실력 문제로 다잡기

중요
1 다음 건축물을 건설한 왕이 한 일로 알맞지 않은 것은 어느 것입니까? (　　)

▲ 수원 화성

① 신문고를 다시 설치하였다.
② 탕평책을 적극 실시하였다.
③ 국왕을 호위하는 군대를 설치하였다.
④ 상인들이 자유롭게 물건을 팔 수 있게 하였다.
⑤ 규장각에서 개혁 정치를 뒷받침할 관리들을 길러 냈다.

1-1 정조는 청계천 바닥을 정비해 홍수를 대비하였습니다. (○, ×)

서술형
2 다음 실학자들의 공통점을 쓰시오.

• 유형원　　• 정약용

2-1 박지원, 박제가 등은 청의 발달된 문물을 받아들여 백성의 삶을 풍요롭게 하는 데 이용하자고 주장하였습니다. (○, ×)

3 다음 지도를 만든 실학자에 대한 설명으로 알맞은 것은 어느 것입니까? (　　)

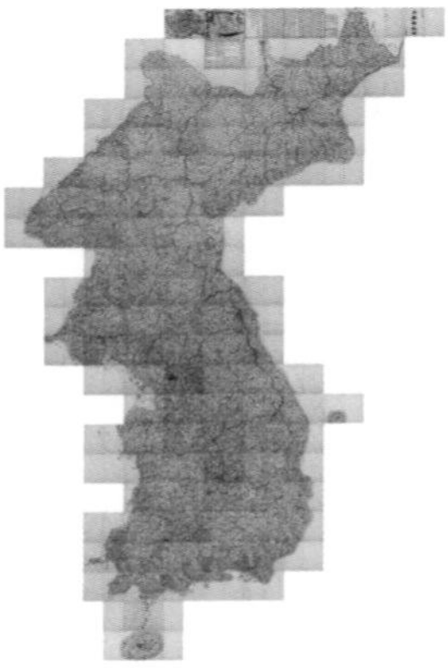

▲ 『대동여지도』

① 토지 제도를 바꾸자고 하였다.
② 상업과 공업을 발전시키고자 하였다.
③ 발해가 고구려를 이은 나라임을 밝혔다.
④ 수원 화성을 설계하고 거중기를 개발하였다.
⑤ 중국이 세상의 중심이라는 생각에서 벗어나 우리의 지리를 연구하였다.

3-1 실학자들 중에는 우리의 역사·언어·지리 등의 다양한 분야에 관심을 두고 활발하게 연구한 사람도 있었습니다. (○, ×)

4 다음 서민 문화에 대한 설명으로 알맞지 않은 것은 어느 것입니까? (　　　)

▲ 까치와 호랑이

▲ 문자도

① 작가가 대부분 알려지지 않았다.
② 동물, 나무, 꽃, 문자 등을 그렸다.
③ 복을 바라는 백성의 소망을 담았다.
④ 대표적인 화가로는 김홍도, 신윤복 등이 있다.
⑤ 당시 사람들이 생활 공간을 장식하는 데 이용하였다.

4-1 서민 문화에는 한글 소설, 탈놀이, 판소리, 민화, 풍속화 등이 있습니다.

(○, ×)

5 다음 신문 기사를 읽고, 빈칸에 공통으로 들어갈 알맞은 말을 쓰시오.

역사 신문　　　　18○○. ○○. ○○.

(　　　) 출현!

정조의 뒤를 이어 나이 어린 왕이 즉위하자 왕실과 혼인 관계를 맺은 몇몇 가문이 나랏일을 마음대로 하는 (　　　)이/가 나타났다. 이로 인해 나라에 부정부패가 심해졌다.

(　　　　　　)

5-1 세도 정치 시기에는 나라의 정치가 안정되고 백성들의 생활이 풍요로웠습니다.

(○, ×)

중요

6 다음 어린이들이 설명하는 인물은 누구입니까? (　　　)

고종의 아버지야.
양반에게도 세금을 내게 했어.
임진왜란 때 불탄 경복궁을 다시 지었어.

① 태조　② 세종　③ 영조
④ 정조　⑤ 흥선 대원군

6-1 흥선 대원군은 전국에 있는 서원을 정리하여 일부만 유지하였습니다.

(○, ×)

중요

7 다음 비석을 세우는 데 영향을 끼친 사건을 두 가지 고르시오.

(,)

서양 오랑캐가 침범하였을 때 싸우지 않는 것은 화친하는 것이요, 화친을 주장하는 것은 나라를 파는 것이다.

① 갑신정변 ② 병인양요 ③ 신미양요
④ 임오군란 ⑤ 동학 농민 운동

7-1 신미양요는 프랑스가 강화도를 침략한 사건입니다.

(O, ×)

서술형

8 다음 조약을 읽고, 물음에 답하시오.

제1조	조선은 자주국이며, 일본과 평등한 권리를 가진다.
제4조	조선은 부산 이외에 두 곳의 항구를 개항하고 일본인이 와서 통상하는 것을 허용한다.
제7조	일본인이 조선의 해안을 자유롭게 측정하는 것을 허가한다.
제10조	조선의 항구에서 죄를 지은 일본인은 일본 관리가 재판한다.

(1) 위 내용과 관련된 조약을 쓰시오.

( )

(2) 위 조약의 특징을 두 가지 쓰시오.

8-1 강화도 조약의 결과 조선은 부산, 원산, 인천을 개항하였습니다.

(O, ×)

9 다음 보기 에서 개항 이후 조선이 추진한 개화 정책으로 알맞은 것을 모두 골라 기호를 쓰시오.

보기
㉠ 신식 군대를 만들었다.
㉡ 전국에 척화비를 세웠다.
㉢ 구식 군인들은 신식 군대와 같은 대우를 받았다.
㉣ 개화 정책을 추진하기 위한 기구를 설치하였다.

( )

9-1 구식 군인에 대한 차별에 반발하여 임오군란이 일어났습니다.

(O, ×)

10 (가), (나)와 같은 주장을 한 인물을 각각 쓰시오.

(가)

청과 관계를 유지하면서,
조선의 법과 제도를 바탕에
두고 서양의 기술을
받아들여야 합니다.

(나)

청과 관계를 끊고,
서양의 기술 외에도
사상과 제도까지
받아들여야 합니다.

(가): (　　　　　　) (나): (　　　　　　)

10-1 김홍집 등은 청에 의지하는 세력을 몰아내고 새로운 조선을 만들고자 하였습니다.

(○, ×)

2 단원

중요

11 갑신정변에 대해 잘못 이야기한 어린이는 누구입니까? (　　　)

①

우정총국 개국 축하 잔치를
틈타 김옥균 등이 일으켰어.

②

백성의 적극적인 지지를
받으며 전개되었어.

③

청의 군대가 개입하면서
3일 만에 실패로 끝났어.

④

김옥균 등은 새로운 정부를
구성하고 개혁안을 발표했어.

11-1 갑신정변은 국가의 제도를 바꿔 자주적인 나라를 세우고자 하였던 개혁 운동입니다.

(○, ×)

12 다음 신문 기사의 제목은 동학 농민 운동 과정에서 있었던 일들입니다. 시간의 흐름대로 신문 제목을 알맞게 기호를 나열한 것은 어느 것입니까?

(　　　)

㉠ 동학 농민군, 전주성을 점령하다!
㉡ 동학 농민군, 일본군을 몰아내려고 다시 봉기하다!
㉢ 동학 농민군, 조선 정부와 협상을 맺고 전주성에서 물러나다!
㉣ 동학 농민군, 공주 우금치 전투에서 일본군과 관군에게 패하다!
㉤ 고부 군수 조병갑의 횡포에 반발하여 전봉준이 농민들과 함께 봉기하다!

① ㉠ – ㉡ – ㉢ – ㉣ – ㉤
② ㉡ – ㉢ – ㉠ – ㉤ – ㉣
③ ㉢ – ㉠ – ㉣ – ㉡ – ㉤
④ ㉣ – ㉤ – ㉠ – ㉡ – ㉢
⑤ ㉤ – ㉠ – ㉢ – ㉡ – ㉣

12-1 동학 농민군이 요구한 개혁의 일부 내용은 조선 정부에서 추진한 갑오개혁에 반영되었습니다.

(○, ×)

01 일제에 맞서 나라를 지키기 위한 노력

① 을미사변과 아관 파천

(1) 을미사변(1895년)

배경	청일 전쟁에서 승리한 일제가 조선 정치에 깊이 간섭하자 고종과 명성 황후는 러시아의 힘을 빌려 일제의 간섭에서 벗어나려고 하였습니다. (일제: 자기 나라의 이익을 앞세워 여러 나라를 침략한 일본을 가리키는 말입니다.)
전개	일제가 조선에서 불리해진 상황을 되돌리려고 경복궁에 침입하여 명성 황후를 ❶시해하였습니다.
결과	• 강제로 성인 남자의 상투를 없애고 머리카락을 짧게 자르도록 한 단발령이 실시되었습니다. • 유생들은 을미사변과 단발령에 반발하여 의병을 일으켰습니다.

(2) 아관 파천

① 을미사변으로 위협을 느낀 고종이 일제의 감시가 약해진 틈을 타 러시아 공사관으로 몸을 피하였습니다.

② 이후 조선에서 러시아를 비롯한 외국 세력의 간섭이 심해졌습니다.

② 독립 협회의 활동

(1) 독립신문 발간: 서재필이 정부의 지원을 받아 독립신문을 만들어 나라 안팎의 소식을 백성에게 알리고 자주독립을 강조하였습니다. 자료①

(2) 독립 협회

설립	서재필이 개화파 관료, 지식인 등과 함께 만들었습니다.
활동	• 독립문을 세워 자주독립의 의지를 드러냈습니다. 자료② • 만민 공동회를 열어 누구나 사회 문제에 대해 자기 생각을 표현할 수 있도록 하였습니다. (특히 외국 세력의 간섭을 적극 비판하였습니다.)

③ 대한 제국의 개혁

(1) 대한 제국 수립: 러시아 공사관에서 1년 만에 경운궁(덕수궁)으로 돌아온 고종은 ❷환구단에서 황제로 즉위한 뒤 나라 이름을 대한 제국으로 바꾸었습니다. 자료③

(2) 근대 개혁 추진

(대한 제국이 근대화된 국가로 발전하는 데 도움이 되었습니다.)

① 전기, 전차, 병원 등 근대 시설을 세웠습니다.

② 공장, 은행, 회사 설립을 지원하였습니다.

③ 학교를 세우고 외국에 유학생을 보내 인재를 키웠습니다.

(3) 근대 개혁의 한계

① 독립 협회를 해산하는 등 백성의 요구를 제대로 받아들이지 않았습니다.

② 일본과 러시아의 간섭으로 개혁이 지속되지 못하였습니다.

자료① 독립신문

독립신문은 한글로 작성하여 누구나 읽기 쉽도록 만들었습니다.

자료② 독립문

독립 협회는 중국 사신이 드나들던 영은문을 허문 자리 가까이에 독립문을 세워 자주독립 의식을 나타냈습니다.

자료③ 고종의 황제 즉위

▲ 환구단

고종은 서양 여러 나라의 간섭에서 벗어나 자주적인 독립국임을 드러내려고 환구단에서 대한 제국 수립을 선포하였습니다.

용어 사전

❶ **시해**
부모나 임금 등 윗사람을 죽이는 것

❷ **환구단**
황제가 하늘에 제사를 지내는 제단

4 을사늑약 체결(1905년)

일제가 만주와 한반도의 지배권을 놓고 러시아와 벌인 전쟁입니다.

체결	러일 전쟁에서 승리한 일제가 이토 히로부미를 대한 제국에 보내 외교권을 빼앗는 을사 [3]늑약을 강제로 체결하였습니다.
반발	• 신문에 을사늑약의 무효를 주장하는 글들이 실렸습니다. • 민영환 등이 을사늑약에 반대하여 스스로 목숨을 끊었습니다. • 항일 의병이 전국 각지에서 다시 일어났습니다. • 고종은 을사늑약이 무효임을 국제 사회에 알리고자 네덜란드 헤이그의 만국 평화 회의에 세 명의 [4]특사를 보냈습니다. 자료 4
결과	일제가 헤이그 특사 파견을 구실로 고종을 황제 자리에서 강제로 물러나게 하고 대한 제국의 군대도 해산하였습니다.

★ 5 항일 의병 운동 자료 5

'태백산 호랑이'라고 불렸고, 경상도, 강원도 일대에서 크게 활약하였습니다.

을미사변과 단발령 이후	양반 [5]유생을 중심으로 의병이 일어났습니다. → 고종이 단발령을 취소하고 해산을 권하자 스스로 해산하였습니다.
을사늑약 체결 이후	• 전국 각지에서 의병이 다시 일어났습니다. • 신돌석과 같은 평민 출신의 의병장이 등장하였습니다.
대한 제국 군대 해산 이후	• 해산된 군인 중 일부가 의병에 참여하면서 의병 부대의 전투력이 강해져 의병 운동이 더욱 활발해졌습니다. • 각 지역의 의병장들이 연합 부대를 만들어 한성을 향해 나아가는 작전(서울 진공 작전)을 펼쳤습니다. → 일본군의 강력한 저항에 작전이 실패하였습니다. • 일제의 탄압이 거세지면서 많은 의병이 다치거나 죽었습니다. → 살아남은 의병들은 만주나 연해주로 이동하여 독립군으로 활동하였습니다.

6 일제의 침략을 막기 위한 노력

(1) 안중근의 활동

일제의 간섭에서 벗어나려면 민족의 힘을 키우는 일이 중요하다고 생각하였습니다.

① 을사늑약 체결 이후 학교를 세워 [6]계몽 운동에 앞장섰습니다.

② 고종이 황제 자리에서 강제로 물러난 이후 연해주로 가 의병을 모아 국내 진입 작전을 펼쳤습니다.

③ 1909년에 우리나라 침략에 앞장선 이토 히로부미가 만주에 온다는 소식을 듣고 하얼빈역에서 그를 처단하였습니다.

(2) 신민회의 활동

설립	안창호, 이승훈 등이 교육과 산업을 발전시키고 민족의 실력을 키우기 위해 비밀리에 신민회를 만들었습니다.
활동	• 학교를 세우고 민족 기업을 운영하였습니다. • 만주에 독립운동 기지를 건설하고 독립군을 길렀습니다.

대성 학교, 오산 학교 등을 세웠습니다.

(3) 국채 보상 운동: 일제에 진 빚을 우리 스스로 갚자는 국채 보상 운동이 일어나 전국으로 퍼져 나갔습니다.

자료 4 헤이그 특사

▲ 왼쪽부터 이준, 이상설, 이위종

고종은 을사늑약이 무효임을 국제 사회에 알리기 위해 네덜란드 헤이그에서 열리는 만국 평화 회의에 이준, 이상설, 이위종으로 구성된 특사를 파견하였습니다. 그러나 일제의 방해로 성과를 거두지 못하였습니다.

자료 5 항일 의병 운동의 전개

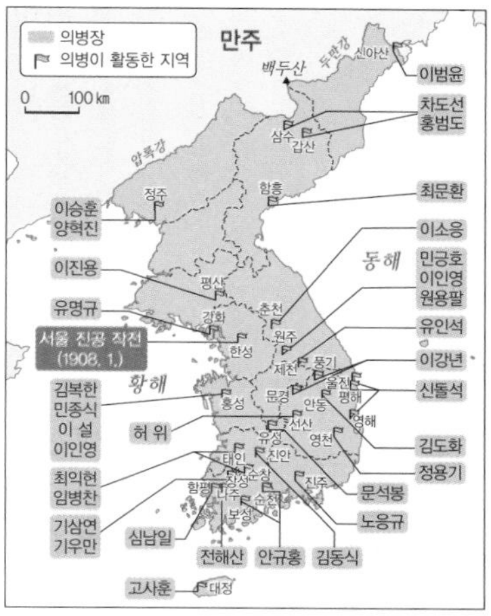

항일 의병 운동은 전국적으로 일어났습니다. 의병 운동이 활발해지면서 양반, 농민, 군인뿐만 아니라 노비, 상인, 포수 등 다양한 계층의 사람들이 의병에 참여하였습니다.

용어 사전

3 늑약
억지로 맺은 조약

4 특사
나라를 대표하여 특별한 임무를 가지고 외국에 보내어지는 사람

5 유생
유학을 공부한 선비

6 계몽 운동
민족의 힘과 실력을 기르도록 국민을 가르쳐서 깨우려 한 운동

2 단원

기본 문제로 익히기

핵심 체크

● 을미사변과 아관 파천

을미사변	일제가 경복궁에 침입하여 ❶□□□□를 시해하였습니다.
아관 파천	을미사변으로 위협을 느낀 고종이 러시아 공사관으로 몸을 피하였습니다.

● 독립 협회

설립	❷□□□이 개화파 관료, 지식인 등과 함께 만들었습니다.
활동	• 독립문을 세워 자주독립의 의지를 드러냈습니다. • ❸□□□□□를 열어 누구나 사회 문제에 대해 자기 생각을 표현할 수 있도록 하였습니다.

● ❹□□□□의 근대 개혁: 근대 시설 건설, 공장·은행·회사 설립 지원, 학교 건립 등의 개혁을 추진하였습니다.

● 을사늑약 체결: 일제가 대한 제국의 ❺□□□을 빼앗는 조약을 강제로 체결하였습니다.

● 항일 의병 운동: 을미사변, 단발령, ❻□□□□ 체결, 고종의 강제 퇴위, 대한 제국의 군대 해산 등에 반발하여 항일 의병 운동이 일어났습니다.

개념 문제

1 을미사변으로 위협을 느낀 고종이 러시아 공사관으로 몸을 피한 사건은 무엇입니까?
( )

2 독립 협회가 한 일에 대한 설명이 맞으면 ○표, 틀리면 X 표 하시오.

(1) 독립문을 세워 자주독립의 의지를 드러냈습니다. ( )

(2) 만주 하얼빈역에서 이토 히로부미를 처단하였습니다. ( )

(3) 누구나 사회 문제에 대해 자기 생각을 표현할 수 있도록 만민 공동회를 열었습니다. ( )

3 러시아와의 전쟁에서 승리한 일제는 이토 히로부미를 대한 제국에 보내 외교권을 빼앗는 ( )을/를 강제로 체결하였습니다.

4 다음 괄호 안에 들어갈 알맞은 인물에 ○표 하시오.

> '태백산 호랑이'라고 불렸던 (신돌석 , 안중근)은 평민 출신 의병장으로 경상도, 강원도 일대에서 활동하여 일본군을 무찔렀습니다.

확인 문제

1 **다음에서 설명하는 사건은 무엇인지 쓰시오.**

> 고종과 명성 황후가 러시아의 힘을 빌려 일제의 간섭에서 벗어나려고 하자 일제가 경복궁에 침입하여 명성 황후를 시해하였습니다.

(　　　　　　)

중요

2 **독립 협회의 활동으로 알맞은 것을 두 가지 고르시오.** (　　　,　　　)

① 척화비를 세웠다.
② 독립문을 세웠다.
③ 만민 공동회를 열었다.
④ 수원 화성을 건설하였다.
⑤ 동학 농민 운동을 주도하였다.

3 **다음 보기 에서 대한 제국이 추진한 근대 개혁의 내용으로 알맞은 것을 모두 골라 기호를 쓰시오.**

> 보기
> ㉠ 독립신문을 발간하였다.
> ㉡ 공장, 은행, 회사 설립을 지원하였다.
> ㉢ 학교를 세우고 외국에 유학생을 보냈다.
> ㉣ 전기, 전차, 병원 등 근대 시설을 세웠다.

(　　　　　　)

서술형

4 **다음 밑줄 친 부분에 들어갈 알맞은 내용을 두 가지 쓰시오.**

> 고종은 을사늑약이 무효임을 국제 사회에 알리고자 네덜란드 헤이그에서 열리는 만국 평화 회의에 세 명의 특사를 보냈지만 일제의 방해로 성과를 거두지 못하였습니다. 일제는 이를 구실로 ____________________

____

____

중요

5 **다음 지도에 나타난 의병 운동이 일어난 배경으로 알맞지 않은 것은 어느 것입니까?** (　　　)

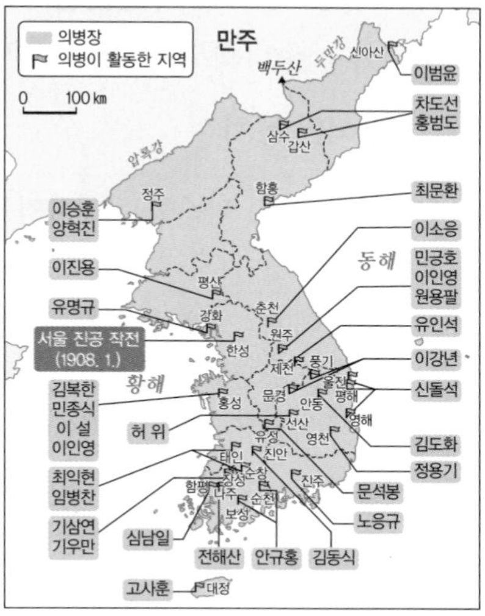

① 을미사변　　　② 단발령 실시
③ 을사늑약 체결　　　④ 고종의 황제 즉위
⑤ 대한 제국의 군대 해산

6 **안중근이 한 일로 알맞은 것은 어느 것입니까?** (　　　)

① 독립 협회를 만들었다.
② 비밀리에 신민회를 만들었다.
③ 환구단에서 황제의 자리에 올랐다.
④ 을사늑약 체결에 반발하여 스스로 목숨을 끊었다.
⑤ 만주 하얼빈역에서 이토 히로부미를 처단하였다.

7 **다음 빈칸에 들어갈 알맞은 사건은 무엇입니까?** (　　　)

> 대한 제국이 일제에 진 빚을 우리 스스로 갚자는 (　　　)이 일어나 전국으로 퍼져 나갔습니다.

① 갑신정변　　　② 을미사변
③ 아관 파천　　　④ 국채 보상 운동
⑤ 동학 농민 운동

02 3·1 운동과 대한민국 임시 정부

❶ 1910년대 일제의 식민 통치와 독립운동

(1) **국권 피탈**: 일제가 1910년에 대한 제국의 [1]국권을 빼앗았습니다.

(2) **1910년대 일제의 식민 통치**

조선 총독부 설치	일제는 우리 민족을 지배하기 위해 조선 총독부라는 통치 기구를 설치하였습니다.
[2]헌병 경찰제 실시	• 헌병에게 경찰의 임무를 주어 한국인들을 감시하고 독립운동을 탄압하였습니다. (헌병은 한국인들에게 태형을 내릴 수 있었습니다.) • 일반 관리와 교사에게 제복을 입고 칼을 차게 하였습니다.
토지 조사 사업 시행	• 토지의 소유자를 확인하고 더 많은 세금을 걷고자 토지 조사 사업을 실시하였습니다. (일제는 우리나라를 지배할 경제 기반을 마련하기 위해 토지 조사 사업을 시행하였습니다.) • 토지 조사 사업으로 농민들은 농사지을 땅을 잃거나 불리한 조건으로 새로 계약을 맺어야 했습니다. 자료 ①

(3) **1910년대의 독립운동** (독립운동가들은 일제의 손길이 덜 미치는 나라 밖으로 옮겨 가 독립운동을 이어 나갔습니다.)

이회영	• 일제가 국권을 빼앗을 무렵 가족들과 만주로 갔습니다. • 만주에 신흥 강습소(후에 신흥 무관 학교로 바뀜.)를 세워 독립군을 양성하였습니다. (신흥 무관 학교에서는 주로 군사 교육을 하였고, 우리 역사와 국어, 지리도 가르쳤습니다.)
최재형	• 연해주에서 자신의 재산을 독립운동과 동포 교육에 바쳤습니다. • 안중근의 의거를 도왔습니다. • 독립운동 단체인 권업회의 초대 회장을 맡았습니다.
안창호	• 일제가 국권을 빼앗자 미국으로 건너갔습니다. • 흥사단을 만들어 한국인을 단결시키고 힘을 키우려 했습니다.

안창호: 일제가 우리나라의 국권을 빼앗기 전 대성 학교를 세워 인재를 길렀습니다.

❷ 3·1 운동

(1) **3·1 운동의 전개 과정**

배경	• [3]제1차 세계 대전이 끝나갈 무렵 미국 대통령이 "자기 민족의 일은 자기 스스로 결정할 권리가 있다."라고 주장하였습니다. • 일본의 한국인 유학생들이 독립을 선언하였습니다. • 국내에서 종교계 지도자들과 학생 대표들이 고종의 장례식을 계기로 만세 시위를 벌일 것을 계획하였습니다.
시작	• 1919년 3월 1일, 종교계 지도자들이 중심이 된 민족 대표들이 경성(서울)의 태화관에서 독립을 선언하였습니다. 자료 ② • 같은 시각 학생과 시민들이 탑골 공원에서 독립 선언서를 낭독하고 만세 시위를 벌였습니다.
확산	만세 시위가 전국으로 퍼지면서 모든 계층이 참여하는 민족 운동으로 발전하였고 일본, 미국 등 나라 밖으로도 확산하였습니다. (학생, 노동자, 농민, 상인 등 다양한 계층이 참여하였습니다.)

자료 ① 토지 조사 사업의 결과

조상 대대로 농사짓던 땅이오.
이 땅에서 농사짓고 싶으면 허가를 받으시오.

일제가 시행하였던 토지 조사 사업으로 주인이 확실하지 않은 땅은 조선 총독부의 소유가 되었습니다. 그리고 일제는 토지 조사 사업을 시행하면서 땅 주인의 권리를 강화하였으며 토지를 빌려 농사를 짓는 농민들의 권리를 약화하였습니다. 그 결과 대다수의 농민이 살기 어려워졌습니다.

자료 ② 3·1 독립 선언서

> 우리는 오늘 조선이 독립한 나라이며, 조선인이 이 나라의 주인임을 선언한다. 우리는 이를 세계 모든 나라에 알려 인류가 모두 평등하다는 큰 뜻을 분명히 하고, 우리 후손이 민족 스스로 살아갈 정당한 권리를 영원히 누리게 할 것이다. ……

1919년 3월 1일, 서울에서 종교계 인사들을 중심으로 한 민족 대표들이 독립 선언식을 했습니다.

용어 사전

❶ **국권**
국가의 의사를 결정하고 국민과 국토를 다스리는 권력

❷ **헌병**
군에서 안전과 질서 유지를 담당하며 경찰의 역할을 하는 군인

❸ **제1차 세계 대전**
1914~1918년에 일어난 세계 전쟁으로, 약 30개 국가가 참여함.

(2) 일제의 진압

① 일제는 만세 시위를 무력으로 잔인하게 [4]진압하였습니다.

② 유관순을 비롯한 수많은 사람을 체포하였습니다.

③ 경기도 화성 제암리를 비롯한 여러 마을을 습격하여 사람을 죽이고, 집에 불을 질렀습니다.

▲ 폐허가 된 화성 제암리 마을

사람들을 교회에 모이게 한 후 총을 쏘고 불을 질러 죽였습니다.

(3) 유관순의 활동

나는 3·1 운동 당시 이화 학당에 다니고 있었어요. 만세 시위로 이화 학당이 휴교하게 되자 고향인 충청남도 천안으로 내려가 만세 시위를 계획했죠. 그리고 천안 아우내 장터에서 많은 사람과 만세 시위를 벌이다 주동자로 체포되어 감옥에서 순국했어요.

(4) 3·1 운동의 의의: 3·1 운동은 일제의 탄압으로 좌절되었지만 우리 민족의 독립 의지를 전 세계에 알린 중요한 사건이었습니다. 자료 ③

3 대한민국 임시 정부

(1) 대한민국 임시 정부의 수립

① 3·1 운동을 전후하여 여러 지역에 수립된 임시 정부들은 독립운동의 힘을 하나로 모으고자 노력하였습니다.

② 1919년에 중국 상하이에서 이승만을 임시 대통령으로 하는 대한민국 임시 정부가 수립되었습니다. 자료 ④

(2) 대한민국 임시 정부의 활동

① 비밀 연락망을 만들어 독립운동에 필요한 자금을 모으고 국내외 독립운동 정보를 주고받았습니다.

② 독립신문을 펴내고 외교 활동을 하면서 다른 나라에 우리나라의 독립을 도와줄 것을 요청하였습니다

• 대한민국 임시 정부의 수립으로 우리나라는 황제의 나라에서 국민이 주인인 나라로 첫걸음을 내딛게 되었습니다.

(3) 민주주의를 채택한 대한민국 임시 정부

① 대한민국 임시 정부는 '대한민국'이라는 나라 이름을 처음으로 정하였습니다.

② 3·1 운동의 정신을 바탕으로 모든 국민이 평등하고 국민에게 주권이 있는 민주주의 정치 체제를 갖추었습니다.

▲ 대한민국 임시 정부 청사

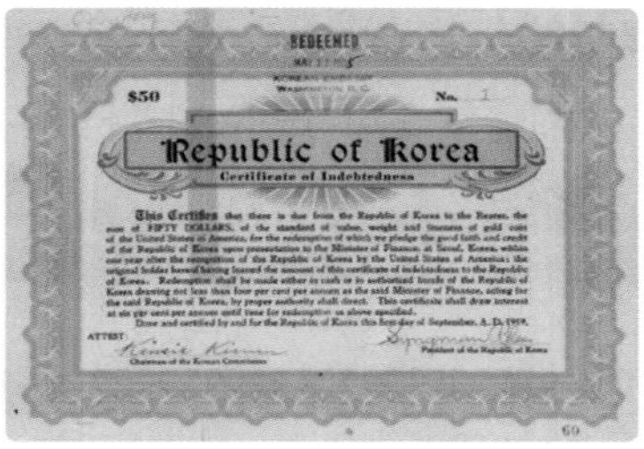

▲ 독립 [5]공채

자료 ③ 3·1 운동

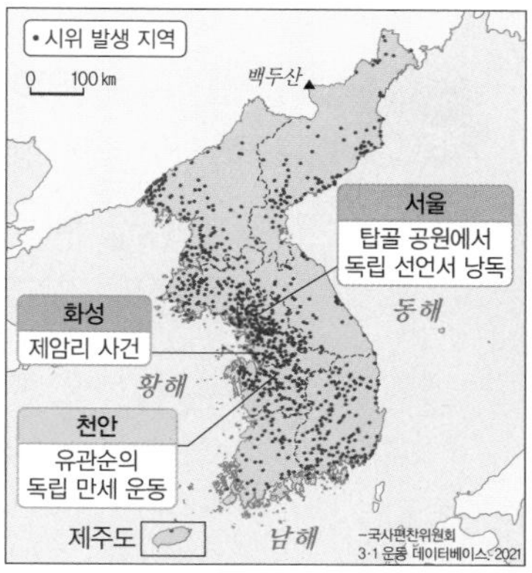

3·1 운동은 일제의 가혹한 식민 지배에 시달리던 학생, 노동자, 농민, 상인 등 다양한 계층이 참여하면서 전 민족적인 운동으로 발전하였습니다.

자료 ④ 임시 정부의 통합

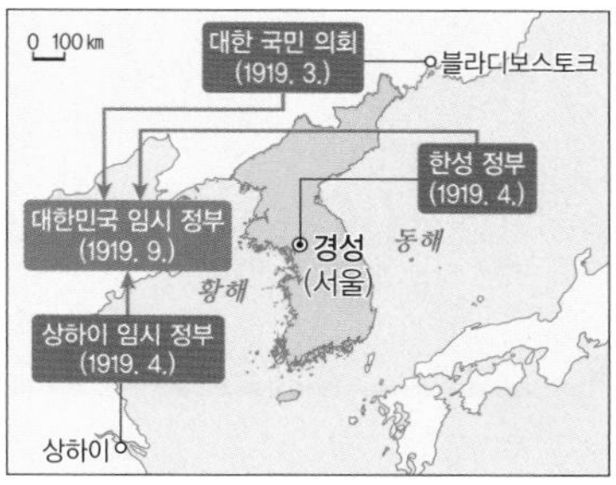

3·1 운동을 계기로 독립운동을 위한 힘을 하나로 모으기 위해 통합 정부를 수립하자는 움직임이 일어났습니다. 그 결과 중국 상하이에서 대한민국 임시 정부가 수립되었습니다.

용어 사전

4 진압
강압적인 힘으로 억눌러 진정시킴.

5 공채
국가나 지방 자치 단체가 임시로 지는 빚

2 단원

기본 문제로 익히기

정답과 해설 • 17쪽

핵심 체크

- **1910년대 일제의 식민 통치**: 조선 총독부 설치, ❶ □□ 경찰제 실시, 토지 조사 사업 시행 등을 하였습니다.
- ❷ □·□ 운동

배경	국내에서 종교 지도자들과 학생 대표들이 만세 시위를 계획하였습니다.
전개	• 민족 대표들이 독립을 선언하였고 학생과 시민들은 만세 시위를 벌였습니다. • 만세 시위가 전국으로 퍼졌고 나라 밖으로도 확산하였습니다.
일제의 진압	일제는 만세 시위를 무력으로 잔인하게 진압하였습니다. 예 ❸ □□□ 순국, 화성 제암리 사건
의의	우리 민족의 독립 의지를 전 세계에 알린 중요한 사건이었습니다.

- ❹ □□□□ 임시 정부

수립	1919년에 중국 ❺ □□□에서 이승만을 임시 대통령으로 하는 대한민국 임시 정부가 수립되었습니다.
활동	• 비밀 연락망을 만들어 독립운동 자금을 모으고 독립운동 정보를 주고받았습니다. • 독립신문을 펴내고 외교 활동을 하였습니다.

개념 문제

1 1910년대 일제는 토지의 소유자를 확인하고 더 많은 세금을 걷고자 (　　　　)을/를 시행하였습니다.

2 다음 ㉠, ㉡에 들어갈 알맞은 인물에 각각 ○표 하시오.

> 1910년대에 ㉠ (이회영 , 안창호)은/는 만주에 신흥 강습소를 세워 독립군을 양성하였고, ㉡ (이회영 , 안창호)은/는 미국에서 흥사단을 만들어 한국인을 단결시키고 힘을 키우려 하였습니다.

3 3·1 운동에 대한 설명이 맞으면 ○표, 틀리면 X 표 하시오.

(1) 우리 민족의 독립 의지를 전 세계에 알린 중요한 사건이었습니다. (　　　)

(2) 만세 시위가 전국으로 퍼졌지만 나라 밖으로 확산되지는 못하였습니다. (　　　)

(3) 학생과 시민들이 탑골 공원에서 독립 선언서를 낭독하고 만세 시위를 벌였습니다. (　　　)

4 여러 임시 정부를 통합하여 1919년 중국 상하이에 수립된 임시 정부는 무엇입니까?

(　　　　)

확인 문제

1 1910년대에 일제가 추진한 식민 통치의 내용으로 알맞지 않은 것은 어느 것입니까? ( )

① 을사늑약을 체결하였다.
② 조선 총독부를 설치하였다.
③ 토지 조사 사업을 시행하였다.
④ 헌병에게 경찰의 임무를 주었다.
⑤ 일반 관리와 교사에게 제복을 입고 칼을 차게 하였다.

2 다음 독립운동가와 한 일을 바르게 선으로 연결하시오.

(1) 안창호 • • ㉠ 미국에서 흥사단을 만들었습니다.

(2) 이회영 • • ㉡ 권업회의 초대 회장이 되었습니다.

(3) 최재형 • • ㉢ 만주에 신흥 강습소를 세웠습니다.

중요

3 다음 지도에 나타난 사건에 대한 설명으로 알맞지 않은 것은 어느 것입니까? ( )

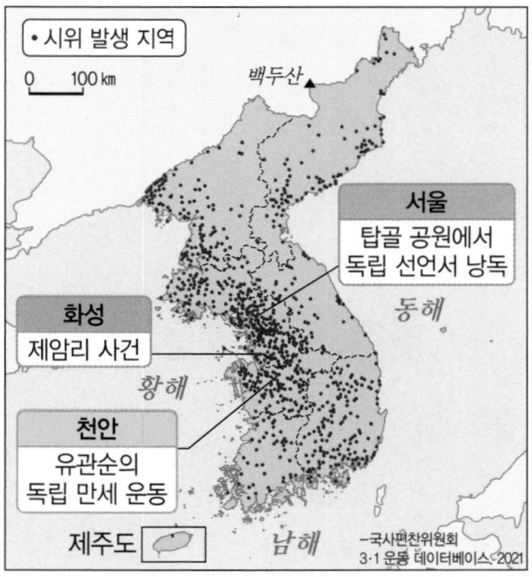

① 모든 계층이 참여한 민족 운동이었다.
② 일제의 지원으로 전국으로 확산되었다.
③ 나라 밖으로도 만세 시위가 확산되었다.
④ 민족 대표들이 태화관에서 독립을 선언하였다.
⑤ 학생, 시민이 탑골 공원에서 만세 시위를 벌였다.

4 다음에서 설명하는 인물은 누구입니까? ( )

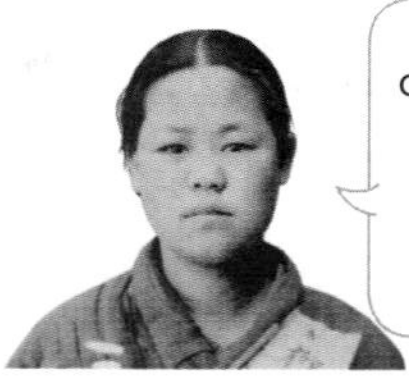

나는 3·1 운동 당시 만세 시위로 이화 학당이 휴교하게 되자 고향인 충청남도 천안으로 내려가 만세 시위를 계획했죠. 그리고 천안 아우내 장터에서 많은 사람과 만세 시위를 벌이다 주동자로 체포되어 감옥에서 순국했어요.

① 안중근 ② 안창호 ③ 유관순
④ 이회영 ⑤ 최재형

서술형

5 3·1 운동의 역사적 의의를 쓰시오.

6 다음 지도의 (가)에 들어갈 통합 정부의 이름을 쓰시오.

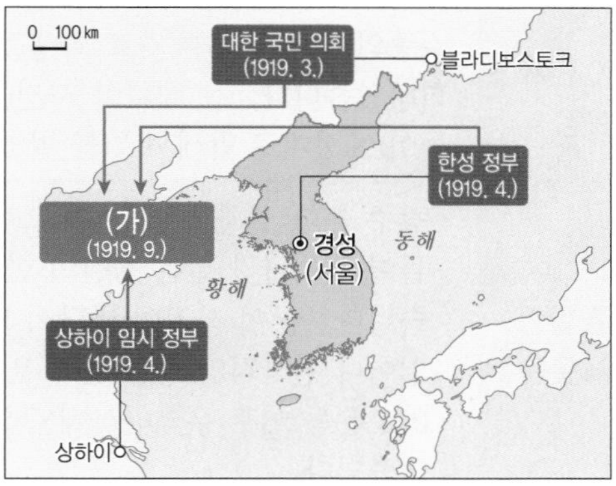

( )

7 다음 보기 에서 대한민국 임시 정부가 한 일로 알맞은 것을 모두 골라 기호를 쓰시오.

보기
㉠ 독립신문을 펴냈다.
㉡ 비밀 연락망을 만들었다.
㉢ 독립 공채를 발행하였다.
㉣ 만민 공동회를 개최하였다.

( )

03 나라를 되찾기 위한 다양한 노력

❶ 3·1 운동 이후 국내외의 독립운동

→ 3·1 운동 이후 일제는 강압적인 통치로는 우리 민족을 지배하기 어렵다고 판단하여 통치 방식을 바꾸었습니다.

(1) 3·1 운동 이후 일제의 통치 방식 변화

① 헌병에게 주었던 경찰 임무를 거두었으나 경찰의 인원수를 늘려 독립운동을 막으려 하였습니다. → 태형 제도도 폐지하였습니다.

② [1]친일파를 늘려 민족을 분열시키고 식민 지배에 대한 우리 민족의 저항 의지를 약화하려고 하였습니다.

(2) 국외의 독립운동

① 독립군 부대의 조직: 만주와 연해주 지역에서는 많은 독립군 부대가 조직되어 일본군과 일본 경찰서 등을 공격하였습니다.

② 봉오동 전투와 청산리 대첩 자료 ①

봉오동 전투	일본군이 만주에 있는 독립군을 공격하자 홍범도를 중심으로 한 여러 독립군 부대가 봉오동에서 일본군을 무찔렀습니다.
청산리 대첩	봉오동 전투에서 패한 일본군이 다시 대규모 군대를 동원해 독립군을 공격하자 김좌진과 홍범도 등이 이끄는 여러 독립군 부대가 일본군을 청산리 일대에서 크게 무찔렀습니다.

(3) 국내의 독립운동

6·10 만세 운동	순종의 장례식을 계기로 학생들이 대규모 만세 시위를 계획하였습니다. → 계획이 사전에 발각되었지만 일부 학생들이 예정대로 만세 시위를 벌였습니다.
광주 학생 항일 운동	• 광주 통학 열차 안에서 한국 학생과 일본 학생 사이에 충돌이 일어나자 일본 경찰이 한국 학생만 붙잡고 수사하였습니다. → 이 사건이 발단이 되어 광주 학생 항일 운동이 일어나 전국적인 항일 민족 운동으로 발전하였습니다. • 3·1 운동 이후 우리나라에서 일어난 가장 큰 항일 운동이었습니다.

→ 민족 차별에 대한 분노와 반일 감정이 폭발하면서 일어났습니다.

❷ 일제의 침략에 맞서 나라를 되찾기 위한 다양한 노력

(1) 1930년대 후반 이후 일제의 민족 말살 정책: 1930년대 후반 침략 전쟁을 확대한 일제는 여러 방법을 동원해 우리의 민족정신을 없애려 하였습니다.

→ 일제가 벌인 침략 전쟁에 우리 민족을 동원하려는 의도였습니다.

① 전국에 세워진 [2]신사에 절을 하도록 강요하였습니다. → 황국 신민 서사를 외우게 하기도 하였습니다.

② 성과 이름을 일본식으로 바꾸도록 하였습니다.

③ 학교에서는 모든 수업을 일본어로 진행하였고 우리 역사 교육도 금지되었습니다.

④ 전쟁에 필요한 사람과 물자를 우리나라에서 강제로 동원하였습니다. → 일제는 전쟁에 사용할 무기를 만들려고 놋그릇, 놋대야, 수저, 농기구 등 금속 제품이라면 가리지 않고 빼앗아 갔습니다.

⑤ 일부 여성들은 [3]일본군 '위안부'로 끌려가 고통을 당하였습니다. 자료 ②

자료 ① 봉오동 전투와 청산리 대첩이 일어난 지역

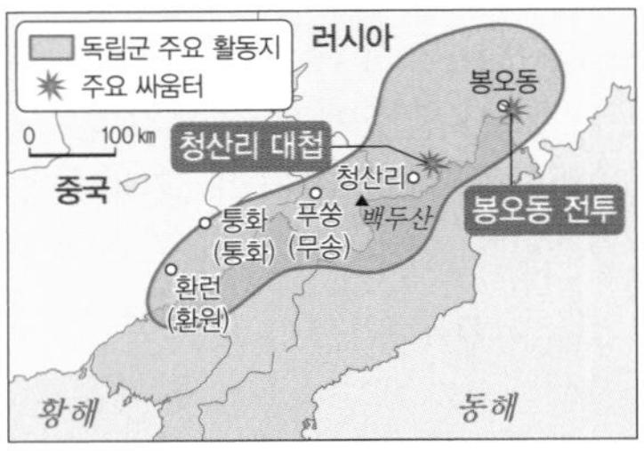

봉오동 전투와 청산리 대첩은 우리 민족에게 독립에 대한 용기와 희망을 심어 주었습니다.

자료 ② 일본군 '위안부'

▲ 일본군 '위안부' 기림비

일제는 많은 여성들을 일본군 '위안부'로 끌고 갔습니다. 오늘날에는 세계 곳곳에 평화의 소녀상이나 일본군 '위안부' 기림비를 세워 희생자들을 추모하고, 이러한 역사적 비극이 다시는 일어나지 않기를 바라는 마음을 전하고 있습니다.

용어 사전

❶ 친일파
일제와 어울려 그들의 침략·약탈 정책을 지지하는 무리

❷ 신사
일본의 토속신이나 왕실의 조상, 국가에 큰 공로를 세운 사람을 신으로 모신 사당

❸ 일본군 '위안부'
일제의 전쟁터에 강제로 동원되어 성폭력과 인권 침해를 당한 여성

[1930년대 후반 이후 일제의 통치 정책]

▲ 성과 이름을 일본식으로 바꾸게 하였습니다.
성과 이름을 일본식으로 바꾸지 않는 사람은 학교를 다닐 수 없게 하고, 식량도 나누어 주지 않았습니다.

▲ 한국인을 탄광에서 일하게 하거나 군인으로 끌고 갔습니다.

(2) 민족정신과 문화를 지키기 위한 노력: 일제가 우리 민족정신을 없애려 하자, 독립운동가들은 우리 문화를 지키려는 다양한 노력을 하였습니다.

(조선어 학회: 한글을 보급하는 데 앞장섰던 조선어 연구회가 조선어 학회로 바뀌었습니다.)

국어	조선어 학회가 우리글을 지키기 위해 한글 보급 운동을 펼치고 한글 맞춤법 통일안을 발표하였으며 『우리말큰사전』을 편찬하기 위해 노력하였습니다. 자료 ③
역사	신채호는 대한 제국 시기에 을지문덕, 이순신 등 나라를 구한 영웅들의 전기를 써서 우리 민족의 애국심을 드높였습니다. → 일제 강점기에는 고조선과 고구려, 발해 등에 관한 역사책을 써서 우리 역사가 자주적으로 발전하였음을 강조하였습니다. 자료 ④
문학	한용운, 이육사 등의 시인들은 일제에 저항하며 민족정신을 일깨우는 시를 지었습니다.
문화재 보호	전형필이 자신의 재산을 들여 일본으로 넘어갈 뻔한 문화재를 구입하고 보존하였습니다. 예 고려 시대의 자기, 신윤복의 풍속화, 『훈민정음』 「해례본」 등

(3) 대한민국 임시 정부의 활동

① 한인 애국단의 활동

조직	• 김구가 대한민국 임시 정부의 활동에 활기를 불어넣기 위해 조직하였습니다. • 일제의 주요 인물을 처단하는 활동을 하였습니다.
활동	• 이봉창: 일본 도쿄에서 일본 국왕이 탄 마차에 폭탄을 던졌습니다. • 윤봉길: 일본군의 상하이 점령 축하 기념행사가 열리는 훙커우 공원에 폭탄을 던졌습니다. 자료 ⑤ (윤봉길 의거 이후 중국 정부가 대한민국 임시 정부를 적극적으로 후원하였습니다.)

② 한국 광복군 창설

- 일제의 탄압으로 중국 각지로 이동하던 대한민국 임시 정부가 충칭에 정착한 후 군대인 한국 광복군을 창설하였습니다(1940년).
- [4]태평양 전쟁이 일어나자 임시 정부가 일본에 [5]선전 포고를 하였으며, 한국 광복군은 연합군의 일원으로 일본군에 맞서 싸웠습니다.
- 대한민국 임시 정부는 미국의 지원을 받아 국내로 들어가 전쟁을 벌일 계획을 세웠지만 일제가 연합군에 항복하여 실행하지 못하였습니다.

자료 ③ 『우리말큰사전』 편찬

▲ 『우리말큰사전』 원고

『우리말큰사전』 편찬은 일제의 탄압으로 조선어 학회가 해산되면서 중단되었다가 광복 이후 10년간의 노력 끝에 완성되었습니다.

자료 ④ 신채호

▲ 신채호

▲ 『조선사연구초』

신채호는 우리 민족이 우리 역사의 주인임을 강조하는 『조선사연구초』 등의 역사책을 썼습니다.

자료 ⑤ 윤봉길

▲ 김구와 윤봉길

1932년 윤봉길은 상하이 훙커우 공원에서 열린 일본 국왕의 생일과 상하이 사변의 승리를 축하하는 기념식 단상에 폭탄을 던져 일본군 육군 대장을 죽이는 데 성공하였습니다.

용어 사전

④ 태평양 전쟁
일제가 미국 하와이를 기습 공격하여 일으킨 전쟁

⑤ 선전 포고
한 나라가 다른 나라에 전쟁을 시작한다는 것을 공식적으로 알리는 일

기본 문제로 익히기

정답과 해설 • 18쪽

핵심 체크

- **3·1 운동 이후 국내외의 독립운동**

국외	• ❶ ( )를 중심으로 한 여러 독립군 부대가 봉오동 계곡에서 일본군을 무찔렀습니다. • ❷ ( )과 홍범도 등이 이끄는 여러 독립군 부대가 일본군을 청산리 부근에서 크게 무찔렀습니다.
국내	6·10 만세 운동, ❸ ( ) 학생 항일 운동 등 학생들이 주도한 민족 운동이 일어났습니다.

- **1930년대 후반 이후 일제의 통치 방식**: 침략 전쟁을 확대한 일제는 ❹ (   ) 참배, 일본식 성명 강요, 우리 역사 교육 금지, 전쟁에 사람과 물자 동원 등의 정책을 펼쳤습니다.

- **민족정신과 문화를 지키기 위한 노력**

국어	❺ ( )가 『우리말큰사전』 편찬을 위해 노력하였습니다.
역사	신채호가 을지문덕, 이순신 등의 전기를 썼고, 우리 역사가 자주적으로 발전하였음을 강조하는 역사책을 썼습니다.

- **대한민국 임시 정부의 활동**: 김구가 ❻ (   )을 조직하였고, 충칭에 정착한 후 한국 광복군을 창설하였습니다.

개념 문제

1 김좌진과 홍범도 등이 이끄는 여러 독립군 부대가 일본군을 (   ) 일대에서 크게 무찔렀습니다.

2 1930년대 후반 일제가 추진한 통치 정책에 대한 설명이 맞으면 ○표, 틀리면 X표 하시오.

(1) 전국에 세워진 신사에 절을 하도록 강요하였습니다. (   )

(2) 전쟁에 필요한 사람과 물자를 우리나라에서 강제로 동원하였습니다. (   )

(3) 학교에서 모든 수업을 한국어로 진행하고 우리 역사를 가르쳤습니다. (   )

3 한글 보급 운동을 펼치고 『우리말큰사전』을 편찬하기 위해 노력한 단체는 무엇입니까?

(   )

4 다음 괄호 안에 들어갈 알맞은 인물에 ○표 하시오.

> 한인 애국단의 (윤봉길 , 이봉창)은 일본군의 상하이 점령 축하 기념행사가 열리는 훙커우 공원에 폭탄을 던졌습니다.

확인 문제

서술형

1 3·1 운동 이후 일제가 다음과 같은 정책을 추진한 까닭을 쓰시오.

> 3·1 운동 이후 일제는 강압적인 통치로는 우리 민족을 지배하기 어렵다고 판단하여 헌병에게 주었던 경찰 임무를 거두고 태형 제도를 폐지하는 등 통치 방식을 바꾸었습니다.

2 다음 빈칸에 들어갈 알맞은 인물은 누구입니까? ( )

> 봉오동 전투에서 패한 일본군이 다시 대규모 군대를 동원해 독립군을 공격하자 ( )과/와 홍범도 등이 이끄는 여러 독립군 부대가 일본군을 청산리 일대에서 크게 무찔렀습니다.

① 김구 ② 김좌진 ③ 신채호
④ 윤봉길 ⑤ 이봉창

3 1920년대에 학생들이 주도하여 일으킨 민족 운동을 두 가지 고르시오. (,)

① 봉오동 전투 ② 청산리 대첩
③ 6·10 만세 운동 ④ 국채 보상 운동
⑤ 광주 학생 항일 운동

4 1930년대 후반 이후 일제가 추진한 정책으로 알맞지 않은 것은 어느 것입니까? ( )

① 학교에서 우리 역사 교육을 금지하였다.
② 성과 이름을 일본식으로 바꾸도록 하였다.
③ 전국에 세워진 신사에 절을 하도록 강요하였다.
④ 전쟁에 필요한 사람과 물자를 우리나라에서 강제로 동원하였다.
⑤ 헌병에게 경찰의 임무를 주어 한국인들을 감시하고 독립운동을 탄압하였다.

5 다음 보기에서 조선어 학회가 한 일로 알맞은 것을 모두 고른 것은 어느 것입니까? ( )

> 보기
> ㉠ 한글 보급 운동을 펼쳤다.
> ㉡ 한글 맞춤법 통일안을 발표하였다.
> ㉢ 『우리말큰사전』을 편찬하기 위해 노력하였다.
> ㉣ 고려 자기, 『훈민정음』「해례본」 등 우리 문화재를 구입하여 보존하였다.

① ㉠, ㉡ ② ㉢, ㉣ ③ ㉠, ㉡, ㉢
④ ㉠, ㉢, ㉣ ⑤ ㉡, ㉢, ㉣

6 다음에서 설명하는 인물은 누구인지 쓰시오.

나는 을지문덕, 이순신 등의 전기를 썼고, 우리 민족이 우리 역사의 주인임을 강조하는 『조선사연구초』 등의 역사책을 썼소.

( )

7 다음 독립운동가와 한 일을 바르게 선으로 연결하시오.

(1) 김구 • • ㉠ 한인 애국단을 만들었습니다.
(2) 윤봉길 • • ㉡ 일본 국왕이 탄 마차에 폭탄을 던졌습니다.
(3) 이봉창 • • ㉢ 일본군의 상하이 점령 축하 기념행사가 열리는 훙커우 공원에 폭탄을 던졌습니다.

8 다음에서 설명하는 군대는 무엇인지 쓰시오.

> 대한민국 임시 정부가 충칭에 정착한 후 창설한 군대로, 태평양 전쟁이 일어나자 연합군의 일원으로 일본군에 맞서 싸웠습니다.

( )

2 단원

실력 문제로 다잡기

서술형

1 서재필이 다음 신문을 만든 까닭을 쓰시오.

독립신문

1-1 독립신문은 한문으로 작성하여 누구나 읽기 쉽도록 만들었습니다.

(○, ×)

중요

2 대한 제국이 추진한 근대 개혁의 내용에 대해 잘못 이야기한 학생은 누구입니까? (　　)

① 만민 공동회를 열었어.

② 공장, 은행, 회사 설립을 지원했어.

③ 전기, 전차, 병원 등 근대 시설을 세웠어.

④ 학교를 세우고 외국에 유학생을 보냈어.

2-1 고종은 환구단에서 황제로 즉위한 뒤 나라 이름을 대한 제국으로 바꾸었습니다.

(○, ×)

3 다음 빈칸에 들어갈 알맞은 권리는 무엇입니까? (　　)

> 러일 전쟁에서 승리한 일제는 이토 히로부미를 대한 제국에 보내 (　　)을 빼앗는 을사늑약을 강제로 체결하였습니다.

① 국권　② 경찰권　③ 사법권
④ 외교권　⑤ 입법권

3-1 고종은 을사늑약이 무효임을 국제 사회에 알리고자 항일 의병 운동을 일으켰습니다.

(○, ×)

중요

4 **항일 의병 운동의 상황이 다음 일기와 같이 전개되는 배경이 된 사건은 무엇입니까?** (　　)

19○○. ○○. ○○. 날씨 맑음
의병 부대의 전투력이 강해져 항일 의병 운동이 더욱 활발해졌다는 소식을 들었다. 항일 의병들의 활약으로 우리 대한 제국의 국권을 지킬 수 있다고 생각하니 가슴이 뛰어온다. 각 지역의 의병장들이 연합 부대를 만들어 한성을 향해 나아간다고 하던데 나 역시 의병 부대에 참여하여 우리 민족을 지키는 데 앞장서야겠다.

① 을미사변이 일어났다.
② 평민 출신 의병장이 등장하였다.
③ 고종이 의병들의 해산을 권하였다.
④ 일제가 항일 의병 운동을 지원하였다.
⑤ 해산된 대한 제국의 군인 중 일부가 의병에 참여하였다.

4-1 항일 의병 연합 부대는 서울 진공 작전에 성공하여 서울에서 일본군을 몰아냈습니다.

(○, ×)

2 단원

서술형

5 **다음 그림을 보고, 물음에 답하시오.**

조상 대대로
농사짓던 땅이오.
이 땅에서 농사짓고
싶으면 허가를 받으시오.

(1) 위 그림과 관련된 일제의 식민지 경제 정책을 쓰시오.

(　　　　)

(2) 일제가 (1)번 답의 식민지 경제 정책을 시행한 까닭을 쓰시오.

5-1 토지 조사 사업으로 농민들은 농사지을 땅을 잃거나 불리한 조건으로 새로 계약을 맺어야 하였습니다.

(○, ×)

6 **다음에서 설명하는 인물은 누구입니까?** (　　)

일제가 국권을 빼앗을 무렵 가족들과 함께 만주로 가서 신흥 강습소를 세워 독립군을 양성하였습니다.

① 신돌석 ② 안중근 ③ 안창호
④ 이회영 ⑤ 최재형

6-1 이회영은 미국에서 흥사단을 만들어 한국인을 단결시키고 힘을 키우려고 하였습니다.

(○, ×)

7 **다음과 같은 상황을 배경으로 일어난 사건은 무엇입니까?** (　　　)

- 제1차 세계 대전이 끝나갈 무렵 미국 대통령이 "자기 민족의 일은 자기 스스로 결정할 권리가 있다."라고 주장하였습니다.
- 일본의 한국인 유학생들이 독립을 선언하였습니다.
- 국내에서 종교계 지도자들과 학생 대표들이 고종의 장례식을 계기로 만세 시위를 벌일 것을 계획하였습니다.

① 갑신정변　② 을미사변　③ 3·1 운동
④ 아관 파천　⑤ 동학 농민 운동

7-1 3·1 운동은 우리 민족의 독립 의지를 전 세계에 알린 중요한 사건이었습니다. (○, ×)

중요

8 **다음 지도의 (가) 정부가 한 일로 알맞은 것을 두 가지 고르시오.** (　　　,　　　)

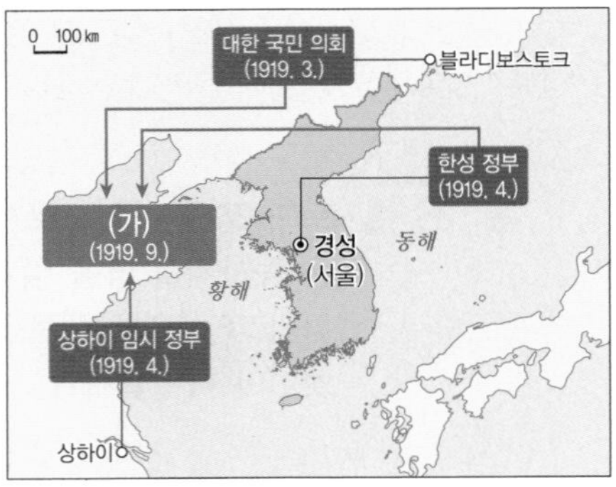

① 독립신문을 펴냈다.
② 독립문을 건설하였다.
③ 3·1 운동을 주도하였다.
④ 비밀 연락망을 만들었다.
⑤ 만주에 신흥 강습소를 세웠다.

8-1 1919년에 경성에서 이승만을 임시 대통령으로 하는 대한민국 임시 정부가 수립되었습니다. (○, ×)

9 **다음 지도의 (가), (나) 지역에서 일어난 무장 독립 투쟁을 각각 쓰시오.**

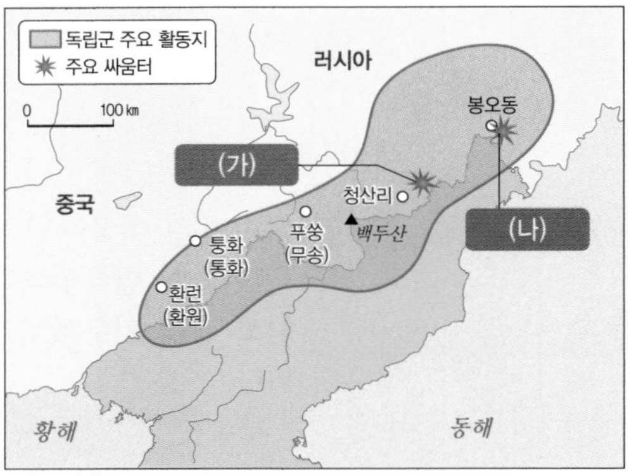

(가): (　　　　　　) (나): (　　　　　　)

9-1 김좌진과 홍범도 등이 이끄는 여러 독립군 부대가 일본군을 청산리 일대에서 크게 무찔렀습니다. (○, ×)

중요

10 **다음 밑줄 친 '여러 방법'에 해당하지 않는 것은 어느 것입니까?** (　　)

> 1930년대 후반 이후 침략 전쟁을 확대한 일제는 여러 방법을 동원해 우리의 민족정신을 없애 우리 민족을 일제가 벌인 침략 전쟁에 동원하려고 하였습니다.

① 학교에서 우리 역사 교육을 강조하였다.
② 성과 이름을 일본식으로 바꾸도록 하였다.
③ 학교에서 모든 수업을 일본어로 진행하였다.
④ 전국에 세워진 신사에 절을 하도록 강요하였다.
⑤ 전쟁에 필요한 사람과 물자를 우리나라에서 강제로 동원하였다.

10-1 1930년대 후반 일제는 전쟁에 필요한 사람과 물자를 우리나라에서 강제로 동원하였습니다. (○, ×)

11 **다음 검색창의 (가)에 들어갈 단체로 알맞은 것은 어느 것입니까?** (　　)

> (가)
>
> [답변]
> ↳ 한글 맞춤법 통일안을 발표하였다.
> ↳ 우리글을 지키기 위해 한글 보급 운동을 펼쳤다.
> ↳『우리말큰사전』을 편찬하기 위해 노력하였지만 일제의 탄압으로 실패하였다.

① 신민회　② 권업회　③ 흥사단
④ 독립 협회　⑤ 조선어 학회

11-1 일제가 우리의 민족정신을 없애려 하였지만 독립운동가들은 우리 문화를 지키기 위해 다양한 노력을 하였습니다. (○, ×)

12 **다음 (가), (나)와 같은 활동을 한 독립운동가를 알맞게 짝지은 것은 어느 것입니까?** (　　)

> (가) 일본 도쿄에서 일본 국왕이 탄 마차에 폭탄을 던졌습니다.
> (나) 일본군의 상하이 점령 축하 기념행사가 열리는 훙커우 공원에 폭탄을 던졌습니다.

	(가)	(나)
①	김구	윤봉길
②	윤봉길	김구
③	윤봉길	이봉창
④	이봉창	김구
⑤	이봉창	윤봉길

12-1 윤봉길은 대한민국 임시 정부의 활동에 활기를 불어넣기 위해 한인 애국단을 조직하였습니다. (○, ×)

2 단원

01 8·15 광복과 대한민국 정부의 수립

1 8·15 광복 직후 우리나라의 모습

(1) 8·15 [1]광복 이전의 상황

① 제2차 세계 대전에서 일본이 질 것을 예상한 독립운동가들이 광복 이후에 나라를 세울 준비를 하였습니다.
   - 일본이 연합국에 항복하기 전, 국외에 있던 대한민국 임시 정부는 건국의 원칙을 발표하였습니다.

② 연합국이 전쟁에서 승리할 것을 예상하여 여러 회의에서 우리 민족의 독립을 약속하였습니다.

(2) 8·15 광복

배경	• [2]제2차 세계 대전에서 연합국이 승리하였습니다. • 우리 민족이 독립을 위해 끊임없이 노력하였습니다.
8·15 광복	1945년 8월 15일, 일본이 연합국에 항복하면서 우리 민족은 광복을 맞이하였습니다.

(3) 8·15 광복 이후의 상황

① 국내에서는 건국을 준비하는 단체를 만들어 나라의 안녕과 질서를 유지할 수 있도록 전국으로 조직을 넓혀 갔습니다.

② 중국, 일본, 미국 등 다른 나라에 머물던 동포들과 일제에 강제로 끌려갔던 많은 사람이 국내로 들어왔습니다.

③ 미국에서 활동하던 이승만과 중국에서 대한민국 임시 정부를 이끌던 김구 등 독립운동가들이 귀국하였습니다.

④ 정치·경제적으로 혼란하였지만 독립된 국가를 세우고자 노력하였습니다.

⑤ 우리 민족이 더 이상 일제의 횡포를 겪지 않아도 되었습니다.

⑥ 학교에서 우리말과 한글, 우리의 역사를 배울 수 있게 되었습니다.

2 정부를 수립하기 위한 노력

(1) **38도선 설치**: 일제가 항복하면서 [3]소련과 미국이 일본의 군대 해산을 이유로 한반도에 들어왔습니다. → 북위 38도선을 기준으로 북쪽에 소련이, 남쪽에 미국이 각각 군대를 머물게 하여 영향력을 넓혀 갔습니다. 자료①

(2) 모스크바 3국 외상 회의 자료②

회의 개최	1945년 12월 미국, 영국, 소련의 외무 장관이 모스크바에 모여 제2차 세계 대전 이후의 처리 문제를 의논하였습니다.
결정 사항	한반도에 임시 민주 정부 수립, 미소 공동 위원회 구성, 최고 5년간 [4]신탁 통치 등을 결정하였습니다.
영향	모스크바 3국 외상 회의의 결정 사항이 알려지자 우리나라에서는 신탁 통치를 반대하는 사람들과 모스크바 3국 외상 회의의 결정을 지지하는 사람들 간에 갈등이 일어났습니다.

- 처음에는 대부분의 사람들이 신탁 통치를 반대하였지만 회의 결정의 본래 목적이 임시 정부의 수립에 있다고 생각한 일부 사람들은 회의 결정을 지지하는 입장으로 바꾸었습니다.

자료 ① 38도선 설치

임시 군사 분계선인 38도선은 점점 굳어져 갔고, 38도선을 넘나들면서 이루어지던 교류가 끊어졌습니다.

자료 ② 모스크바 3국 외상 회의

- 한국에 민주주의 임시 정부를 수립한다.
- 임시 정부를 구성하기 위한 방법을 논의하기 위해 미국·소련 공동 위원회를 설치한다.
- 미국, 중국, 영국, 소련의 4개국이 한국의 민주주의 임시 정부와 협의하여 최고 5년 동안 신탁 통치를 실시한다.

국내에서는 모스크바 3국 외상 회의의 결정 사항 중 신탁 통치에 반대하는 사람들과 회의의 결정에 찬성하는 사람들 사이에 갈등이 일어났습니다.

용어 사전

① **광복**
일제의 식민 통치에서 벗어난 것

② **제2차 세계 대전**
1939~1945년 동안 독일, 이탈리아, 일본을 중심으로 한 나라들과 프랑스, 영국, 미국 등 연합국 사이에 벌어진 대규모 세계 전쟁

③ **소련**
1922~1991년까지 있었던 소비에트 연방 공화국으로, 오늘날 러시아와 그 주변 국가들을 포함함.

④ **신탁 통치**
한 지역을 다른 나라 또는 국제기구가 대신 통치하는 제도

(3) 정부를 수립하려는 노력

① 미소 공동 위원회 개최

개최	모스크바 3국 외상 회의의 결정에 따라 한반도에 임시 민주 정부 수립을 논의하기 위해 미소 공동 위원회가 개최되었습니다.
결렬	미국과 소련의 의견 차이로 성과 없이 끝났습니다.

② [5]국제 연합(UN)의 결정: 미국이 한반도 문제를 국제 연합(UN)에 넘겼습니다. → 국제 연합이 남북한 총선거를 통한 정부 수립을 결정하였습니다. → 소련과 북한이 국제 연합의 결정을 거부하였습니다. → 국제 연합이 선거가 가능한 남한에서만 총선거를 하기로 결정하였습니다.

③ 정부 수립을 둘러싼 갈등: 남한만이라도 총선거를 하여 정부를 수립하자는 주장과 통일 정부를 수립해야 한다며 남한만의 단독 선거를 반대하는 주장이 대립하였습니다. 김구와 김규식 등은 통일 정부를 수립하고자 북한의 지도자들과 의논을 하였지만 성과를 거두지 못하였습니다.

미소 공동 위원회가 무기한 연기되었고 언제 다시 열릴지 알 수 없습니다. 우리 남쪽만이라도 임시 정부 또는 위원회 같은 것을 조직해 북한을 점령한 소련이 물러나도록 세계 여론에 호소해야 합니다.

◀ 이승만

남북이 함께 총선거에 참여하여 통일된 독립 국가를 만들어야 합니다. 남한만의 정부를 수립하면 북한도 자기들만의 정부를 수립할 것이고 그러면 남북 분단이 더 확실해질 것입니다.

◀ 김구

3 대한민국 정부 수립

5·10 총선거 자료 3	• 1948년 5월 10일 남한에서 국제 연합(UN)의 감시 아래 국회 의원을 뽑는 총선거가 실시되었습니다. • 5·10 총선거는 우리나라 역사에서 처음으로 민주적인 절차에 따라 치러졌으며 만 21세 이상 모든 국민이 참여할 수 있었습니다.
[6]제헌 국회의 활동	• 나라 이름을 '대한민국'으로 정하였습니다. • 1948년 7월 17일에 제헌 헌법을 공포하였습니다. 자료 4 • 헌법에 따라 이승만을 대한민국 첫 번째 대통령으로 선출하였습니다.
대한민국 정부 수립	• 이승만 대통령이 1948년 8월 15일에 대한민국 정부 수립을 선포하였습니다. → 국제 연합 총회는 대한민국 정부를 선거가 가능한 한반도 내에서 수립된 유일한 합법 정부로 인정하였습니다. • 대한민국 정부 수립의 의의: 3·1 운동으로 세워진 대한민국 임시 정부의 전통을 이었으며 우리 민족의 오랜 소원이었던 독립된 정부를 수립하였습니다.
북한의 상황	1948년 9월에 조선 민주주의 인민 공화국이라는 이름으로 별도의 정권이 수립되었습니다.

자료 3 5·10 총선거

▲ 5·10 총선거 포스터

1948년 5월 10일, 남한에서는 국제 연합(UN)의 감시 아래 총선거를 실시하였습니다. 국회 의원을 뽑는 이 선거는 우리나라에서 실시한 최초의 민주주의 선거였습니다.

자료 4 제헌 헌법

> 유구한 역사와 전통에 빛나는 우리들 대한국민은 기미 3·1 운동으로 대한민국을 건립하여 세계에 선포한 위대한 독립 정신을 계승하여 이제 민주 독립 국가를 재건함에 있어서 …… 단기 4281년 7월 12일 이 헌법을 제정한다.
> **제1조** 대한민국은 민주 공화국이다.
> **제2조** 대한민국의 주권은 국민에게 있고, 모든 권력은 국민으로부터 나온다.

제헌 헌법은 '대한민국은 민주 공화국이며 대통령이 중심이 되어 나라를 운영하는 대통령제를 채택한다.'라는 등의 내용을 담았습니다.

용어 사전

5 국제 연합(UN)
제2차 세계 대전 후 전쟁 방지와 세계 평화 유지를 위해 설립한 국제기구

6 제헌 국회
5·10 총선거를 통해 구성된 국회로, 헌법을 만든 우리나라 최초의 국회

기본 문제로 익히기

핵심 체크

- 8·15 ❶□□: 일본이 연합국에 항복하면서 우리 민족은 광복을 맞이하였습니다.
- 정부를 수립하기 위한 노력

❷□□도선 설치	소련과 미국이 일본의 군대 해산을 이유로 북쪽과 남쪽에 각각 군대를 머물게 하였습니다.
모스크바 3국 외상 회의	한반도에 임시 민주 정부 수립, 미소 공동 위원회 구성, 최고 5년간 ❸□□ 통치 등을 결정하였습니다.
남한만의 총선거 결정	미소 공동 위원회가 성과 없이 끝나자 미국이 한반도 문제를 국제 연합에 넘겼습니다. → 국제 연합에서 남북한 총선거를 통한 정부 수립을 결정하였으나 소련과 북한이 거부하였습니다. → 국제 연합에서 남한만의 총선거를 결정하였습니다.

- 대한민국 정부 수립

❹□·□□ 총선거	1948년 5월 10일 국회 의원을 뽑는 총선거가 실시되었습니다.
제헌 국회의 활동	나라 이름을 '대한민국'으로 정하고 ❺□□ □□을 공포하였습니다.
대한민국 정부 수립	1948년 8월 15일 ❻□□□ 대통령이 대한민국 정부 수립을 선포하였습니다.

개념 문제

1 **광복 이후 우리나라의 상황에 대한 설명이 맞으면 ○표, 틀리면 X 표 하시오.**

(1) 학교에서 일본어로 수업을 하고 일본의 역사만 가르쳤습니다. (　　　)

(2) 이승만, 김구 등 해외에서 활동하던 독립운동가들이 귀국하였습니다. (　　　)

(3) 국내에서 건국을 준비하는 단체를 만들어 나라의 안녕과 질서를 유지할 수 있도록 전국으로 조직을 넓혀 갔습니다. (　　　)

2 **한반도에 대해 임시 민주 정부 수립, 미소 공동 위원회 구성, 최고 5년간 신탁 통치 등을 결정한 회의는 무엇입니까?** (　　　)

3 **다음 괄호 안에 들어갈 알맞은 인물에 ○표 하시오.**

(이승만 , 김구)은/는 통일 정부 수립이 어렵다면 남한만이라도 임시 정부를 세우자고 주장하였습니다.

4 **(　　　　　)은/는 1948년 7월 17일에 제헌 헌법을 공포하였습니다.**

확인 문제

1 다음 빈칸에 들어갈 알맞은 말을 쓰시오.

> 1945년 8월 15일, 일본이 연합국에 항복하면서 우리 민족은 (　　　)을/를 맞이하였습니다.

(　　　　　　)

2 8·15 광복 이후 우리나라의 상황으로 알맞지 않은 것은 어느 것입니까? (　　)

① 일제에 의해 많은 사람이 국외로 끌려갔다.
② 우리 민족이 더 이상 일제의 횡포를 겪지 않아도 되었다.
③ 학교에서 우리말과 한글, 우리 역사를 배울 수 있게 되었다.
④ 이승만과 김구 등 해외에서 활동하던 독립운동가들이 귀국하였다.
⑤ 국내에서 건국을 준비하는 단체를 만들어 나라의 안녕과 질서를 유지하려 하였다.

3 북위 38도선을 기준으로 다음 지도의 (가), (나) 지역에 군대를 보낸 나라를 알맞게 짝지은 것은 어느 것입니까? (　　)

	(가)	(나)		(가)	(나)
①	미국	소련	②	미국	일본
③	소련	미국	④	소련	일본
⑤	일본	소련			

중요

4 모스크바 3국 외상 회의에서 한반도와 관련해 결정한 사항을 보기 에서 모두 골라 기호를 쓰시오.

보기
㉠ 임시 민주 정부 수립
㉡ 미소 공동 위원회 구성
㉢ 최고 5년간 신탁 통치 실시
㉣ 선거가 가능한 남한에서만 총선거 실시

(　　　　　　)

5 정부 수립과 관련하여 다음과 같은 주장을 한 인물은 누구입니까? (　　)

> 남북이 함께 총선거에 참여하여 통일된 독립 국가를 만들어야 합니다. 남한만의 정부를 수립하면 북한도 자기들만의 정부를 수립할 것이고 그러면 남북 분단이 더 확실해질 것입니다.

① 김구　② 신채호　③ 윤봉길
④ 이승만　⑤ 전형필

6 대한민국 정부 수립 과정 중 가장 마지막에 있었던 일은 어느 것입니까? (　　)

① 5·10 총선거가 실시되었다.
② 제헌 국회가 제헌 헌법을 공포하였다.
③ 국제 연합에서 남한만의 총선거를 결정하였다.
④ 이승만 대통령이 대한민국 정부 수립을 선포하였다.
⑤ 제헌 국회가 헌법에 따라 이승만을 대한민국 첫 번째 대통령으로 선출하였다.

서술형

7 다음 제헌 헌법 전문을 통해 알 수 있는 대한민국 정부 수립의 의의를 한 가지만 쓰시오.

> 유구한 역사와 전통에 빛나는 우리들 대한 국민은 기미 3·1 운동으로 대한민국을 건립하여 세계에 선포한 위대한 독립 정신을 계승하여 이제 민주 독립 국가를 재건함에 있어서 ……

2 단원

02 6·25 전쟁의 과정과 영향

❶ 6·25 전쟁

(1) 전쟁 이전의 상황

남한과 북한에 서로 다른 정부가 수립된 후 한반도에 주둔하던 미군과 소련군이 철수하였습니다.

① 남과 북에 서로 다른 체제의 정부가 세워진 뒤 갈등이 점점 커졌습니다.

② 소련의 도움을 받아 군사력을 키운 북한이 한반도를 무력으로 통일하기 위해 전쟁을 준비하였습니다.

(2) 전쟁의 전개 과정 자료①

<table>
<tr>
<td>북한군의 남침</td>
<td>
</td>
<td>• 1950년 6월 25일, 북한군이 38도선을 넘어 남한에 쳐들어오면서 전쟁이 시작되었습니다.
• 국군은 북한군에 밀렸고, 3일 만에 서울이 함락되었습니다.
• 사람들이 피란을 떠났고, 국군은 낙동강 부근까지 후퇴하였습니다.</td>
</tr>
<tr>
<td>국군과 국제 연합군의 반격</td>
<td>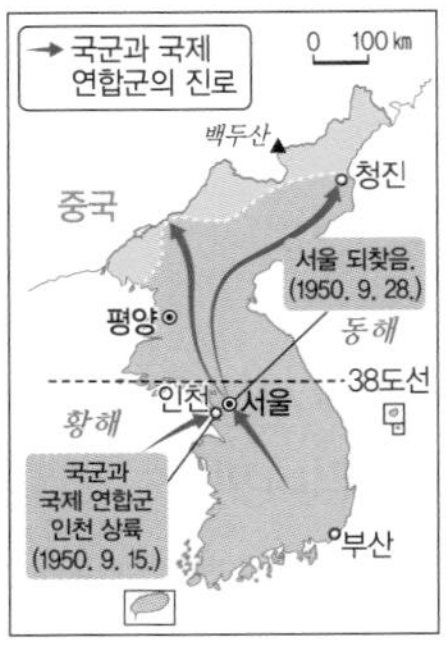
</td>
<td>• 국제 연합이 북한의 남한 침략을 불법적 행위로 판단하고 16개국으로 구성된 국제 연합군을 남한에 파견하였습니다.
• 국군과 국제 연합군은 [1]인천 상륙 작전에 성공하여 서울을 되찾고 압록강 유역까지 나아갔습니다.</td>
</tr>
<tr>
<td>중국군의 개입</td>
<td>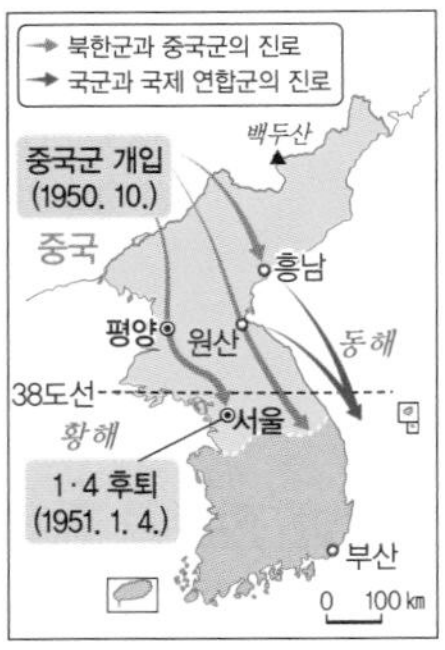
</td>
<td>• 국군과 국제 연합군이 압록강 근처까지 올라가자 중국군이 북한을 돕기 위해 전쟁에 개입하였습니다.
• 국군과 국제 연합군이 후퇴하고 서울을 다시 빼앗겼습니다.
• 많은 사람이 다시 피란을 떠났습니다.</td>
</tr>
<tr>
<td>정전 협정이 체결된 것이기 때문에 아직 전쟁이 끝이 난 것이 아닙니다.
[2]정전 협정 체결</td>
<td>
</td>
<td>• 국군과 국제 연합군이 다시 공격하여 서울을 되찾았습니다.
• 이후 38도선 부근에서 크고 작은 전투가 계속되었습니다.
• 국제 연합군을 대표한 미국과 북한, 중국이 정전 협상을 진행하여 1953년 7월 정전 협정이 체결되었습니다.</td>
</tr>
</table>

자료 ① 사진으로 보는 6·25 전쟁

▲ 서울에 들어온 북한군

▲ 인천 상륙 작전

▲ 압록강을 건너는 중국군

▲ 판문점에서 정전 협정 체결

북한의 기습적인 남한 침략으로 시작된 6·25 전쟁은 국제 연합군, 중국군이 참여하는 대규모 전쟁으로 발전하였습니다. 이후 정전 협정이 체결되어 3년 동안 이어진 전쟁이 마무리되었습니다.

용어 사전

❶ **인천 상륙 작전**
1950년 9월, 미국 맥아더의 지휘 아래 국군과 국제 연합군이 인천에 상륙하여 실시한 군사 작전

❷ **정전**
전쟁 중인 나라들이 전투를 일시적으로 멈추는 일

(3) 전쟁 이후의 상황

① 정전 협정이 체결되면서 휴전선이 그어지고 남과 북의 분단이 계속되었습니다.

② 1954년 스위스 제네바에서 남북한, 미국, 소련, 중국 등이 한반도 문제의 평화적 해결을 위해 회의를 열었습니다. → 양측의 주장이 좁혀지지 않아 성과 없이 끝났습니다.

남한과 북한은
오늘날까지 휴전 상태로
남아 있게 되었어.

❷ 6·25 전쟁의 피해와 영향

(1) 인명 피해와 물질적 피해: 6·25 전쟁은 남한과 북한 모두에게 큰 피해와 고통을 남겼습니다.

인명 피해 자료②	• 6·25 전쟁 중 전국에서 벌어진 전투와 폭격으로 군인과 ❸민간인 수백만 명이 죽거나 다쳤습니다. • 많은 사람들이 전쟁으로 삶의 터전을 잃고 피란을 떠났으며 오랫동안 힘든 생활을 해야 했습니다. • 피란을 가지 못한 사람 중에는 점령군이 바뀔 때마다 국군이나 북한군에게 도움을 주었다는 이유로 죽임을 당하거나 고통을 당하는 경우가 많았습니다. • 전쟁 중에 가족이 헤어져 만나지 못하는 ❹이산가족과 부모를 잃은 전쟁고아가 많이 생겨났습니다.
물질적 피해 자료③	• 전 국토가 황폐해졌습니다. • 생산 시설과 건물, 도로, 철도 등 주요 시설물이 파괴되어 복구하는 데 막대한 시간과 비용이 들어갔습니다. • 식량과 생활필수품도 부족하여 많은 사람이 어려움을 겪었습니다. • 숭례문, 보신각 등 수많은 문화재가 훼손되거나 불타 없어지기도 하였습니다.

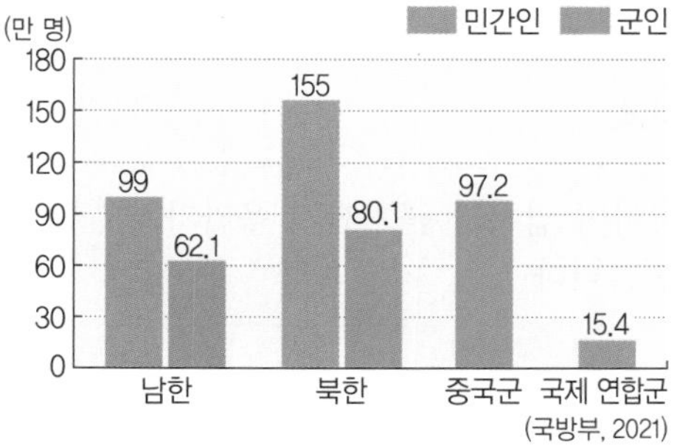
(만 명)
민간인 군인
180
150
120
90
60
30
0
99
62.1
155
80.1
97.2
15.4
남한
북한
중국군
국제 연합군
(국방부, 2021)

▲ 6·25 전쟁의 인명 피해 → 당시 남북한의 인구는 약 3천만 명 정도였습니다.

6·25 전쟁으로
많은 사람이 죽거나 다쳤어.
군인뿐만 아니라 민간인도
많이 희생당하였지. 중국군과 국제 연합군의
사상자도 많았네.

(2) 오늘날 우리에게 남아 있는 과제

① 전쟁 이후 남한과 북한은 서로를 적으로 여기는 감정이 깊어진 채 분단 상황이 이어지고 있습니다.

② 이산가족 문제, 남북 교류와 평화 통일 문제 등이 현재까지도 해결해야 할 과제로 남아 있습니다.

자료② 이산가족

▲ 이산가족 ❺상봉

분단이 굳어진 뒤에 이산가족 찾기 방송, 남북한 이산가족 상봉 행사와 같은 교류가 이루어지기도 하였으나, 아직까지 많은 사람이 가족과 헤어진 채 살아가고 있습니다.

자료③ 6·25 전쟁의 물질적 피해

▲ 전쟁으로 폐허가 된 서울

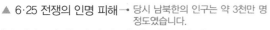

▲ 파괴된 수원 화성

6·25 전쟁 때문에 발생한 물질적인 피해도 컸습니다. 국토가 황폐해지고 건물, 도로, 철도, 공장 등 주요 시설물이 파괴되었으며, 많은 문화재가 훼손되었습니다.

용어 사전

❸ **민간인**
군인이 아닌 일반 사람

❹ **이산가족**
이리저리 흩어져서 서로 소식을 모르는 가족

❺ **상봉**
헤어졌던 사람들이 서로 만남.

2 단원

기본 문제로 익히기

핵심 체크

● 6·25 전쟁의 전개 과정

북한군의 남침	1950년 6월 25일, 북한군이 38도선을 넘어 남한에 쳐들어왔습니다. → 3일 만에 서울이 함락되었고, 국군이 낙동강 부근까지 후퇴하였습니다.
국군과 국제 연합군의 반격	국제 연합군이 남한에 파견되었습니다. → 국군과 국제 연합군이 ❶ □□ 상륙 작전에 성공하여 서울을 되찾고 압록강 유역까지 나아갔습니다.
중국군의 개입	❷ □□군이 북한을 돕기 위해 전쟁에 개입하였습니다. → 국군과 국제 연합군이 후퇴하고 서울을 다시 빼앗겼습니다.
정전 협정 체결	국군과 국제 연합군이 서울을 되찾은 후 38도선 부근에서 전투가 계속되었습니다. → 1953년 7월 정전 협정이 체결되었습니다. → ❸ □□□이 그어졌습니다.

● 6·25 전쟁의 피해와 영향

인명 피해	• ❹ □□과 민간인 수백만 명이 죽거나 다쳤습니다. • 많은 사람이 삶의 터전을 잃고 피란을 떠났습니다. • 전쟁 중에 가족이 헤어져 만나지 못하는 ❺ □□□□과 부모를 잃은 전쟁고아가 많이 생겨났습니다.
물질적 피해	• 전 국토가 황폐해졌습니다. • 생산 시설과 주요 시설물이 파괴되어 복구하는 데 막대한 시간과 비용이 들어갔습니다.

개념 문제

1 1950년 6월 25일 북한군이 38도선을 넘어 남한에 쳐들어오면서 시작된 전쟁은 무엇입니까?
( )

2 다음 괄호 안에 들어갈 알맞은 나라에 ○표 하시오.

> 국군과 국제 연합군이 인천 상륙 작전에 성공하여 압록강 근처까지 올라가자 (소련 , 중국)군이 북한을 돕기 위해 전쟁에 개입하였습니다.

3 1953년 7월 ( ) 협정이 체결되면서 휴전선이 그어졌습니다.

4 6·25 전쟁의 영향에 대한 설명이 맞으면 ○표, 틀리면 X 표 하시오.

(1) 전 국토가 황폐해졌습니다. ( )

(2) 남한과 북한이 서로를 적으로 여기는 감정이 깊어졌습니다. ( )

(3) 군인의 사상자는 많았지만 민간인의 피해는 거의 없었습니다. ( )

확인 문제

1 북한이 6·25 전쟁을 일으킨 까닭으로 알맞은 것은 어느 것입니까? ( )

① 한반도를 무력으로 통일하기 위해서
② 한반도의 평화 통일을 이루기 위해서
③ 남과 북의 분단을 확고히 하기 위해서
④ 소련이 한반도를 다스리게 하기 위해서
⑤ 남한과 북한의 교류를 단절하기 위해서

2 다음은 6·25 전쟁의 전개 과정을 나타낸 지도입니다. (가), (나) 지도 사이에 있었던 일을 두 가지 고르시오. (,)

(가)

(나)

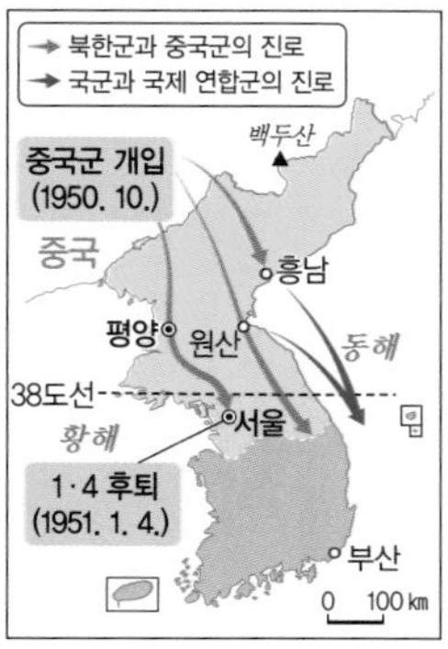

① 휴전선이 그어졌다.
② 정전 협정이 체결되었다.
③ 북한이 38도선을 넘어 남한에 쳐들어왔다.
④ 국제 연합이 국제 연합군을 남한에 파견하였다.
⑤ 국군과 국제 연합군이 인천 상륙 작전에 성공하였다.

중요

3 6·25 전쟁의 전개 과정을 일어난 순서대로 알맞게 기호를 나열한 것은 어느 것입니까? ( )

㉠ 정전 협정 체결
㉡ 중국군의 전쟁 개입
㉢ 북한군의 남한 침략
㉣ 남한에 국제 연합군 파견
㉤ 국군과 국제 연합군의 인천 상륙 작전 성공

① ㉠ - ㉡ - ㉢ - ㉣ - ㉤
② ㉡ - ㉢ - ㉣ - ㉤ - ㉠
③ ㉢ - ㉣ - ㉤ - ㉡ - ㉠
④ ㉣ - ㉠ - ㉡ - ㉤ - ㉢
⑤ ㉤ - ㉣ - ㉢ - ㉡ - ㉠

4 다음 빈칸에 들어갈 알맞은 말을 쓰시오.

1953년 7월, 정전 협정이 체결되자 국군과 국제 연합군, 북한군과 중국군이 서로 맞서 싸우던 자리에 ( )이/가 그어졌습니다.

( )

5 6·25 전쟁의 영향에 대한 설명으로 알맞지 않은 것은 어느 것입니까? ( )

① 전 국토가 황폐해졌다.
② 이산가족과 전쟁고아의 수가 줄어들었다.
③ 수많은 문화재가 훼손되거나 불타 없어졌다.
④ 많은 사람이 전쟁으로 삶의 터전을 잃고 피란을 떠났다.
⑤ 생산 시설과 주요 시설물이 파괴되어 복구하는 데 막대한 시간과 비용이 들어갔다.

서술형

6 다음 그래프를 보고 알 수 있는 점을 두 가지 쓰시오.

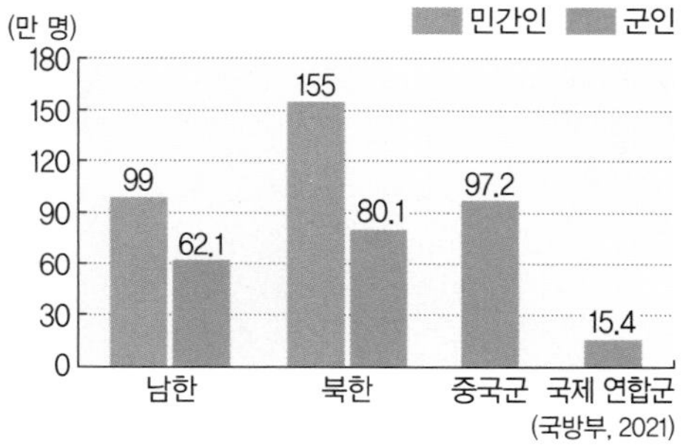

▲ 6·25 전쟁의 인명 피해

7 다음 보기 에서 오늘날 우리에게 남아 있는 과제로 알맞은 것을 모두 골라 기호를 쓰시오.

보기
㉠ 이산가족 문제 ㉡ 남북 교류 문제
㉢ 평화 통일 문제 ㉣ 무력 통일 문제

( )

2 단원

실력 문제로 다잡기

중요

1 다음 보기 에서 우리 민족이 광복을 맞이할 수 있었던 까닭을 모두 골라 기호를 쓰시오.

보기
㉠ 연합국이 일본에 항복하였기 때문에
㉡ 일본이 우리 민족의 독립을 지원하였기 때문에
㉢ 제2차 세계 대전에서 연합국이 승리하였기 때문에
㉣ 우리 민족이 독립을 위해 끊임없이 노력하였기 때문에

( )

1-1 1945년 8월 15일, 일본이 연합국에 항복하면서 우리 민족은 광복을 맞이하였습니다.

(○, ×)

2 광복 이후 우리나라의 상황에 대해 잘못 이야기한 어린이는 누구입니까? ( )

① 국내에서 건국을 준비하는 단체가 만들어졌어.

② 독립운동가들이 해외에서 활발한 활동을 벌였어.

③ 많은 사람이 독립된 국가를 세우고자 노력했어.

④ 학교에서 우리말과 한글, 우리의 역사를 배울 수 있게 되었어.

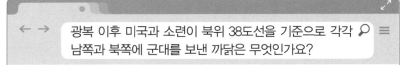

2-1 광복 이후 많은 사람이 일제의 탄압을 피해 국외로 이동하였습니다.

(○, ×)

3 다음 검색창 질문의 답변으로 알맞은 것은 어느 것입니까? ( )

광복 이후 미국과 소련이 북위 38도선을 기준으로 각각 남쪽과 북쪽에 군대를 보낸 까닭은 무엇인가요?

[답변]
↳ ㉠ 일본의 군대를 해산하기 위해서입니다.
↳ ㉡ 우리나라를 식민 지배하기 위해서입니다.
↳ ㉢ 우리 땅에서 전쟁을 벌이기 위해서입니다.
↳ ㉣ 우리 민족이 군대를 보내 줄 것을 요청하였기 때문입니다.
↳ ㉤ 일본이 우리나라를 다스리는 데 도움을 주기 위해서입니다.

① ㉠ ② ㉡ ③ ㉢
④ ㉣ ⑤ ㉤

3-1 일제가 항복하면서 북위 38도선을 기준으로 북쪽에 소련이, 남쪽에 미국이 각각 군대를 머물게 하여 영향력을 넓혀 갔습니다.

(○, ×)

서술형

4 **다음 신문 기사를 읽고, 물음에 답하시오.**

> 역사신문 1945. 12. ○○.
>
> **(　　　) 개최되다!**
>
> 미국, 영국, 소련의 외무 장관이 제2차 세계 대전 이후의 처리 문제를 논의하기 위해 모스크바에 모였다. 이 회의에서 한반도에 임시 민주 정부 수립, 미소 공동 위원회 구성, 최고 5년간 신탁 통치 등을 결정하였다.

(1) 위 신문 기사의 빈칸에 들어갈 알맞은 회의를 쓰시오.

(　　　　　　)

(2) 위 회의의 결정 사항이 국내에 끼친 영향을 쓰시오.

4-1 모스크바 3국 외상 회의에서는 남한만의 총선거 실시를 결정하였습니다.

(○, ×)

중요

5 **다음은 정부 수립 과정에서 있었던 일들입니다. (가)에 들어갈 내용으로 알맞은 것은 어느 것입니까?** (　　　)

미국이 한반도 문제를 국제 연합(UN)에 넘겼다.

↓

국제 연합이 남북한 총선거를 통한 정부 수립을 결정하였다.

↓

소련과 북한이 국제 연합의 결정을 거부하였다.

↓

(가)

① 국제 연합이 한반도 문제를 소련에 넘겼다.
② 국제 연합과 소련 사이에 전쟁이 일어났다.
③ 국제 연합이 남한에서만 총선거를 하기로 결정하였다.
④ 국제 연합이 끝까지 남북한 동시 총선거를 주장하였다.
⑤ 국제 연합이 한반도 문제에 관여하지 않기로 결정하였다.

5-1 미소 공동 위원회가 성과 없이 끝나자 미국이 한반도 문제를 국제 연합에 넘겼습니다.

(○, ×)

6 **정부 수립과 관련하여 다음과 같은 주장을 한 인물은 누구입니까?** (　　　)

> 미소 공동 위원회가 무기한 연기되었고 언제 다시 열릴지 알 수 없습니다. 우리 남쪽만이라도 임시 정부 또는 위원회 같은 것을 조직해 북한을 점령한 소련이 물러나도록 세계 여론에 호소해야 합니다.

① 김구　② 김규식　③ 안창호
④ 이승만　⑤ 이시영

6-1 김구는 남북이 함께 총선거에 참여하여 통일된 독립 국가를 만들자고 주장하였습니다.

(○, ×)

중요

7 **대한민국 정부 수립 과정을 일어난 순서대로 알맞게 기호를 나열한 것은 어느 것입니까?** ( )

> ㉠ 5·10 총선거가 실시되었다.
> ㉡ 제헌 국회가 제헌 헌법을 공포하였다.
> ㉢ 이승만 대통령이 대한민국 정부 수립을 선포하였다.
> ㉣ 제헌 국회 의원들이 헌법에 따라 이승만을 대한민국 첫 번째 대통령으로 선출하였다.

① ㉠ - ㉡ - ㉢ - ㉣ ② ㉠ - ㉡ - ㉣ - ㉢
③ ㉡ - ㉣ - ㉠ - ㉢ ④ ㉢ - ㉣ - ㉡ - ㉠
⑤ ㉣ - ㉢ - ㉡ - ㉠

7-1 제헌 국회는 1948년 8월 15일에 대한민국 정부 수립을 선포하였습니다.
(○, ×)

8 **다음에서 설명하는 사건은 무엇입니까?** ( )

> 1950년 6월 25일, 소련의 군사적 지원을 받은 북한이 한반도를 무력으로 통일하기 위해 38도선을 넘어 남한에 쳐들어오면서 시작된 전쟁입니다.

① 6·25 전쟁 ② 8·15 광복 ③ 봉오동 전투
④ 청산리 대첩 ⑤ 5·10 총선거

8-1 북한은 6·25 전쟁을 일으키기 전 미국의 도움을 받아 군사력을 키웠습니다.
(○, ×)

서술형

9 **6·25 전쟁의 상황이 다음 지도와 같이 전개되는 데 영향을 끼친 사건을 쓰시오.**

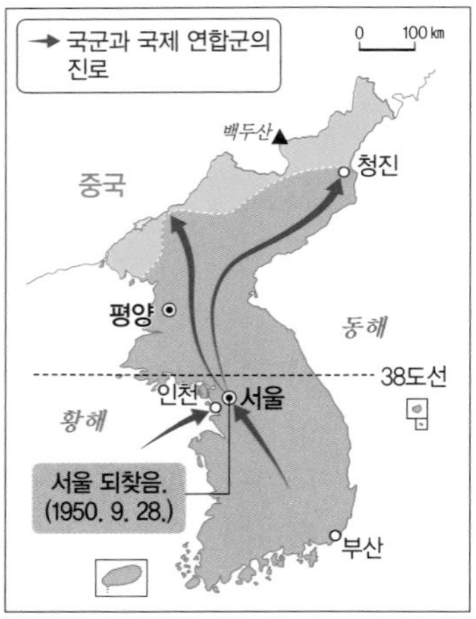

9-1 국군과 국제 연합군은 인천 상륙 작전에 성공하여 서울을 되찾았습니다.
(○, ×)

중요

10 **다음 사진전에 전시될 사진을 시간의 흐름에 알맞게 기호를 나열한 것은 어느 것입니까?** (　　　)

[사진으로 보는 6·25 전쟁]

6·25 전쟁 당시의 생생한 모습을 살펴볼 수 있는 사진전을 개최합니다.

㉠

▲ 판문점에서 정전 협정 체결

㉡

▲ 압록강을 건너는 중국군

㉢

▲ 인천 상륙 작전

㉣

▲ 서울에 들어온 북한군

① ㉠ – ㉡ – ㉢ – ㉣
② ㉡ – ㉢ – ㉣ – ㉠
③ ㉢ – ㉠ – ㉡ – ㉣
④ ㉣ – ㉠ – ㉢ – ㉡
⑤ ㉣ – ㉢ – ㉡ – ㉠

10-1 6·25 전쟁의 전개 과정에서 정전 협정이 체결되면서 38도선이 그어지고 남과 북의 분단이 계속되었습니다. (○, ×)

11 **6·25 전쟁의 영향에 대해 바르게 이야기한 어린이를 모두 골라 이름을 쓰시오.**

군인과 민간인 수백만 명이 죽거나 다쳤어.
남북한의 경제 상황이 좋아졌어.
전 국토가 황폐해졌어.
루나
은우
지아

(　　　　　)

11-1 6·25 전쟁으로 많은 사람이 삶의 터전을 잃고 피란을 떠났습니다. (○, ×)

12 **다음 빈칸에 들어갈 알맞은 말을 쓰시오.**

6·25 전쟁 중에 가족이 헤어져 만나지 못하는 (　　　)과/와 부모를 잃은 전쟁고아가 많이 생겨났습니다. 아직까지 많은 사람이 가족과 헤어진 채 살아가고 있습니다.

(　　　　　)

12-1 이산가족 문제, 남북 교류와 평화 통일 문제 등이 현재까지도 해결해야 할 과제로 남아 있습니다. (○, ×)

❶ 새로운 사회를 향한 움직임

개념 ❶ 조선 후기 정치·사회·문화의 새로운 움직임

● 정치·학문·문화의 변화

정치	• 영조: 탕평책 실시, 신문고 다시 설치 등의 정책을 추진하였음. • 정조: 탕평책 실시, 수원 ❶ □□ 건설 등을 추진하였음.
학문	농업, 상공업 발전 등을 주장한 ❷ □□ 이 등장하였음.
문화	한글 소설, 탈놀이, 판소리, 민화, 풍속화 등의 서민 문화가 발전하였음.

● 흥선 대원군의 개혁 정책과 조선의 개항

흥선 대원군의 개혁 정책	• 양반에게 세금을 부과하거나 서원을 정리하였음. • 왕실의 권위를 높이기 위해 ❸ □□□ 을 다시 지었음. • 병인양요, 신미양요 → 척화비를 세웠음.
조선의 개항	조선은 일본과 강화도 조약을 맺고 개항하였음.

개념 ❷ 갑신정변과 동학 농민 운동

❹ □□□□	김옥균 등이 새로운 조선을 만들기 위해 우정총국의 개국 축하 잔치를 틈타 정변을 일으켰음.
동학 농민 운동	❺ □□□ 과 동학 농민군이 정치를 바로잡고 일본을 몰아내고자 일어났음.

❷ 일제의 침략과 광복을 위한 노력

개념 ❸ 일제에 맞서 나라를 지키기 위한 노력

● 자주독립과 근대화를 위한 노력

독립 협회 설립	• 설립: 서재필이 개화파 관료, 지식인 등과 함께 만들었음. • 활동: ❻ □□□ 건설, 만민 공동회 개최 등
대한 제국 수립	고종은 황제가 되어 대한 제국을 선포하고 근대 개혁을 추진하였음.

● 나라를 지키기 위한 노력

고종의 활동	❼ □□□□ 체결이 무효임을 국제 사회에 알리기 위해 네덜란드 헤이그에 특사를 파견하였음.
항일 의병 운동	을미사변과 단발령, 을사늑약 체결, 고종 황제 강제 퇴위와 대한 제국 군대 해산 등에 반발하여 일어났음.
의거 활동	❽ □□□ 이 이토 히로부미를 처단하였음.

1 정조가 한 일에 대한 설명이 맞으면 ○표, 틀리면 X표 하시오.

(1) 탕평책을 적극 실시하였습니다. (   )

(2) 신문고를 다시 설치하였습니다. (   )

(3) 수원에 화성을 건설하였습니다. (   )

2 다음 괄호 안에 들어갈 알맞은 인물에 ○표 하시오.

(김옥균 , 전봉준) 등이 새로운 조선을 만들기 위해 우정총국 개국 축하 잔치를 틈타 갑신정변을 일으켰습니다.

3 다음과 같은 활동을 한 단체는 무엇인지 쓰시오.

• 독립문을 세워 자주독립의 의지를 드러냈습니다.
• 만민 공동회를 열어 누구나 사회 문제에 대해 자기 생각을 표현할 수 있도록 하였습니다.

(   )

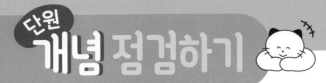

개념 ❹ 나라를 되찾기 위한 다양한 노력

● 일제의 식민 통치

1910년대	조선 총독부 설치, 헌병 경찰제 실시, 토지 조사 사업 시행 등
1920년대	친일파를 늘려 민족을 분열시키고 식민 지배에 대한 우리 민족의 저항 의지를 약화하려고 했음.
1930년대 후반 이후	❾ ☐☐ 참배 강요, 일본식 성과 이름 강요, 한국 역사 교육 금지, 전쟁에 사람과 물자 동원 등

● 다양한 민족 운동의 전개

❿ ☐·☐ 운동	1919년 3월, 만세 시위가 일어나 전국으로 퍼졌음.
대한민국 임시 정부	비밀 연락망 조직, 독립신문 편찬, 한인 애국단 조직, 한국 광복군 창설 등
3·1 운동 이후 독립운동	• 국외: 봉오동 전투, ⓫ ☐☐☐ 대첩 등 • 국내: 6·10 만세 운동, 광주 학생 항일 운동 등
민족 문화 수호 운동	⓬ ☐☐☐☐☐의 한글 보급 노력과 신채호의 역사 연구 등이 이루어졌음.

❸ 대한민국 정부의 수립과 6·25 전쟁

개념 ❺ 8·15 광복과 대한민국 정부 수립

● **8·15 광복**: 우리 민족의 끊임없는 독립운동과 제2차 세계 대전에서 연합국의 승리로 1945년 8월 15일에 ⓭ ☐☐을 맞이하였습니다.

● 대한민국 정부 수립

정부 수립 논의	소련군과 미군이 한반도를 분할 점령하였음. → 모스크바 3국 외상 회의를 개최하였음. → 미소 공동 위원회가 결렬되었음. → 국제 연합에서 남한만의 총선거 실시를 결정하였음.
대한민국 정부 수립 과정	5·10 총선거가 실시되었음. → ⓮ ☐☐☐☐에서 헌법을 공포하였음. → 이승만이 초대 대통령으로 선출되었음. → 1948년 8월 15일에 대한민국 정부 수립이 선포되었음.

개념 ❻ 6·25 전쟁

전개 과정	북한이 남한에 쳐들어왔음. → 국군이 낙동강 부근까지 후퇴하였음. → 국군과 국제 연합군이 인천 상륙 작전에 성공하였음. → ⓯ ☐☐군이 북한을 도와 전쟁에 개입하였음. → 38도선 부근에서 전투가 계속되었음. → 정전 협정이 체결되었음.
영향	• 군인과 민간인 수백만 명이 죽거나 다쳤음. • ⓰ ☐☐☐☐과 전쟁고아가 많이 생겨났음. • 전 국토가 황폐해졌음.

4 각 시기별 일제의 식민 통치 모습을 바르게 선으로 연결하시오.

(1) 1910년대 •   • ㉠ 신사 참배 강요

(2) 1920년대 •   • ㉡ 헌병 경찰제 폐지

(3) 1930년대 후반 이후 •   • ㉢ 토지 조사 사업 시행

5 다음 설명이 맞으면 ○표, 틀리면 X표 하시오.

(1) 1948년 5월 10일 국회 의원을 뽑는 5·10 총선거가 실시되었습니다. (　　)

(2) 이승만 대통령이 1948년 8월 15일 대한민국 정부 수립을 선포하였습니다. (　　)

(3) 미소 공동 위원회에서 한반도에 대해 최대 5년간 신탁 통치를 결정하였습니다. (　　)

6 다음 빈칸에 들어갈 알맞은 작전을 쓰시오.

> 6·25 전쟁 당시 국군과 국제 연합군이 (　　　)에 성공하여 서울을 되찾고 압록강 유역까지 나아갔습니다.

(　　　　　　　)

① 새로운 사회를 향한 움직임

1 다음 비석을 세운 조선의 왕이 한 일을 두 가지 고르시오. (,)

두루 사귀면서 편을 가르지 않는 것이 군자의 공정한 마음이요, 편을 가르고 두루 사귀지 않는 것은 소인의 사사로운 마음이다.

◀ 탕평비

① 수원 화성을 건설하였다.
② 중립 외교를 추진하였다.
③ 신문고를 다시 설치하였다.
④ 청계천 바닥을 정비하였다.
⑤ 규장각에서 개혁 정치를 뒷받침할 관리들을 길러 냈다.

중요
2 다음 보기 에서 실학자들의 주장으로 알맞은 것을 모두 골라 기호를 쓰시오.

보기
㉠ 상업과 공업을 발달시키자!
㉡ 청의 문물을 받아들여서는 안 된다!
㉢ 우리의 역사, 지리, 언어 등을 연구하자!
㉣ 토지 제도를 바꿔 농민의 생활을 안정시키자!

( )

3 조선 후기 다음과 같은 문화가 발달할 수 있었던 배경으로 알맞지 않은 것은 어느 것입니까? ( )

• 민화 • 탈놀이 • 풍속화
• 판소리 • 한글 소설

① 한글 사용이 늘어났다.
② 서당이 널리 보급되었다.
③ 농업과 상공업이 발달하였다.
④ 경제적으로 여유가 생긴 사람들이 늘어났다.
⑤ 양반들만 문화의 주인공으로 참여할 수 있었다.

4 흥선 대원군이 추진한 정책으로 알맞지 않은 것은 어느 것입니까? ( )

① 경복궁을 다시 지었다.
② 전국에 척화비를 세웠다.
③ 강화도 조약을 체결하였다.
④ 전국에 있는 서원을 정리하였다.
⑤ 양반에게도 세금을 내게 하였다.

5 다음 역사 스피드 퀴즈의 알맞은 답변을 쓰시오.

[역사 스피드 퀴즈]
이 조약은 조선이 개항을 하는 계기가 된 조약입니다. 우리나라가 외국과 맺은 최초의 근대적 조약이지만 일본에 유리한 불평등 조약이었던 이 조약은 무엇일까요?

( )

중요
6 다음 밑줄 친 부분에 들어갈 내용으로 알맞은 것은 어느 것입니까? ( )

1884년에 김옥균 등은 새로운 조선을 만들기 위해 우정총국 개국 축하 잔치에서 정변을 일으켰습니다. 그러나 갑신정변은 ______________ (으)로 3일 만에 실패로 끝났습니다.

① 청군의 개입
② 일본군의 개입
③ 개화 세력의 분화
④ 동학 농민 운동의 발생
⑤ 조선 정부의 개화 정책 추진

7 다음 자료와 관련 있는 사건은 무엇입니까? ( )

• 탐관오리를 징계하고 쫓아낼 것
• 각국 상인은 항구에서만 매매하게 할 것
• 각 읍에서 아전을 뽑을 때 뇌물을 받지 말고 쓸 만한 사람을 골라 뽑을 것
– 정교, 『대한계년사』

① 갑신정변 ② 을미사변 ③ 병인양요
④ 신미양요 ⑤ 동학 농민 운동

❷ 일제의 침략과 광복을 위한 노력

8 다음 대화의 빈칸에 들어갈 알맞은 사건을 쓰시오.

(   )은/는
어떤 사건이야?
을미사변으로 위협을 느낀
고종이 러시아 공사관으로
몸을 피한 사건이야.

(   )

9 을사늑약에 반발한 우리 민족의 활동으로 알맞지 않은 것은 어느 것입니까? (   )

① 독립 협회가 설립되었다.
② 고종이 헤이그 특사를 파견하였다.
③ 민영환 등이 스스로 목숨을 끊었다.
④ 항일 의병 운동이 전국 각지에서 일어났다.
⑤ 신문에 을사늑약의 무효를 주장하는 글이 실렸다.

10 다음 밑줄 친 '이 단체'의 활동으로 알맞은 것을 두 가지 고르시오. (,   )

> 안창호, 이승훈 등이 교육과 산업을 발전시키고 민족의 실력을 키우기 위해 비밀리에 이 단체를 만들었습니다.

① 만민 공동회를 개최하였다.
② 이토 히로부미를 처단하였다.
③ 만주에 독립운동 기지를 건설하였다.
④ 학교를 세우고 민족 기업을 운영하였다.
⑤ 정부의 지원을 받아 독립신문을 만들었다.

중요

11 3·1 운동에 대한 설명으로 알맞지 않은 것은 어느 것입니까? (   )

① 나라 밖에서도 만세 시위가 일어났다.
② 일제는 만세 시위를 잔인하게 진압하였다.
③ 모든 계층이 참여하는 민족 운동으로 발전하였다.
④ 민족 대표들이 태화관에서 독립 선언식을 하였다.
⑤ 3·1 운동의 결과 우리 민족이 광복을 맞이하였다.

중요

12 다음 검색창 질문의 답변으로 알맞지 않은 것을 골라 기호를 쓰시오.

> 대한민국 임시 정부에 대해 알려 주세요.
>
> [답변]
> ↳ ㉠ 독립신문을 펴냈어요.
> ↳ ㉡ 중국 상하이에서 수립되었어요.
> ↳ ㉢ 황제에게 모든 권력이 집중된 정치 체제였어요.
> ↳ ㉣ 비밀 연락망을 만들어 독립운동에 필요한 자금을 모았어요.
> ↳ ㉤ 외교 활동을 하면서 다른 나라에 우리나라의 독립을 도와줄 것을 요청하였어요.

(   )

13 (가), (나)에 해당하는 사건을 알맞게 짝지은 것은 어느 것입니까? (   )

> (가) 순종의 장례식에 학생들이 만세 시위를 계획하였는데, 계획이 사전에 발각되었지만 일부 학생들이 만세 시위를 벌였습니다.
> (나) 광주에서 한국 학생과 일본 학생이 충돌한 사건을 계기로 일어난 학생 운동으로, 전국적인 항일 민족 운동으로 발전하였습니다.

	(가)	(나)
①	3·1 운동	광주 학생 항일 운동
②	6·10 만세 운동	3·1 운동
③	6·10 만세 운동	광주 학생 항일 운동
④	광주 학생 항일 운동	청산리 대첩
⑤	광주 학생 항일 운동	6·10 만세 운동

14 신채호가 한 일로 알맞은 것은 어느 것입니까? (   )

① 한글 맞춤법 통일안을 발표하였다.
② 을지문덕, 이순신 등의 전기를 썼다.
③ 『우리말큰사전』을 편찬하기 위해 노력하였다.
④ 일제에 저항하며 민족정신을 일깨우는 시를 지었다.
⑤ 자신의 재산을 들여 일본으로 넘어갈 뻔한 문화재를 구입하고 보존하였다.

15 다음 공통으로 밑줄 친 '윤봉길'이 속한 단체는 무엇입니까? ( )

> 역사신문 1932. ○○. ○○.
>
> **윤봉길, 상하이 의거!**
>
> 윤봉길이 일본군의 상하이 점령 축하 기념행사가 열리는 훙커우 공원에 폭탄을 던져 일본군 육군 대장을 죽이는 데 성공하였다는 소식이다.

① 신민회 ② 흥사단 ③ 독립 협회
④ 한국 광복군 ⑤ 한인 애국단

❸ 대한민국 정부의 수립과 6·25 전쟁

16 다음과 같은 결정을 한 회의는 무엇인지 쓰시오.

- 한반도에 임시 민주 정부 수립
- 미소 공동 위원회 구성
- 최고 5년간 신탁 통치 실시

( )

17 국제 연합이 남한에서만 총선거를 하기로 결정한 까닭으로 알맞은 것은 어느 것입니까? ( )

① 38도선이 설치되었기 때문에
② 한반도에 통일 정부가 세워졌기 때문에
③ 미소 공동 위원회가 개최되었기 때문에
④ 이승만 대통령이 국제 연합의 결정을 거부하였기 때문에
⑤ 소련과 북한이 국제 연합의 남북한 총선거 실시 결정을 거부하였기 때문에

중요

18 제헌 국회가 한 일로 알맞은 것을 두 가지 고르시오. (,)

① 제헌 헌법을 공포하였다.
② 5·10 총선거를 감시하였다.
③ 대한민국 정부 수립을 선포하였다.
④ 나라 이름을 '대한민국'으로 정하였다.
⑤ 조선 민주주의 인민 공화국을 수립하였다.

19 다음 밑줄 친 부분에 들어갈 내용으로 알맞은 것은 어느 것입니까? ( )

> 6·25 전쟁이 일어나자 국제 연합은 북한의 남한 침략을 불법적 행위로 판단하고 국제 연합군을 남한에 파견하였습니다. 국군과 국제 연합군은 ______________ 서울을 되찾고 압록강 유역까지 나아갔습니다.

① 북한에 항복하여
② 휴전선을 설정하여
③ 정전 협정을 체결하여
④ 소련에 도움을 요청하여
⑤ 인천 상륙 작전에 성공하여

중요

20 6·25 전쟁의 상황이 다음 지도와 같이 전개되는 데 영향을 끼친 사건은 무엇입니까? ( )

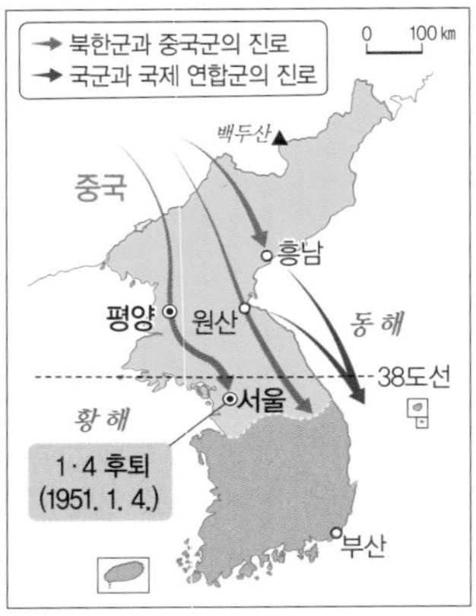

① 휴전선이 그어졌다.
② 정전 협정이 체결되었다.
③ 국제 연합군이 파견되었다.
④ 북한이 남한을 침략하였다.
⑤ 중국군이 전쟁에 개입하였다.

21 다음 보기 에서 6·25 전쟁의 영향으로 알맞은 것을 모두 골라 기호를 쓰시오.

> 보기
>
> ㉠ 전 국토가 황폐해졌다.
> ㉡ 민간인의 피해는 거의 없었다.
> ㉢ 식량과 생활필수품이 부족해졌다.
> ㉣ 이산가족과 전쟁고아가 많이 생겨났다.

( )

서술형 마무리

1 다음 자료를 보고, 물음에 답하시오.

서양 오랑캐가 침범하였을 때 싸우지 않는 것은 화친하는 것이요, 화친을 주장하는 것은 나라를 파는 것이다.

(1) 흥선 대원군이 위 비석을 세우는 데 영향을 끼친 사건을 두 가지 쓰시오.

( )

(2) 흥선 대원군이 위 비석을 세운 까닭을 쓰시오.

2 다음 자료를 읽고, 물음에 답하시오.

- 청에 바치던 예물을 없앤다.
- 신분과 지위를 없애고 능력에 따라 관리를 뽑는다.
- 관리의 부정을 막고 국가의 살림살이를 넉넉하게 한다.
- 부정한 관리를 처벌하고, 백성이 빚진 쌀을 면해 준다.

– 김옥균, 『갑신일록』

(1) 위 개혁안을 발표하며 전개된 사건은 무엇인지 쓰시오.

( )

(2) (1)번 답의 한계를 한 가지만 쓰시오.

3 다음은 1930년대 후반 이후 일제의 식민 통치 모습입니다. 물음에 답하시오.

- 성과 이름을 일본식으로 바꾸도록 하였습니다.
- 전국에 세워진 ( )에 절을 하도록 강요하였습니다.
- 일부 여성들이 일본군 '위안부'로 끌려가 많은 고통을 당하였습니다.
- 전쟁에 필요한 사람과 물자를 우리나라에서 강제로 동원하였습니다.
- 학교에서는 모든 수업을 일본어로 진행하였고 우리 역사 교육도 금지되었습니다.

(1) 다음 내용을 참고하여 윗글의 빈칸에 들어갈 알맞은 말을 쓰시오.

일본의 토속신이나 왕실의 조상, 국가에 큰 공로를 세운 사람을 신으로 모신 사당입니다.

( )

(2) 일제가 위와 같은 모습으로 식민 통치한 까닭을 쓰시오.

4 다음 글을 읽고, 물음에 답하시오.

1948년 5월 10일 남한에서 국제 연합(UN)의 감시 아래 국회 의원을 뽑는 총선거가 실시되었습니다.

(1) 윗글의 밑줄 친 '총선거'는 무엇인지 쓰시오.

( )

(2) (1)번 답의 역사적 의의를 한 가지만 쓰시오.

Memo

한 권으로 끝내기!

교과서 학습부터 **평가 대비**까지 **한 권으로 끝**!

사회 공부의 진리입니다.

한끝과 함께 언제, 어디서든 즐겁게 공부해!

한끝으로 끝내고, 이제부터 활짝 웃는 거야!

새 교과서 반영

한끝 정답과 해설

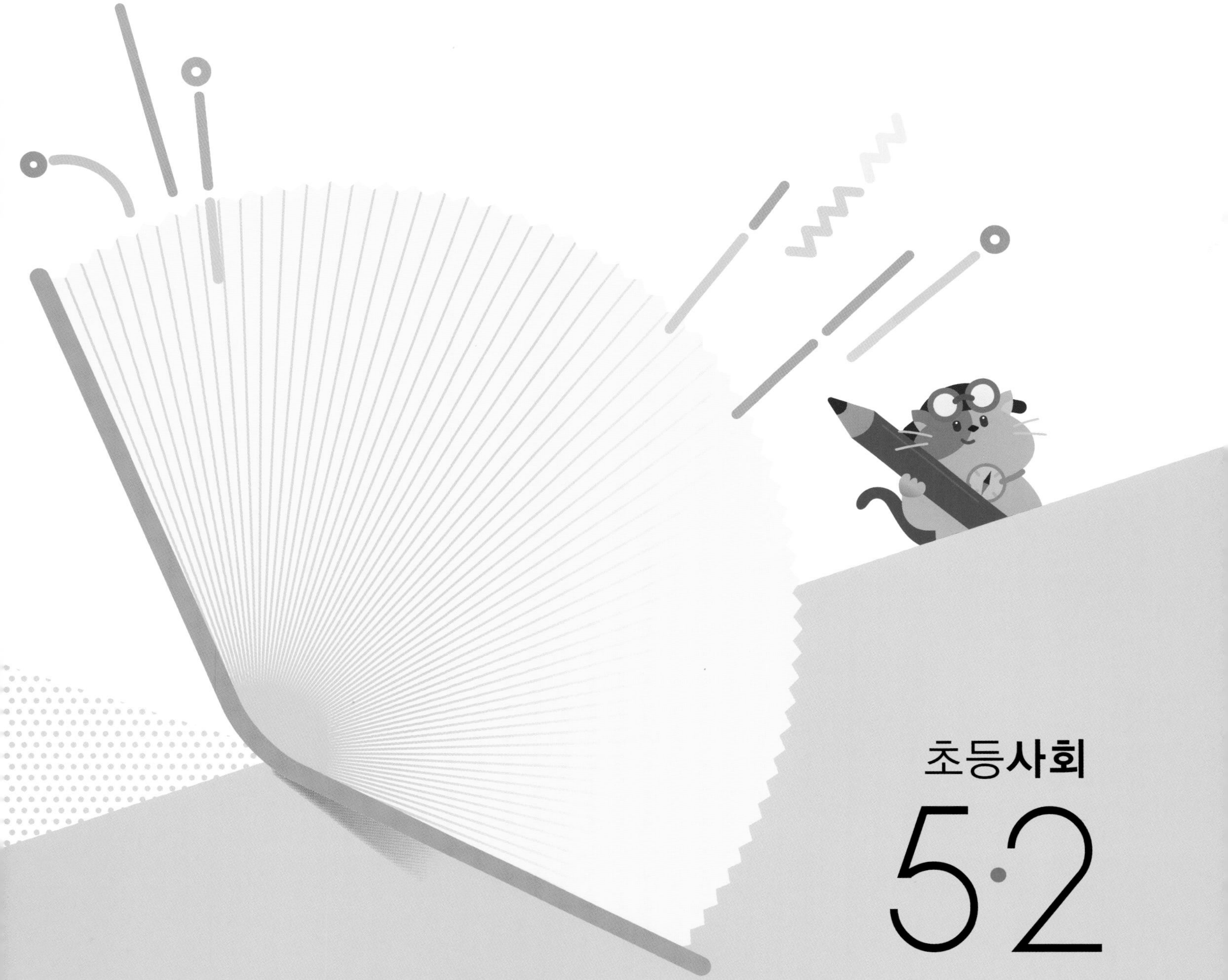

초등**사회**

5·2

visang

pioNada
visang
피어나다를 하면서 아이가 공부의
필요를 인식하고 플랜도 바꿔가며
실천하는 모습을 보게 되어 만족합니다.
제가 직장 맘이라 정보가 부족했는데,
코치님을 통해 아이에 맞춘 피드백과
정보를 듣고 있어서 큰 도움이 됩니다.
- 조○관 회원 학부모님
공부 습관에도
진단과 처방이
필수입니다
초4부터 중등까지는 공부 습관이 피어날 최적의 시기입니다.
공부 마음을 망치는 공부를 하고 있나요?
성공 습관을 무시한 공부를 하고 있나요?
더 이상 이제 그만!
지금은 피어나다와 함께 사춘기 공부 그릇을 키워야 할 때입니다.
강점코칭 무료체험
바로 지금,
마음 성장 기반 학습 코칭 서비스, 피어나다®로
공부 생명력을 피어나게 해보세요.
상담문의 1833-3124
www.pionada.com
공부 생명력이
pioNada
일주일 단 1시간으로 심리 상담부터 학습 코칭까지 한번에!
상위권 공부 전략 체화 시스템
공부 마인드 정착 및
자기주도적 공부 습관 완성
공부력 향상 심리 솔루션
마음 · 공부 · 성공 습관 형성을 통한
마음 근력 강화 프로그램
온택트 모둠 코칭
주 1회 모둠 코칭 수업 및
상담과 특강 제공
공인된 진단 검사
서울대 교수진 감수 학습 콘텐츠와
한국심리학회 인증 진단 검사

한끝

정답과 해설

초등 사회 5·2

정답과 해설

진도책

1. 옛사람들의 삶과 문화

1 나라의 등장과 발전

01 여러 나라의 건국과 발전

기본 문제로 익히기 12쪽

핵심 체크

❶ 고조선 ❷ 비파형 동검 ❸ 근초고왕
❹ 주몽 ❺ 장수왕 ❻ 진흥왕

개념 문제

1 (1) ○ (2) × 2 탁자식 고인돌
3 (1) – ㉡ (2) – ㉠ (3) – ㉢
4 ㉠ 남쪽 ㉡ 신라

1 (2) 고조선은 사회 질서를 유지하고자 여덟 개 조항의 법을 만들었으나, 오늘날에는 세 개 조항만 전해집니다.

2 탁자식 고인돌은 비파형 동검과 함께 고조선의 문화 범위를 짐작할 수 있는 문화유산입니다.

3 백제 근초고왕은 4세기, 고구려 장수왕은 5세기, 신라 진흥왕은 6세기에 나라의 전성기를 이끌었습니다.

4 ㉠은 남쪽, ㉡은 신라입니다. 한반도 남쪽에서 등장한 가야는 신라와 백제의 압박을 받다가 신라 진흥왕의 공격을 받아 멸망하였습니다.

기본 문제로 익히기 13쪽

확인 문제

1 ④ 2 ①, ④ 3 ②
4 ③ 5 진흥왕
6 예 삼국은 전성기에 영토를 크게 넓혔다. / 삼국은 전성기에 한강 유역을 차지하였다.
7 아현

1 ④ 청동기 시대에 강한 세력들이 주변 부족을 정복하고 세력을 넓히는 과정에서 고조선이 세워졌습니다.

2 ② 남의 물건을 훔친 사람은 노비로 삼는다는 점에서 신분 제도가 있었음을 알 수 있고, ③ 남을 다치게 한 사람은 곡식으로 갚는다는 점에서 개인의 재산을 인정하였음을 알 수 있습니다.

3 ㉠은 온조, ㉡은 한강 유역입니다. 주몽은 압록강 유역의 졸본에 고구려를 세웠고, 박혁거세는 지금의 경주 지역에 신라를 세웠습니다.

4 광개토 대왕은 서쪽으로 요동 지역을 차지하고, 남쪽으로 백제를 공격하여 한강 북쪽까지 영토를 넓혔습니다. ①은 신라 진흥왕, ②, ④, ⑤는 고구려 장수왕의 업적입니다.

5 진흥왕은 한강 유역 전체를 차지하고 대가야를 정복하는 등 영토를 넓혔고, 비석을 세워 자신이 정복한 지역의 경계를 알리고자 하였습니다.

6

	채점 기준
상	'전성기에 나라의 영토를 크게 넓혔다.', '한강 유역을 차지하였다.'를 모두 바르게 쓴 경우
하	위의 내용 중 한 가지만 쓴 경우

한강 유역은 교통이 편리하고 농사를 짓기에 유리하였기 때문에 삼국은 한강 유역을 차지하려고 경쟁하였습니다.

7 아현 – 가야는 신라의 공격을 받아 멸망하였습니다.

02 삼국과 가야의 문화유산

기본 문제로 익히기 16쪽

핵심 체크

❶ 불교 ❷ 고분 벽화 ❸ 미륵사지
❹ 경주 ❺ 철기

개념 문제

1 (1) ○ (2) ○ (3) ×
2 (1) – ㉢ (2) – ㉠ (3) – ㉡
3 가야금

1 (3) 신라 선덕 여왕은 하늘의 별, 해와 달의 모습 등을 관찰하는 시설로 알려진 경주 첨성대를 만들었습니다.

2 백제 금동 대향로와 익산 미륵사지 석탑은 백제의 문화유산이고, 금동 연가 7년명 여래 입상은 고구려의 문화유산입니다.

3 가야금은 가야의 악기로, 오늘날까지 우리나라를 대표하는 전통 악기로 이어지고 있습니다.

기본 문제로 익히기

17쪽

확인 문제

1 예 사람이 살아 있을 때 누리던 삶이 죽은 뒤에도 이어진다고 생각했기 때문이야.

2 ③, ④	3 ㉠, ㉡	4 (경주) 첨성대
5 불교	6 ③	7 ③

1

채점 기준
'사람이 살아 있을 때 누리던 삶이 죽은 뒤에도 이어진다고 생각했기 때문이야.'라고 바르게 쓴 경우

삼국 시대 사람들이 무덤 안에 죽은 사람이 사용하던 물건을 넣고 벽화를 그렸기 때문에 고분에서 발견된 유물, 벽화 등을 통해 각 나라의 문화를 살펴볼 수 있습니다.

2 ① 익산 미륵사지 석탑은 백제의 문화유산이고, ② 황남 대총 북분 금관은 신라의 문화유산입니다.

3 ㉢ 무령왕릉에서는 백제의 문화유산 외에도 중국이나 일본에서 만든 다양한 유물이 발견되었습니다. ㉣ 부엌과 고기 창고 그림은 고구려의 안악 3호분에 남아 있는 벽화입니다.

4 첨성대는 선덕 여왕이 만든 신라의 과학 문화유산입니다.

5 삼국은 왕의 권위를 높이고 백성의 마음을 하나로 모으고자 불교를 받아들였습니다.

6 ③ 신라의 천마도는 말을 탄 사람의 옷에 흙이 튀지 않도록 말안장 양쪽에 늘어뜨려 놓은 물건에 그려진 말 그림으로, 불교와 관련된 문화유산이 아닙니다.

7 가야는 철기 문화가 발달하여 철로 만든 갑옷, 칼, 창 등 다양한 철제 유물을 많이 남겼습니다. 또한 가야 금동관, 가야금 등의 문화유산에서 가야 문화의 우수성을 알 수 있습니다. ③은 고구려의 문화에 해당하는 설명입니다.

03 통일 신라와 발해

기본 문제로 익히기

20쪽

핵심 체크

❶ 김춘추	❷ 문무왕	❸ 대조영
❹ 해동성국	❺ 불국사	❻ 석굴암

개념 문제

1 김유신	2 (1) ○ (2) ×
3 고구려	4 무구정광대다라니경

1 가야의 왕족 출신인 김유신은 신라군을 이끌고 백제군과 벌인 황산벌 전투에서 승리하였습니다.

2 (2) 신라는 당을 몰아내고 삼국 통일을 이루었지만 옛 고구려의 북쪽 영토를 차지하지 못하였습니다.

3 발해는 스스로 고구려를 계승한 나라임을 내세웠습니다.

4 무구정광대다라니경은 경주 불국사 3층 석탑에서 발견된 불교 경전입니다. 오늘날 남아 있는 목판 인쇄물 중 세계에서 가장 오래된 것입니다.

기본 문제로 익히기

21쪽

확인 문제

1 ④	2 ㉢ → ㉣ → ㉠ → ㉡	
3 ④	4 불국사	5 ㉡, ㉣

6 예 발해 문화가 고구려 문화의 영향을 받았음을 알 수 있다.

1 신라가 백제의 공격을 받아 어려움을 겪자 신라의 김춘추는 당에 가서 도움을 요청하였고, 그 결과 신라와 당은 동맹을 맺었습니다.

2 신라의 삼국 통일은 'ⓒ 백제 멸망(660년) → ⓔ 고구려 멸망(668년) → ㉠ 신라와 당의 전쟁(675년 매소성 전투, 676년 기벌포 전투) → ⓛ 삼국 통일(676년)' 순으로 전개되었습니다.

3 발해는 고구려 출신인 대조영이 옛 고구려 사람들과 말갈족 일부를 이끌고 동모산 근처에 세운 나라로, 스스로 고구려를 계승한 나라임을 내세웠습니다. 또 전성기에는 고구려의 옛 땅을 대부분 되찾았습니다.

4 불국사 안에는 경주 불국사 3층 석탑, 경주 불국사 다보탑 등의 문화유산이 있습니다.

5 ㉠ 무구정광대다라니경은 경주 불국사 3층 석탑 안에서 발견되었습니다. ⓒ은 불국사에 대한 설명입니다.

6

채점 기준
'발해 문화가 고구려 문화의 영향을 받았음을 알 수 있다.'라고 바르게 쓴 경우

발해의 문화유산 중에는 고구려의 문화유산과 비슷한 것들이 있어 발해가 고구려 문화의 영향을 받았음을 알 수 있습니다.

실력 문제로 다잡기 22~25쪽

1 ③ **2** ㉠, ⓒ **3** ④
4 ③ **5** ⑤
6 예 백제는 중국, 일본과 활발하게 교류하였다. / 백제는 다른 나라와 활발하게 교류하였다.
7 백제 금동 대향로 **8** ②
9 ⑤ **10** ③ **11** ㉠, ⓒ
12 ①

1-1 ○ **2**-1 × **3**-1 ○
4-1 × **5**-1 × **6**-1 ○
7-1 × **8**-1 ○ **9**-1 ×
10-1 ○ **11**-1 ○ **12**-1 ×

1 바람, 비, 구름은 농사짓는 데 중요한 기후 조건입니다. 바람, 비, 구름을 다스리는 신하를 이끌고 내려왔다는 점에서 고조선이 농업을 중요하게 생각하였다는 것을 알 수 있습니다.

2 비파형 동검, 탁자식 고인돌이 발견된 지역으로 문화 범위를 짐작할 수 있는 나라는 고조선입니다. ⓛ 고조선은 청동기 시대에 세워졌습니다. ⓔ 고조선은 한반도 북부와 그 주변 지역을 중심으로 발전하였습니다.

3 근초고왕은 백제의 전성기를 이끌어 남쪽 지역으로 영토를 넓히고 북쪽으로 고구려를 공격하여 황해도 일부 지역을 차지하였습니다. 또 중국, 왜 등 주변 나라들과 활발하게 교류하였습니다.

4 삼국은 전성기에 영토를 크게 넓히고, 한강 유역을 차지하였습니다. ③ 삼국 중 가장 늦게 전성기를 맞은 나라는 신라입니다. 백제는 4세기, 고구려는 5세기, 신라는 6세기에 전성기를 맞이하였습니다.

5 안악 3호분, 무용총 등에 벽화를 남긴 나라는 고구려로, 고구려는 다른 나라들에 비해 고분 벽화를 많이 남겼습니다. 금동 연가 7년명 여래 입상은 고구려의 대표적인 불교 문화유산입니다. ①, ③은 백제, ②, ④는 신라에 대한 설명입니다.

6

채점 기준
'백제는 중국, 일본과 활발하게 교류하였다.', '백제는 다른 나라와 활발하게 교류하였다.' 중 한 가지를 바르게 쓴 경우

무령왕릉에서는 백제의 문화유산 외에도 중국이나 일본에서 만든 다양한 유물이 발견되었습니다. 이를 통해 당시 백제가 중국, 일본과 활발하게 교류하였다는 것을 짐작할 수 있습니다.

7 백제 금동 대향로를 통해 백제 사람들의 뛰어난 예술 감각과 공예 기술을 짐작할 수 있습니다.

8 신라의 선덕 여왕은 이웃 나라가 쳐들어오지 않기를 기원하며 황룡사 9층 목탑을 만들었습니다. 황룡사 9층 목탑이 있었던 황룡사는 그 터만 남아 있습니다.

9 백제와 고구려가 멸망하자 당은 신라와의 동맹을 깨고 한반도 전체를 차지하려고 하였습니다. 이에 신라의 문무왕은 당을 몰아내려고 전쟁을 벌였습니다.

10 남쪽의 신라와 함께 있었던 (가) 나라는 발해입니다. ③ 발해는 스스로 고구려를 계승한 나라임을 내세웠습니다.

11 무구정광대다라니경은 불국사에 있는 경주 불국사 3층 석탑에서 발견되었습니다. ㉡, ㉣은 석굴암에 대한 설명입니다.

12 이불병좌상, 발해 석등은 발해의 불교 문화유산입니다. 발해에서는 불교가 널리 유행하여 불교문화가 발달하였고, 수도 상경성이 있던 곳에는 절터와 불상, 거대한 석등 등이 남아 있습니다.

2 독창적 문화를 발전시킨 고려

01 고려의 건국과 후삼국 통일

기본 문제로 익히기 28쪽

핵심 체크

❶ 왕건 ❷ 고려 ❸ 신라
❹ 후삼국 ❺ 호족

개념 문제

1 (1) ○ (2) × 2 왕건
3 ㉣ → ㉤ → ㉡ → ㉠ → ㉢ 4 훈요 10조

1 (2) 신라 말 여러 호족 중에서 세력을 키운 견훤은 후백제를 세웠고, 궁예는 후고구려를 세웠습니다.

2 고려를 건국하고 후삼국을 통일한 인물은 왕건입니다.

3 후삼국의 성립과 고려의 후삼국 통일은 '㉣ 후백제 건국 → ㉤ 후고구려 건국 → ㉡ 고려 건국 → ㉠ 신라 항복 → ㉢ 후백제 멸망' 순으로 전개되었습니다.

4 태조 왕건은 자신의 정치 이념과 사상을 훈요 10조로 정리하여, 후대 왕들이 꼭 지킬 것을 당부하였습니다.

기본 문제로 익히기 29쪽

확인 문제

1 예 새로운 정치 세력인 호족이 성장하였습니다.
2 ① 3 ② 4 ⑤
5 ③ 6 (1) – ㉠ (2) – ㉡

1

	채점 기준
상	'새로운 정치 세력인 호족이 성장하였다.'라고 바르게 쓴 경우
하	'새로운 정치 세력이 성장하였다.'라고만 쓴 경우

신라 말에는 귀족들이 서로 다투면서 정치가 혼란해졌습니다. 또한 생활이 어려워진 농민들은 여러 지역에서 봉기를 일으켰습니다. 나라가 혼란해지자 지방에서 호족이 성장하였습니다.

2 여러 호족 중에서 세력을 키운 견훤은 후백제를, 궁예는 후고구려를 세웠습니다. 신라, 후백제, 후고구려를 후삼국이라고 합니다.

3 ② 후백제에서는 왕위를 둘러싸고 다툼이 일어나 견훤이 왕위를 빼앗겼으며, 후삼국을 통일한 사람은 왕건입니다.

4 태조 왕건은 호족에게 관직과 토지를 내리고, 지방에서 세력이 강한 여러 호족의 딸과 결혼을 해서 호족을 자기편으로 끌어들이는 방법으로 정치를 안정시키고자 하였습니다.

5 태조 왕건은 옛 고구려의 영토를 되찾고자 북쪽으로 영토를 넓혀 나갔고, 백성의 세금을 줄이고 가난한 백성이 굶주리지 않도록 힘썼습니다. 한편, 호족들을 자기편으로 끌어들이는 동시에 억누르는 방법으로 왕의 권력과 정치의 안정을 꾀하였습니다. ③은 태조 왕건의 뒤를 이은 광종이 한 일입니다.

6 (1) 광종은 과거제를 처음 실시하여 능력에 따라 관리를 뽑았습니다. (2) 성종은 유교를 나라의 통치 이념으로 삼고 여러 제도를 마련하였습니다.

02 외세의 침입과 극복

기본 문제로 익히기 32쪽

핵심 체크

❶ 서희 ❷ 양규 ❸ 강감찬
❹ 삼별초 ❺ 강화

개념 문제

1 강동 6주 2 (1) ○ (2) × (3) ○
3 강감찬 4 삼별초

1 거란의 1차 침입 당시 서희는 거란의 장수 소손녕과 담판을 벌여 압록강 동쪽의 강동 6주를 얻었습니다.

2 (2) 몽골의 1차 침입 이후 고려는 도읍을 개경에서 강화도로 옮겼습니다.

3 거란의 3차 침입 당시 강감찬이 이끄는 고려군은 귀주에서 거란군을 공격하여 큰 승리를 거두었습니다(귀주 대첩).

4 고려의 왕이 몽골의 요구에 따라 개경으로 돌아가자 삼별초는 이에 반발하여 강화도에서 진도, 탐라(제주)로 근거지를 옮겨 가며 몽골군과 계속 싸웠습니다.

기본 문제로 익히기 33쪽

확인 문제

1 ②
2 예 압록강 동쪽의 강동 6주를 얻게 되었다.
3 별무반 **4** ⑤
5 ①, ③ **6** 삼별초
7 ㉡ → ㉢ → ㉠ → ㉣

1 고려가 송과 가까이 지내면서 발해를 멸망시킨 거란을 멀리하자, 거란은 고려와 송의 관계를 끊으려고 고려를 침입하였습니다.

2

채점 기준	
상	'압록강 동쪽의 강동 6주를 얻게 되었다.'라고 바르게 쓴 경우
하	'압록강 동쪽의 영토 일부를 얻게 되었다.'라고만 쓴 경우

서희는 거란의 침입 의도가 고려와 송의 관계를 끊으려는 데 있다는 것을 알고 거란의 장수 소손녕과 담판을 벌였습니다. 그 결과 고려는 송과의 관계를 끊고 거란과 교류할 것을 약속하는 대신 강동 6주를 얻게 되었습니다.

3 제시된 설명에 해당하는 부대는 별무반입니다. 윤관은 기병 중심의 특수 부대인 별무반을 이끌고 여진을 정벌하였습니다.

4 승려 김윤후는 처인성에서 백성과 함께 몽골의 장수인 살리타를 죽이고 몽골군을 물리쳤습니다. ① 견훤은 후백제를 세웠습니다. ② 서희는 거란의 1차 침입 때 거란의 장수 소손녕과 담판을 벌였습니다. ③ 윤관은 별무반이라는 특수 부대를 이끌고 여진을 물리쳤습니다. ④ 강감찬은 거란의 3차 침입 때 고려군을 이끌고 귀주에서 거란군을 크게 물리쳤습니다.

5 몽골의 침입에 맞서 고려 정부는 개경에서 강화도로 도읍을 옮겼으며, 몽골의 침입 과정에서 초조대장경을 비롯한 고려의 귀중한 문화유산이 불타 없어졌습니다. ② 별무반은 고려가 여진을 정벌하려고 조직한 부대입니다. ④ 고려는 거란의 3차 침입 이후 국경 지역에 천리장성을 쌓아 외적의 침입에 대비하였습니다. ⑤는 거란의 1차 침입 때 있었던 일입니다.

6 고려가 몽골과 강화를 맺고 다시 개경으로 돌아가자, 삼별초는 개경 환도에 반발하여 근거지를 강화도에서 진도, 탐라로 옮겨 가며 몽골군과 싸웠습니다.

7 몽골의 침입과 고려의 항쟁은 '㉡ 고려에 온 몽골 사신의 사망 → ㉢ 고려의 처인성 전투 승리 → ㉠ 고려의 개경 환도 → ㉣ 고려와 몽골 연합군의 삼별초 진압' 순으로 전개되었습니다.

03 고려 문화의 우수성

기본 문제로 익히기 36쪽

핵심 체크

❶ 상감 ❷ 왕실 ❸ 팔만대장경
❹ 부처 ❺ 금속

개념 문제

1 상감 청자 **2** (1) × (2) ○ (3) ○
3 합천 해인사 장경판전 **4** 『직지심체요절』

1 고려의 도자기 기술자들은 재료의 겉을 파내고 그 자리에 다른 재료를 채워 장식하는 상감 기법을 도자기에 적용하여 상감 청자를 만들었습니다.

2 (1) 고려청자는 항아리, 접시, 주전자, 화병, 연적 등 용도에 따라 다양하게 만들어졌습니다.

3 조선 시대에 지어져 팔만대장경판을 보관하고 있는 건물은 합천 해인사 장경판전입니다. 과학적으로 지어져 팔만대장경판이 잘 보존되고 있으며, 그 가치를 인정받아 유네스코 세계 유산으로 등재되었습니다.

4 『직지심체요절』은 오늘날에 남아 있는, 금속 활자로 인쇄한 책 중에서 세계에서 가장 오래된 것입니다.

5 고려가 세계 최초로 발명한 금속 활자는 필요한 활자를 골라 인쇄판을 새로 짤 수 있어서 짧은 시간에 여러 종류의 책을 만들 수 있었습니다. 또 금속 활자는 금속으로 만들어져 쉽게 부서지거나 닳지 않아 보관이 쉬웠습니다. ③은 목판 인쇄술과 관련이 있습니다.

6 유네스코 세계 기록 유산으로 지정된 『직지심체요절』은 불교 가르침의 주요 내용을 정리한 ① 세계에서 가장 오래된 금속 활자 인쇄본으로, ③ 현재 프랑스 국립 도서관에 보관되어 있습니다. ④는 팔만대장경에 대한 설명입니다.

기본 문제로 익히기 37쪽

확인 문제

1 상감 기법 2 ② 3 ④
4 예 부처의 힘으로 몽골의 침입을 막아 내기 위해서이다.
5 ③ 6 ②

1 고려는 상감 기법을 도자기에 적용하여 상감 청자라는 독창적인 예술품을 만들었습니다.

2 ② 고려청자는 만들기가 어렵고 가치가 높은 제품이어서 주로 왕실과 신분이 높은 사람들이 사용하였습니다.

3 팔만대장경판은 목판의 수가 8만 장이 넘는데도 잘못된 글자나 빠진 글자가 거의 없을 정도로 정확합니다. ① 상감 기법은 고려청자에 활용되었습니다. ② 팔만대장경판은 부처의 힘으로 몽골을 물리치고자 만들어졌으며, ③ 합천 해인사 장경판전에 보관되어 있습니다. ⑤는 무구정광대다라니경에 대한 설명입니다.

4

	채점 기준
상	'부처의 힘으로 몽골의 침입을 막아 내기 위해서이다.' 라고 바르게 쓴 경우
하	'몽골의 침입을 막아 내기 위해서이다.'라고만 쓴 경우

고려 사람들은 외적의 침입과 같이 나라에 어려운 일이 생기면 부처의 힘으로 사람들의 마음을 하나로 모아 어려움을 이겨 내려고 하였습니다.

실력 문제로 다잡기 38~41쪽

1 ② 2 ⑤
3 (1) 발해 (2) 예 태조 왕건은 백성의 세금을 줄이고, 가난한 사람들에게 곡식을 빌려주는 기관을 운영하였다.
4 거란 5 ① 6 ⑤
7 ② 8 ① 9 ④
10 ③ 11 ①, ③ 12 ②

1-1 ○ 2-1 ○ 3-1 ○
4-1 ○ 5-1 × 6-1 ○
7-1 ○ 8-1 × 9-1 ×
10-1 × 11-1 ○ 12-1 ×

1 왕건은 궁예가 세력을 키우자 궁예의 신하가 되어 후고구려의 발전에 공을 세웠습니다. 그 후 궁예가 호족들을 탄압하고 나라를 난폭하게 다스리자 궁예를 몰아내고 고려를 세웠습니다.

2 고려의 후삼국 통일은 '㉣ 고려의 건국 → ㉢ 견훤의 후백제 탈출 → ㉡ 신라의 항복 → ㉠ 후백제 멸망' 순으로 전개되었습니다.

3

	채점 기준
상	발해를 쓰고, '태조 왕건은 백성의 세금을 줄이고, 가난한 사람들에게 곡식을 빌려주는 기관을 운영하였다.'를 모두 바르게 쓴 경우
중	태조 왕건의 민생 안정만 바르게 쓴 경우
하	발해만 쓴 경우

태조 왕건은 신라와 후백제뿐만 아니라 옛 발해의 백성을 받아들였으며, 백성의 생활을 안정시키기 위해 세금을 줄이고, 기관을 운영하여 가난한 사람들에게 곡식을 빌려주었습니다.

4 거란은 고려가 건국될 무렵, 고려의 북쪽에서 성장해 세력을 넓힌 나라입니다.

5 거란이 고려와 송의 관계를 끊으려고 고려를 침입하자, 서희가 거란의 의도를 파악하고 적의 진영으로 가서 소손녕과 담판을 벌였습니다. 그 결과 고려는 송과의 관계를 끊고 거란과 교류할 것을 약속하는 대신 압록강 동쪽의 강동 6주를 얻어 영토를 압록강까지 넓혔습니다.

6 거란의 3차 침입 당시 고려군은 여러 곳에서 거란과 전투를 벌여 승리하였으며, 강감찬이 이끄는 고려군은 돌아가는 거란군을 귀주에서 크게 물리쳤습니다.

7 제시된 지도는 몽골의 침입 경로를 나타낸 것입니다. 몽골이 사신의 사망 사건을 구실로 고려에 침입한 후 무리한 요구를 계속하자, 고려는 도읍을 개경에서 강화도로 옮기고 백성과 함께 몽골에 저항하였습니다. ②는 여진의 침입과 관련이 있습니다.

8 삼별초는 '강화도 → 진도 → 탐라(제주)'로 옮겨 가며 끝까지 몽골군에 저항하였으나 결국 진압되었습니다.

9 고려 시대에는 뛰어난 기술을 바탕으로 수준 높은 문화유산을 많이 만들었습니다.

10 고려는 몽골의 침입으로 초조대장경이 불타 없어지자 부처의 힘으로 몽골의 침입을 막아 내고자 팔만대장경을 만들었습니다.

11 금속 활자는 필요한 활자를 골라 인쇄판을 새로 짤 수 있어서 짧은 시간에 여러 종류의 책을 만들 수 있었습니다. 또한 금속으로 만들어져 쉽게 부서지거나 닳지 않아 보관이 쉬웠습니다. ②는 고려청자에 대한 설명입니다. ④, ⑤는 목판 인쇄술과 관련이 있습니다.

12 ②는 팔만대장경판에 대한 설명입니다. 『직지심체요절』은 프랑스 국립 도서관에 보관되어 있습니다.

❸ 민족 문화를 지켜 나간 조선

01 조선의 건국과 유교 질서에 따른 사회 모습

기본 문제로 익히기 44쪽

핵심 체크

❶ 위화도 ❷ 신진 사대부 ❸ 한양
❹ 유교 ❺ 중인 ❻ 상민

개념 문제

1 (1) ○ (2) × **2** ㉠ 세종 ㉡ 여진
3 『경국대전』 **4** (1) ○ (2) ×

1 (2) 정도전 등은 고려 사회의 개혁을 위해 새로운 나라를 세워야 한다고 주장하였습니다.

2 조선 초 세종은 왜구를 물리치고자 쓰시마섬(대마도)을 정벌하였고, 북쪽으로는 여진을 몰아내고 4군 6진을 설치하였습니다.

3 성종 때 나라를 운영하는 데 기준이 되는 기본 법전인 『경국대전』이 완성되어 조선은 유교 중심의 통치 질서를 확립할 수 있었습니다.

4 (2) 조선 시대의 신분은 크게 양인과 천인으로 나뉘었습니다. 양인을 다시 양반, 중인, 상민으로 나누어 실제로는 양반, 중인, 상민, 천민으로 구분하였습니다.

기본 문제로 익히기 45쪽

확인 문제

1 ⑤ **2** ㉠ → ㉡ → ㉣ → ㉢
3 ② **4** 유교
5 (1) – ㉢ (2) – ㉡ (3) – ㉠
6 양반
7 예 유교의 가르침이 담긴 책을 공부하였다. / 과거를 치러 관리가 될 수 있었다.
8 ⑤

1 고려 말에 등장한 새로운 세력인 신진 사대부는 고려 사회의 문제점을 해결하고자 노력하였습니다.

2 조선의 건국은 '㉠ 위화도 회군 → ㉡ 토지 제도 개혁 → ㉣ 신진 사대부 사이의 갈등 → ㉢ 조선 건국' 순으로 전개되었습니다.

3 ② 한양은 고려의 도읍이 아니었습니다. 이성계는 조선을 건국한 뒤 고려의 도읍인 개경에서 한양으로 도읍을 옮겼습니다.

4 세종은 『삼강행실도』를 펴내 백성이 유교의 가르침을 알고 실천할 수 있도록 도와주었습니다.

5 태종은 인구를 파악하려고 16세 이상의 남자들에게 호패를 차고 다니게 하였으며, 세종은 학문과 정책을 연구하는 집현전을 설치하였습니다. 또 성종은 세조 때부터 만들기 시작한 『경국대전』을 완성하였습니다.

6 조선 시대의 신분은 크게 양인과 천인으로 나뉘었고, 양인은 양반, 중인, 상민으로 구분되었습니다.

7

채점 기준	
상	'유교의 가르침이 담긴 책을 공부하였다.', '과거를 치러 관리가 될 수 있었다.'를 모두 바르게 쓴 경우
하	위의 내용 중 한 가지만 쓴 경우

조선 시대의 양반은 유교의 가르침이 담긴 책을 공부하였고, 과거를 치러 관리가 될 수 있었습니다.

8 조선 시대의 천민은 양반의 집이나 관공서에서 허드렛일을 하거나, 주인과 따로 살면서 주인집에 돈이나 물건을 바치기도 하였습니다. ①, ④는 상민, ②, ③은 중인의 생활 모습입니다.

02 조선 전기 문화와 과학의 발전

기본 문제로 익히기 48쪽

핵심 체크

❶ 훈민정음 ❷ 세종 ❸ 앙부일구
❹ 자격루 ❺ 측우기

개념 문제

1 정민 2 『농사직설』
3 『칠정산』 4 신사임당

1 정민 – 훈민정음은 세종이 백성도 글자를 쉽게 익히고 사용할 수 있도록 하고자 만들었습니다.

2 『농사직설』은 농민들의 오랜 경험과 농사 기술을 조사하여 우리나라의 환경에 맞는 농사법을 정리한 책입니다.

3 『칠정산』은 조선에서 천체를 관측한 기록을 바탕으로 우리나라의 실정에 맞게 만든 역법서입니다.

4 신사임당은 시와 글씨, 그림에 모두 뛰어났으며, 풀과 벌레 등을 그린 「초충도」 등의 그림을 남겼습니다.

기본 문제로 익히기 49쪽

확인 문제

1 집현전
2 예 백성도 글자를 쉽게 익히고 사용할 수 있도록 하고자 만들었다.
3 ④ 4 (나), (다) 5 (라)
6 ③

1 집현전은 세종이 학문 연구를 위해 궁중에 설치한 기관입니다. 집현전에서의 연구를 토대로 세종 대에 문화와 과학이 크게 발전하였습니다.

2

채점 기준	
상	'백성도 글자를 쉽게 익히고 사용할 수 있도록 하고자 만들었다.'라고 바르게 쓴 경우
하	'백성을 위해서 만들었다.'라고만 쓴 경우

세종은 백성이 글을 몰라 겪는 어려움을 덜어 주고자 우리글인 훈민정음을 만들었습니다.

3 혼천의는 천체 관측기구이고, 『칠정산』은 혼천의로 관측한 기록을 토대로 우리나라의 실정에 맞게 만든 역법서입니다.

4 (나) 앙부일구는 해의 그림자를 관측하여 시간을 재는 해시계이고, (다) 자격루는 자동으로 종을 쳐서 시각을 알려 주는 물시계입니다.

5 (라) 측우기는 비가 내린 양을 측정하는 기구로, 지역의 기후를 파악하고 세금을 걷는 데 활용하였습니다.

6 ③ 조선 전기에 양반들은 유교의 가르침에 따라 문화에서도 검소함을 강조하여 화려한 청자 대신에 소박하고 깨끗한 느낌의 분청사기와 백자가 인기를 끌었습니다.

03 임진왜란과 병자호란의 과정과 극복 노력

기본 문제로 익히기 52쪽

핵심 체크

❶ 이순신 ❷ 양반 ❸ 권율
❹ 병자호란 ❺ 남한산성

개념 문제

1 (1) ○ (2) × 2 곽재우
3 중립 외교 4 최명길

1 (2) 임진왜란이 일어나기 전 조선은 오랫동안 평화를 누렸기 때문에 외적의 침입에 대비한 군사 훈련이 잘 이루어지지 않는 등 전쟁 대비가 부족하였습니다.

2 곽재우는 임진왜란 당시 의령에서 의병을 조직한 인물로, 붉은 옷을 입고 여러 전투를 지휘하여 홍의 장군이라고 불렸습니다.

3 명이 후금을 물리치려고 조선에 군사 지원을 요청하자, 광해군은 명과 후금 사이에서 중립 외교를 펼쳐 전쟁에 휘말리지 않으려고 하였습니다.

4 병자호란 당시 인조와 신하들이 피신하였던 남한산성 안에서는 청과의 관계를 두고 신하들 사이에서 갈등이 일어났습니다. 최명길은 청과 화해하여 전쟁을 멈추어야 한다고 주장하였고, 김상헌은 청과 끝까지 싸워야 한다고 주장하였습니다.

기본 문제로 익히기 53쪽

확인 문제

1 ⑤ 2 ②, ④ 3 ②
4 ⑤ 5 병자호란
6 예 조선과 청은 신하와 임금의 관계를 맺었다. / 조선의 왕자와 신하, 많은 백성이 청에 인질로 끌려갔다.

1 학익진 전법은 학이 날개를 펼친 듯한 형태로 배를 배치하여 적을 공격하는 방법으로, 이순신은 학익진 전법을 활용하여 한산도에서 일본군을 크게 물리쳤습니다.

2 ①, ③, ⑤ 임진왜란 초기에 전쟁 대비 부족으로 관군이 계속해서 패하면서 일본군이 한성으로 향하자, 선조는 한성을 떠나 의주까지 피란하였습니다.

3 의병은 백성이 자발적으로 조직한 군대로, 임진왜란이 일어나자 일본의 침입에 맞서 자기 고장과 나라를 지키고자 하였습니다. ② 의병의 신분은 곽재우와 같은 양반부터 천민에 이르기까지 다양하였습니다.

4 광해군은 명과 후금 사이에서 어느 한 나라에 치우치지 않고 각 나라에 같은 중요도를 두는 외교 정책인 중립 외교를 펼쳤습니다.

5 청이 조선에 '임금과 신하의 관계'를 요구하며 침략하면서 시작된 전쟁은 병자호란입니다.

6

	채점 기준
상	'조선과 청은 신하와 임금의 관계를 맺었다.', '조선의 왕자와 신하, 많은 백성이 청에 인질로 끌려갔다.'를 모두 바르게 쓴 경우
하	위의 내용 중 한 가지만 쓴 경우

병자호란의 결과 조선과 청은 '신하와 임금의 관계'를 맺었고, 이후 조선의 왕자와 신하, 많은 백성이 청에 인질로 끌려갔습니다.

실력 문제로 다잡기 54~57쪽

1 ⑤ 2 ④ 3 ⑤
4 ② 5 ④ 6 장영실
7 『칠정산』 8 ③
9 예 충청도와 전라도 지방을 지켜 냈다. / 바닷길을 통해 무기와 식량을 운반하려던 일본군의 계획을 막을 수 있었다.
10 ① 11 주승 12 ⑤

1-1 × 2-1 × 3-1 ○
4-1 × 5-1 ○ 6-1 ×
7-1 ○ 8-1 × 9-1 ○
10-1 ○ 11-1 ○ 12-1 ×

1 조선의 건국은 '② 위화도 회군 → ③ 토지 제도 개혁 → ⑤ 신진 사대부 사이의 갈등 → ① 정몽주 등 반대 세력 제거 → ④ 조선 건국' 순으로 전개되었습니다. 그러므로 세 번째로 일어난 사건은 '⑤ 신진 사대부 사이의 갈등'입니다.

2 조선 태종은 인구를 파악하려고 16세 이상의 남자들에게 호패를 차고 다니게 하였습니다.

3 ⑤ 조선의 왕과 관리들은 나라의 근본이 백성에게 있다는 유교의 가르침에 따라 백성을 위한 정치를 하려고 노력하였습니다.

4 조선 시대의 신분은 태어나면서부터 정해져 있었는데, 사람들은 유교적 질서에 따라 주어진 신분에 맞게 생활하였습니다. ② 조선 시대의 신분은 크게 양인과 천인으로 나뉘었으며, 양인은 다시 양반, 중인, 상민으로 구분되었습니다.

5 밑줄 친 '내'가 가리키는 인물은 세종입니다. 세종은 훈민정음을 창제하였고, 집현전을 설치하여 학자들을 길렀습니다. ①은 태조 이성계, ②는 성종, ③, ⑤는 태종이 한 일입니다.

6 세종은 장영실 등 여러 신하에게 농사와 백성의 생활에 도움이 되는 다양한 과학 기구를 만들게 하였습니다.

7 『칠정산』은 우리나라를 기준으로 만든 역법서입니다. 현재 사용하고 있는 달력과 비교해도 큰 차이가 없을 정도로 정확합니다.

8 앙부일구는 해의 그림자를 관측하여 시간을 재는 해시계이고, 자격루는 자동으로 종을 쳐서 시각을 알려 주는 물시계입니다. 두 문화유산은 조선의 시간 측정 기구에 해당합니다.

9

채점 기준	
상	'충청도와 전라도 지방을 지켜 냈다.', '바닷길을 통해 무기와 식량을 운반하려던 일본군의 계획을 막을 수 있었다.'를 모두 바르게 쓴 경우
하	위의 내용 중 한 가지만 쓴 경우

이순신은 임진왜란 전부터 판옥선과 거북선을 만들고 식량과 무기를 준비하는 등 일본의 침략에 대비하고 있었기 때문에 임진왜란 당시 일본군에 맞서 활약할 수 있었습니다.

10 ① 임진왜란 초기에 일본군이 한성으로 향하자, 선조는 한성을 떠나 의주까지 피란하였습니다.

11 세력이 더욱 강해진 후금은 나라 이름을 청으로 바꾸고, 조선에 '임금과 신하의 관계'를 요구하였으나 조선이 거절하자 조선을 침략하였습니다. 민성 – 광해군이 중립 외교 정책을 펼치자 이를 비판한 세력이 광해군을 몰아내고 인조를 왕으로 세웠습니다. 지은 – 인조가 명을 가까이하고 후금을 멀리하자 후금이 조선을 침략하여 정묘호란이 일어났습니다.

12 병자호란 당시 인조와 신하들이 피신하였던 남한산성 안에서는 청과의 관계를 두고 신하들 사이에서 갈등이 일어났습니다. 최명길 등은 청과 화해하여 전쟁을 멈추어야 한다고 주장하였고, 김상헌 등은 청과 끝까지 싸워야 한다고 주장하였습니다.

단원 개념 점검하기

58～59쪽

❶ 온조 ❷ 진흥왕 ❸ 대조영
❹ 황룡사 ❺ 왕건 ❻ 강감찬
❼ 강화도 ❽ 고려청자 ❾ 직지심체요절
❿ 한양 ⓫ 양반 ⓬ 훈민정음
⓭ 이순신 ⓮ 남한산성

1 (1) ○ (2) × (3) ×
2 (1) – ㉡ (2) – ㉠ (3) – ㉢
3 서희
4 (1) × (2) ○ (3) ×
5 유교
6 ㉠ 일본 ㉡ 청

단원 마무리

60～62쪽

1 ① 2 ㉢, ㉣ 3 ⑤
4 ⑤ 5 (나) 6 ②
7 발해 8 ④ 9 ②
10 ② 11 ③, ④ 12 ㉡, ㉢
13 『직지심체요절』 14 ⑤
15 ⑤ 16 ③ 17 ④
18 ③ 19 ⑤ 20 ⑤

1 비파형 동검과 탁자식 고인돌의 분포 지역으로 문화 범위를 짐작할 수 있는 (가) 나라는 고조선입니다. ① 고조선은 단군왕검이 세웠습니다.

2 근초고왕은 북쪽으로 고구려를 공격하여 황해도까지 영토를 넓혔고 중국, 왜 등 주변 나라들과 활발하게 교류하였습니다. ㉠은 신라의 진흥왕, ㉡은 온조에 대한 설명입니다.

3 광개토 대왕릉비를 세운 왕은 고구려의 장수왕입니다. 장수왕은 고구려의 도읍을 국내성에서 평양으로 옮겼습니다. ①, ②는 신라의 진흥왕, ③은 고구려의 광개토 대왕, ④는 백제의 근초고왕이 한 일입니다.

4 익산 미륵사지 석탑은 미륵사 터에 남아 있으며, 우리나라에 남아 있는 석탑 중 가장 큽니다. ⑤ 무구정광대다라니경은 경주 불국사 3층 석탑 안에서 발견되었습니다.

5 (나) 경주 첨성대는 신라에서 하늘의 별, 해와 달의 모습과 움직임을 관측하기 위해 세운 건축물로 알려져 있습니다. (가)는 금동 연가 7년명 여래 입상으로 고구려의 문화유산, (다)는 서산 용현리 마애 여래 삼존상으로 백제의 문화유산입니다.

6 신라의 삼국 통일은 '③ 신라와 당의 동맹 → ① 백제 멸망 → ② 고구려 멸망 → ④ 신라와 당의 전쟁 → ⑤ 삼국 통일' 순으로 전개되었습니다. 그러므로 세 번째로 일어난 사건은 '② 고구려 멸망'입니다.

7 고구려 출신인 대조영이 세운 발해는 스스로 고구려를 계승한 나라임을 내세웠습니다.

8 신라 말에 지방에서는 새로운 정치 세력인 호족이 성장하였습니다.

9 고려를 건국한 사람은 왕건입니다. ② 과거제는 능력 있는 관리를 뽑기 위해 광종이 처음 실시하였습니다.

10 (가) 지역은 강동 6주입니다. 거란의 1차 침입 때 서희가 거란 장수 소손녕과 담판을 벌여 강동 6주를 차지하였습니다.

11 ① 고려는 거란의 침입 이후 국경 지역에 천리장성을 쌓았습니다. ② 별무반은 여진 정벌을 목적으로 만든 기병 중심의 특수 부대입니다.

12 ㉠, ㉣ 고려청자는 만들기 어렵고 가치가 높은 제품이어서 주로 왕실과 신분이 높은 사람들이 사용하였습니다.

13 『직지심체요절』은 1377년에 청주 흥덕사에서 인쇄된 책으로, 오늘날 남아 있는 금속 활자로 인쇄한 책 중에서 세계에서 가장 오래되었습니다.

14 고려 왕조를 유지하면서 개혁할 것을 주장한 정몽주는 고려를 멸망시키고 새로운 나라를 세우려는 세력에게 죽임을 당하였습니다.

15 ①은 세종, ②는 성종, ③은 조선 건국 직후 태조 이성계, ④는 고려 말에 이성계가 한 일입니다.

16 숭례문의 이름에는 유교 사상이 담겨 있으며, 『삼강행실도』는 유교의 가르침을 담은 책입니다. 그러므로 두 문화유산을 활용한 보고서의 주제는 '조선 시대의 유교 질서'가 적절합니다.

17 ④ 금속 활자는 고려 시대에 세계 최초로 발명하였습니다.

18 (가)는 천문 관측기구인 혼천의, (나)는 물시계인 자격루에 대한 설명입니다.

19 ⑤ 노량 해전은 정유재란 발발 이후에 있었던 일입니다. 이순신과 조선 수군이 철수하는 일본군을 노량에서 무찌르면서 전쟁이 끝났습니다.

20 병자호란의 결과 인조는 청의 황제에게 항복하였고, 조선과 청은 '신하와 임금의 관계'를 맺었습니다.

서술형 마무리

63쪽

1 (1) 단군왕검
(2) 예 고조선은 농업을 중요하게 생각하였다.

2 (1) 근초고왕
(2) 예 중국, 왜 등 주변 나라들과 활발하게 교류하였다.

3 (1) 삼별초
(2) 예 삼별초는 고려 정부가 몽골과 강화를 맺고 강화도에서 다시 개경으로 도읍을 옮기는 것에 반발하여 저항하였다.

4 (1) 광해군
(2) 예 명과 가까이 지내고 후금을 멀리하였다.

1

채점 기준	
상	(1)의 답을 쓰고, (2) '고조선은 농업을 중요하게 생각하였다.'라고 바르게 쓴 경우
중	(2)의 답만 쓴 경우
하	(1)의 답만 쓴 경우

환웅이 바람, 비, 구름을 다스리는 신하를 이끌고 내려왔다는 점에서 고조선이 농업을 중요하게 생각하였음을 알 수 있습니다.

2

채점 기준	
상	(1)의 답을 쓰고, (2) '중국, 왜 등 주변 나라들과 활발하게 교류하였다.'라고 바르게 쓴 경우
중	(2)의 답만 쓴 경우
하	(1)의 답만 쓴 경우

남쪽 지역까지 영토를 넓히고, 북쪽으로 고구려를 공격하여 영토를 넓힌 백제 왕은 근초고왕입니다. 근초고왕 때 백제는 중국, 왜 등 주변 나라들과 활발하게 교류하였습니다.

3

채점 기준	
상	(1)의 답을 쓰고, (2) '삼별초는 고려 정부가 몽골과 강화를 맺고 강화도에서 다시 개경으로 도읍을 옮기는 것에 반발하여 저항하였다.'라고 바르게 쓴 경우
중	(2)의 답만 쓴 경우
하	(1)의 답만 쓴 경우

삼별초는 고려 정부가 몽골과 강화를 맺고 강화도에서 다시 개경으로 도읍을 옮기는 것에 반발하여 강화도에서 진도, 탐라(제주)로 근거지를 옮겨 가며 저항하였습니다.

4

채점 기준	
상	(1)의 답을 쓰고, (2) '명과 가까이 지내고 후금을 멀리하였다.'라고 바르게 쓴 경우
중	(2)의 답만 쓴 경우
하	(1)의 답만 쓴 경우

광해군의 중립 외교 정책에 반대하던 신하들은 광해군을 몰아내고 인조를 왕으로 세웠습니다. 인조는 명과 가까이 지내고 후금을 멀리하는 외교 정책을 펼쳤습니다.

2. 사회의 새로운 변화와 오늘날의 우리

진도책

❶ 새로운 사회를 향한 움직임

01 영조와 정조의 개혁 정책 ~ 실학의 등장과 서민 문화의 발전

기본 문제로 익히기 68쪽

핵심 체크

❶ 탕평책 ❷ 규장각 ❸ 실학
❹ 탈놀이 ❺ 민화

개념 문제

1 (1) ○ (2) ○ (3) × **2** 김정호
3 서민 문화 **4** ㉠ 김홍도 ㉡ 신윤복

1 (3) 정조는 수원 화성을 건설하여 정치적·군사적·상업적 기능을 갖춘 중심지로 만들고자 하였습니다.

2 김정호는 우리나라의 산, 강, 길 등을 자세히 표시한 우리나라 전체 지도인 『대동여지도』를 만들었습니다.

3 서민 문화에는 한글 소설, 탈놀이, 판소리, 민화, 풍속화 등이 있습니다.

4 김홍도와 신윤복은 대표적인 조선 후기의 풍속 화가입니다. 김홍도는 주로 일반 백성의 모습을 재미있게 표현하였고, 신윤복은 주로 양반과 여성들의 생활 모습을 그렸습니다.

기본 문제로 익히기 69쪽

확인 문제

1 ⑤
2 예 정치적·군사적·상업적 기능을 갖춘 중심지로 만들기 위해서이다.
3 ③ **4** ㉡, ㉢, ㉣ **5** ④
6 판소리 **7** ⑤

1 영조는 왕권을 강화하기 위해 다양한 개혁 정책을 펼쳤습니다. ⑤는 정조가 한 일입니다.

2

채점 기준	
상	정치적·군사적·상업적 기능을 갖춘 중심지로 만들기 위해서라고 바르게 쓴 경우
하	정치적·군사적·상업적 기능 중 한 가지만 쓴 경우

수원 화성은 정조의 개혁을 뒷받침하는 계획도시였습니다.

3 실생활에 도움이 되는 학문이라고 하여 실학이라고 합니다.

4 정약용은 조선 후기의 실학을 한데 모아 완성하였습니다. ㉠은 김정호에 대한 설명입니다.

5 서민 문화에는 한글 소설, 탈놀이, 판소리, 민화, 풍속화 등이 있습니다.

6 제시된 사진은 판소리를 나타냅니다. 판소리는 소리꾼이 북장단에 맞추어 이야기와 노래를 하는 공연입니다.

7 (가)는 신윤복의 「단오풍정」 일부, (나)는 김홍도의 「서당도」입니다. 신윤복과 김홍도는 대표적인 풍속 화가로, 신윤복은 주로 양반과 여성들의 생활 모습을 그렸고 김홍도는 주로 일반 백성의 모습을 재미있게 표현하였습니다.

02 흥선 대원군의 정책과 강화도 조약

기본 문제로 익히기 72쪽

핵심 체크

❶ 세도 정치 ❷ 경복궁 ❸ 병인양요
❹ 미국 ❺ 강화도 조약

개념 문제

1 세도 정치 2 (1) × (2) ○ (3) ○
3 ㉠ 병인양요 ㉡ 신미양요
4 강화도 조약

1 정조 이후 나이 어린 왕이 즉위하자 왕권이 약해지면서 세도 정치가 나타났습니다.

2 (1) 수원 화성을 건설한 것은 정조가 한 일입니다.

3 1866년에 프랑스 군대가 강화도를 침략하여 병인양요가 일어났고, 1871년에 미국 군대가 강화도를 침략하여 신미양요가 일어났습니다.

4 강화도 조약은 우리나라가 외국과 맺은 최초의 근대적 조약이지만 일본에 유리한 불평등 조약이었습니다.

기본 문제로 익히기 73쪽

확인 문제

1 ① 2 흥선 대원군 3 ㉡, ㉢, ㉣
4 예 백성을 공사에 동원하였기 / 공사 비용을 마련하기 위해 강제로 돈을 거둬들였기
5 ② 6 강화도 조약 7 ②, ④

1 세도 정치 시기에는 나라의 정치가 어지러워지고 부정부패가 심해져 백성들의 생활이 어려워졌습니다.

2 고종이 왕위에 오른 후 권력을 잡은 흥선 대원군은 세도 정치의 문제점을 바로잡고 왕권을 강화하고자 하였습니다.

3 흥선 대원군은 세도 가문 배척, 양반에게 세금 부과, 서원 정리 등의 개혁 정책을 추진하였습니다. ㉠은 영조가 추진한 개혁 정책입니다.

4

채점 기준	
상	'백성을 공사에 동원하였다.', '공사 비용을 마련하기 위해 강제로 돈을 거둬들였다.'를 모두 바르게 쓴 경우
하	위의 내용 중 한 가지만 쓴 경우

흥선 대원군이 경복궁을 다시 짓기 위해 백성을 공사에 동원하고 공사 비용을 마련하기 위해 강제로 돈을 거둬들여 백성의 불만이 커졌습니다.

5 (가)는 병인양요, (나)는 신미양요에 대한 설명입니다. 흥선 대원군이 권력을 잡았던 시기 강화도에 프랑스군과 미군이 침략하였습니다.

6 제시된 자료는 1876년에 조선과 일본 사이에 체결된 강화도 조약의 주요 내용입니다.

7 강화도 조약은 우리나라가 외국과 맺은 최초의 근대적 조약이지만 일본에 유리한 불평등 조약이었습니다.

03 갑신정변과 동학 농민 운동

기본 문제로 익히기

76쪽

핵심 체크

❶ 김옥균 ❷ 우정총국 ❸ 청
❹ 전봉준 ❺ 청일 ❻ 우금치

개념 문제

1 (1) 김옥균 (2) 김홍집 2 갑신정변
3 동학 4 (1) × (2) ○ (3) ○

1 개항 이후 조선의 개화 정책을 둘러싸고 김홍집을 중심으로 한 사람들과 김옥균을 중심으로 한 사람들로 나뉘었습니다.

2 김옥균 등은 청에 의지하는 세력을 몰아내고 새로운 조선을 만들기 위해 갑신정변을 일으켰습니다.

3 동학의 핵심 사상은 '사람이 곧 하늘'이라는 뜻의 '인내천(人 사람 인, 乃 이에 내, 天 하늘 천)'으로, 모든 사람은 평등하다는 뜻입니다.

4 (1) 동학 농민군은 공주 우금치 전투에서 일본군과 관군에게 패하였습니다.

기본 문제로 익히기

77쪽

확인 문제

1 임오군란 2 ① 3 ⑤
4 ㉠, ㉢, ㉣ 5 ① 6 ⑤
7 예 안으로는 양반 중심의 신분 질서를 개혁하려고 하였다. 밖으로는 외국 세력의 침략을 물리쳐 나라를 지키려고 하였다.

1 임오군란은 구식 군인들이 차별 대우에 불만을 품고 일으킨 난입니다. 임오군란 이후 청이 조선의 정치에 깊숙이 간섭하였습니다.

2 김옥균은 청과 관계를 끊고 서양의 기술 외에도 사상과 제도까지 받아들일 것을 주장하였습니다.

3 ⑤ 김옥균 등의 개혁 세력은 갑신정변을 일으키기 전에 일본에 도움을 요청하였고, 일본의 군사 지원을 약속받은 뒤 정변을 일으켰습니다.

4 갑신정변은 일본에 의지하여 정변을 추진하였고, 급하게 개혁하려 하여 백성의 지지를 얻지 못하였다는 한계가 있습니다. ㉡ 갑신정변은 청의 군대가 개입하면서 3일 만에 실패로 끝났습니다.

5 동학은 최제우가 세상과 백성을 구한다는 뜻으로 민간 신앙과 다른 종교의 장점을 모아 서학(천주교)에 대항해 만든 민족 종교입니다.

6 제시된 자료는 동학 농민 운동의 전개 과정으로, 전봉준 등의 지도자들이 체포되거나 처형되면서 운동이 끝이 났습니다.

7

채점 기준	
상	'안으로는 양반 중심의 신분 질서를 개혁하려 하였고 밖으로는 외국 세력의 침략을 물리쳐 나라를 지키려고 하였다'고 모두 바르게 쓴 경우
하	위의 내용 중 한 가지만 쓴 경우

동학 농민 운동은 비록 실패로 끝이 났으나 부패를 없애고 외세에 저항하려는 운동이었습니다.

실력 문제로 다잡기

78~81쪽

1 ① 2 예 농업에 관심을 두었던 실학자들이다. / 토지 제도를 개혁하여 농촌 사회를 안정시키려고 하였다. 3 ⑤ 4 ④
5 세도 정치 6 ⑤ 7 ②, ③
8 (1) 강화도 조약 (2) 예 우리나라가 외국과 맺은 최초의 근대적 조약이다. / 일본에 유리한 불평등 조약이다.
9 ㉠, ㉣ 10 (가) 김홍집 (나) 김옥균
11 ② 12 ⑤

1-1 × 2-1 ○ 3-1 ○
4-1 ○ 5-1 × 6-1 ○
7-1 × 8-1 ○ 9-1 ○
10-1 × 11-1 ○ 12-1 ○

1 수원 화성은 정조가 정치적·군사적·상업적 기능을 갖춘 계획도시를 만들기 위해 건설한 것입니다. ①은 영조가 한 일입니다.

2

채점 기준	
상	'농업에 관심을 두었던 실학자이다.', '토지 제도를 개혁하여 농촌 사회를 안정시키려고 하였다.'라고 쓴 경우
하	농업에 관심을 두었던 실학자라고만 쓴 경우

실학자들 중에는 토지 제도를 바꿔 농민의 생활을 안정시켜야 한다고 주장한 학자도 있었고, 청의 문물을 받아들이고 상업과 공업을 발달시켜야 하다고 주장한 학자도 있었습니다.

3 제시된 『대동여지도』를 만든 실학자는 김정호입니다. 김정호는 중국이 세상의 중심이라는 생각에서 벗어나 우리의 지리를 연구하는 등 우리나라의 고유한 것을 중요하게 여겼습니다.

4 까치와 호랑이, 문자도는 민화로 조선 후기에는 작가가 대부분 알려지지 않은 그림인 민화가 유행하였습니다. ④ 김홍도와 신윤복은 대표적인 풍속 화가입니다.

5 정조가 죽은 뒤 왕의 외척들이 권력을 잡고 나랏일을 마음대로 하는 세도 정치가 시작되었습니다.

6 고종이 어린 나이에 왕이 되자, 아버지인 흥선 대원군이 고종을 대신하여 나라를 다스렸습니다.

7 제시된 비석은 척화비입니다. 프랑스와 미국의 침입을 물리친 후 흥선 대원군은 전국에 척화비를 세워 서양과 교류하지 않겠다고 널리 알렸습니다.

8

채점 기준	
상	강화도 조약을 쓰고, 강화도 조약의 특징을 두 가지 모두 바르게 쓴 경우
하	강화도 조약만 쓴 경우

제시된 자료는 조선과 일본 사이에 체결된 강화도 조약의 주요 내용입니다. 강화도 조약은 우리나라가 외국과 맺은 최초의 근대적 조약이지만 일본에 유리한 불평등 조약이었습니다.

9 개항 이후 조선은 개화 정책을 추진하기 위한 기구를 설치하고 신식 군대를 만들었습니다. ㉡은 개항 이전 흥선 대원군이 한 일입니다. ㉢ 구식 군인들은 신식 군대에 비해 차별 대우를 받았습니다.

10 개항 이후 개화 정책을 둘러싸고 김홍집을 중심으로 한 사람들과 김옥균을 중심으로 한 사람들로 나뉘었습니다.

11 ② 갑신정변을 일으켰던 개혁 세력은 급하게 개혁하려고 했기 때문에 백성의 지지를 얻지 못하였습니다.

12 동학 농민 운동은 '㉤ 고부 농민 봉기 → ㉠ 전주성 점령 → ㉢ 동학 농민군과 조선 정부의 협상 → ㉡ 동학 농민군 다시 봉기 → ㉣ 공주 우금치 전투에서 동학 농민군 패배'의 순서로 전개되었습니다.

❷ 일제의 침략과 광복을 위한 노력

01 일제에 맞서 나라를 지키기 위한 노력

기본 문제로 익히기 84쪽

핵심 체크

❶ 명성 황후 ❷ 서재필 ❸ 만민 공동회
❹ 대한 제국 ❺ 외교권 ❻ 을사늑약

개념 문제

1 아관 파천 **2** (1) ○ (2) × (3) ○
3 을사늑약 **4** 신돌석

1 을미사변으로 자신이 위험하다고 느낀 고종은 일본의 감시가 약해진 틈을 타 러시아 공사관으로 몸을 피하였는데, 이를 아관 파천이라고 합니다.

2 (2) 만주 하얼빈역에서 이토 히로부미를 처단한 것은 안중근입니다.

3 러일 전쟁에서 승리한 일제는 이토 히로부미를 보내 대한 제국의 외교권을 빼앗는 을사늑약을 강제로 체결하였습니다.

4 을사늑약 이후 일어난 항일 의병 운동에서 신돌석과 같은 평민 출신의 의병장도 등장하였습니다.

기본 문제로 익히기 85쪽

확인 문제

1 을미사변 **2** ②, ③ **3** ㉡, ㉢, ㉣
4 예 고종을 황제 자리에서 강제로 물러나게 했습니다. / 대한 제국의 군대를 해산하였습니다.
5 ④ **6** ⑤ **7** ④

1 일제는 조선에서 불리해진 상황을 되돌리려고 명성 황후를 시해하는 만행을 저질렀습니다.

2 독립 협회는 독립문을 세워 자주독립의 의지를 드러냈고, 만민 공동회를 열어 누구나 사회 문제에 대해 자기 생각을 표현할 수 있도록 하였습니다.

3 황제로 즉위한 고종은 나라 이름을 대한 제국으로 바꾸고 근대 개혁을 추진하였습니다. ㉠은 서재필 등이 한 일입니다.

4

채점 기준	
상	'고종을 황제 자리에서 강제로 물러나게 했다.', '대한 제국의 군대를 해산하였다.'를 모두 바르게 쓴 경우
하	위의 내용 중 한 가지만 쓴 경우

일제는 고종의 헤이그 특사 파견을 구실로 고종을 황제 자리에서 물러나게 하고 대한 제국의 군대를 해산하였습니다.

5 제시된 지도는 항일 의병 운동의 전개 과정을 보여 줍니다. 항일 의병 운동은 을미사변, 단발령, 을사늑약 체결, 고종의 강제 퇴위, 대한 제국 군대 해산 등에 반발하여 일어났습니다.

6 안중근은 1909년에 우리나라 침략에 앞장선 이토 히로부미가 만주에 온다는 소식을 듣고 하얼빈역에서 그를 처단하였습니다.

7 국채 보상 운동은 일제에 진 빚을 우리 스스로 갚자는 경제적 구국 운동입니다.

02 3·1 운동과 대한민국 임시 정부

기본 문제로 익히기 88쪽

핵심 체크

❶ 헌병 ❷ 3·1 ❸ 유관순
❹ 대한민국 ❺ 상하이

개념 문제

1 토지 조사 사업 2 ㉠ 이회영 ㉡ 안창호
3 (1) ○ (2) × (3) ○ 4 대한민국 임시 정부

1 1910년대 일제는 우리나라를 지배할 경제 기반을 마련하기 위해 토지 조사 사업을 시행하여 많은 토지세를 거두었습니다.

2 일제에 국권을 빼앗긴 후 나라 안의 독립운동이 일제의 탄압으로 더욱 어려워지자 이회영, 안창호 등의 독립운동가들은 나라 밖으로 옮겨 가 활동을 이어 나갔습니다.

3 (2) 3·1 운동은 미국, 일본 등 나라 밖으로도 확산되었습니다.

4 1919년에 여러 임시 정부를 통합하여 중국 상하이에서 이승만을 임시 대통령으로 하는 대한민국 임시 정부가 수립되었습니다.

기본 문제로 익히기 89쪽

확인 문제

1 ① 2 (1) – ㉠ (2) – ㉢ (3) – ㉡
3 ② 4 ③
5 예 우리 민족의 독립 의지를 전 세계에 알린 중요한 사건이었다.
6 대한민국 임시 정부 7 ㉠, ㉡, ㉢

1 1910년에 대한 제국의 국권을 강제로 빼앗은 일제는 조선 총독부를 설치하고 강압적으로 우리 민족을 통치하였습니다.

2 일제에 국권을 빼앗기자 많은 독립운동가들이 나라 밖으로 옮겨 가 독립운동을 이어 나갔습니다.

3 제시된 지도는 3·1 운동 당시의 시위 발생 지역을 보여 줍니다. ② 일제는 3·1 운동을 무력으로 잔인하게 진압하였습니다.

4 유관순은 감옥에 갇혀서도 독립 만세를 부르다가 일제의 고문으로 감옥에서 숨을 거두었습니다.

5

채점 기준	
상	'우리 민족의 독립 의지를 전 세계에 알린 중요한 사건이었다.'라고 바르게 쓴 경우
하	전 민족이 참여한 민족 운동이었다고만 쓴 경우

3·1 운동은 일제의 탄압으로 좌절되었지만 우리 민족의 독립 의지를 전 세계에 알린 중요한 사건이었습니다.

6 1919년에 중국 상하이에서 여러 임시 정부를 통합한 대한민국 임시 정부가 수립되었습니다.

7 대한민국 임시 정부는 비밀 연락망을 만들어 독립운동에 필요한 자금을 모으고 국내외 독립운동 정보를 주고받았습니다. 또한 독립신문을 펴내고 외교 활동을 하였습니다. ㉣은 독립 협회가 한 일입니다.

03 나라를 되찾기 위한 다양한 노력

기본 문제로 익히기 92쪽

핵심 체크

❶ 홍범도 ❷ 김좌진 ❸ 광주
❹ 신사 ❺ 조선어 학회 ❻ 한인 애국단

개념 문제

1 청산리 2 (1) ○ (2) ○ (3) ×
3 조선어 학회 4 윤봉길

1 봉오동 전투에서 패한 일본군이 다시 대규모 군대를 동원해 독립군을 공격하자, 김좌진과 홍범도 등이 이끄는 여러 독립군 부대가 일본군을 청산리 일대에서 크게 무찔렀습니다.

2 (3) 학교에서는 모든 수업을 일본어로 진행하였고, 우리 역사 교육도 금지되었습니다.

3 조선어 학회는 우리글을 지키기 위해 한글 보급 운동을 펼치고 한글 맞춤법 통일안을 발표하였으며 『우리말큰사전』을 편찬하기 위해 노력하였습니다.

4 윤봉길은 한인 애국단 소속이었습니다. 한인 애국단은 김구가 대한민국 임시 정부의 활동에 활기를 불어넣기 위해 조직하였습니다.

기본 문제로 익히기 93쪽

확인 문제

1 예 친일파를 늘려 우리 민족을 분열시키고 식민 지배에 대한 우리 민족의 저항 의지를 약화하기 위해서이다. 2 ② 3 ③, ⑤
4 ⑤ 5 ③ 6 신채호
7 (1) – ㉠ (2) – ㉢ (3) – ㉡ 8 한국 광복군

1

	채점 기준
상	'친일파를 늘려 우리 민족을 분열시키고 식민 지배에 대한 우리 민족의 저항 의지를 약화하기 위해서이다.' 라고 바르게 쓴 경우
하	친일파를 늘리기 위해서라고만 쓴 경우

3·1 운동 이후 일제는 더는 무력으로만 우리 민족을 지배할 수 없음을 느끼고 통치 방식을 바꾸었습니다.

2 1920년 김좌진과 홍범도 등이 이끄는 여러 독립군 부대가 일본군을 상대로 청산리 대첩에서 대승을 거두었습니다.

3 6·10 만세 운동과 광주 학생 항일 운동은 학생들이 주도하여 일으킨 민족 운동이라는 공통점이 있습니다.

4 1930년대 후반 침략 전쟁을 확대한 일제는 여러 방법을 동원하여 우리의 민족정신을 없애려고 하였습니다. ⑤ 헌병 경찰제는 1910년대에 실시한 제도입니다.

5 조선어 학회는 한글을 널리 보급하는 데 힘쓰고 한글 맞춤법 통일안을 발표하였습니다. 이와 함께 『우리말큰사전』의 편찬을 진행하였으나 일제의 탄압으로 중단되었습니다. ㉣은 전형필이 한 일입니다.

6 신채호는 고조선과 고구려, 발해 등에 관한 역사책을 써서 우리 역사가 자주적으로 발전하였음을 강조하였습니다.

7 김구가 만든 한인 애국단의 단원이었던 이봉창과 윤봉길은 일제의 주요 인물을 처단하는 활동을 벌였습니다.

8 한국 광복군은 대한민국 임시 정부의 정규 군대로, 미국의 지원을 받아 국내로 들어가 전쟁을 벌일 계획을 세웠지만 일제가 연합국에 항복하여 실행에 옮기지 못하였습니다.

실력 문제로 다잡기 94~97쪽

1 예 나라 안팎의 소식을 백성에게 알리기 위해서이다. / 자주독립을 강조하기 위해서이다.
2 ① 3 ④ 4 ⑤
5 (1) 토지 조사 사업 (2) 예 토지의 소유자를 확인하고 더 많은 세금을 걷기 위해서이다.
6 ④ 7 ③ 8 ①, ④
9 (가) 청산리 대첩 (나) 봉오동 전투
10 ① 11 ⑤ 12 ⑤

1-1 × 2-1 ○ 3-1 ×
4-1 × 5-1 ○ 6-1 ×
7-1 ○ 8-1 × 9-1 ○
10-1 ○ 11-1 ○ 12-1 ×

1

	채점 기준
상	'나라 안팎의 소식을 백성에게 알리기 위해서', '자주독립을 강조하기 위해서'의 내용을 모두 바르게 쓴 경우
하	위의 내용 중 한 가지만 쓴 경우

서재필은 정부의 지원을 받아 독립신문을 만들어 나라 안팎의 소식을 백성에게 알리고 자주독립을 강조하였습니다.

2 황제로 즉위한 고종은 나라 이름을 대한 제국으로 바꾸고 근대 개혁을 추진하였습니다. ①은 독립 협회가 한 일입니다.

3 1905년 일제가 을사늑약을 강제로 체결하여 대한 제국의 외교권을 빼앗았습니다.

4 해산된 군인 중 일부가 의병에 참여하면서 의병 부대의 전투력이 강해져 의병 운동이 더욱 활발해졌습니다.

5

채점 기준	
상	토지 조사 사업을 쓰고, 일제가 토지 조사 사업을 실시한 까닭을 바르게 쓴 경우
중	일제가 토지 조사 사업을 실시한 까닭만 바르게 쓴 경우
하	토지 조사 사업만 쓴 경우

1910년대 일제는 토지의 소유자를 확인하고 더 많은 세금을 걷고자 토지 조사 사업을 시행하였습니다.

6 이회영은 만주에 가서 신흥 강습소(후에 신흥 무관 학교로 바뀜.)를 세우고 독립군 양성에 힘썼습니다.

7 제1차 세계 대전이 끝나갈 무렵 미국 대통령의 주장을 계기로 일본의 한국인 유학생들이 독립 선언서를 발표하였습니다. 국내에서도 종교계 지도자들과 학생 대표들이 만세 시위를 계획하였습니다.

8 (가)는 대한민국 임시 정부입니다. 대한민국 임시 정부는 비밀 연락망을 만들어 독립운동에 필요한 자금을 모으고 국내외 독립운동 정보를 주고받았습니다. 그리고 독립신문을 펴냈습니다.

9 (가)는 청산리 대첩이 일어난 지역이고, (나)는 봉오동 전투가 일어난 지역입니다. 1920년 봉오동 전투와 청산리 대첩에서 우리 독립군 부대가 일본군을 크게 무찔렀습니다.

10 1930년대 후반 이후 침략 전쟁을 확대한 일제는 '일본과 조선은 하나'임을 내세워 우리 민족정신을 없애려는 통치를 하였습니다. ① 1930년대 후반 이후 일제는 학교에서 우리 역사 교육을 금지하였습니다.

11 조선어 학회는 한글 맞춤법 통일안을 발표하였고, 한글 보급 운동을 펼쳤으며, 『우리말큰사전』 편찬을 위해 노력하는 등의 활동을 하였습니다.

12 (가)는 이봉창, (나)는 윤봉길의 활동입니다. 이봉창과 윤봉길은 한인 애국단 소속으로, 한인 애국단은 김구가 일제의 주요 인물을 처단하기 위해 만든 단체였습니다.

진도책

3 대한민국 정부의 수립과 6·25 전쟁

01 8·15 광복과 대한민국 정부의 수립

기본 문제로 익히기 100쪽

핵심 체크

❶ 광복 ❷ 38 ❸ 신탁
❹ 5·10 ❺ 제헌 헌법 ❻ 이승만

개념 문제

1 (1) × (2) ○ (3) ○ 2 모스크바 3국 외상 회의
3 이승만 4 제헌 국회

1 (1) 학교에서 우리말과 한글, 우리의 역사를 배울 수 있게 되었습니다.

2 1945년 12월 미국, 영국, 소련의 외무 장관이 모스크바 3국 외상 회의를 열어 제2차 세계 대전 이후의 처리 문제를 의논하였습니다. 이 회의에서는 한반도에 임시 민주 정부 수립, 미소 공동 위원회 구성, 최고 5년간 신탁 통치 등을 결정하였습니다.

3 임시 정부를 수립하기 위한 미국과 소련의 첫 번째 회의가 성과를 거두지 못하자 이승만은 통일 정부 수립이 어렵다면 남한만이라도 임시 정부를 수립해야 한다고 주장하였습니다.

4 5·10 총선거의 결과 구성된 제헌 국회는 1948년 7월 17일에 제헌 헌법을 공포하였습니다.

기본 문제로 익히기 101쪽

확인 문제

1 광복 2 ① 3 ③
4 ㉠, ㉡, ㉢ 5 ① 6 ④
7 예 3·1 운동으로 세워진 대한민국 임시 정부의 전통을 이었다. / 우리 민족의 오랜 소원이었던 독립된 정부를 수립하였다.

정답과 해설

1 광복은 연합국의 승리로 얻은 것이기도 하지만 우리 민족이 여러 방법으로 독립운동을 펼치며 일제에 맞서 싸운 결과이기도 하였습니다.

2 ① 일제에 의해 강제로 끌려갔던 많은 사람이 국내로 들어왔습니다.

3 일제가 항복하면서 소련과 미국이 일본의 군대 해산을 이유로 각각 북쪽과 남쪽에 군대를 보냈습니다.

4 모스크바 3국 외상 회의에서는 한반도에 임시 민주 정부 수립, 미소 공동 위원회 구성, 최고 5년간 신탁 통치 등을 결정하였습니다.

5 김구와 김규식 등은 남한만의 단독 선거를 막고 통일 정부를 수립하고자 북한의 지도자들과 의논을 하였으나 성과를 거두지 못하였습니다.

6 대한민국 정부는 '③ → ① → ② → ⑤ → ④'의 과정을 거쳐 수립되었습니다.

7

	채점 기준
상	'3·1 운동으로 세워진 대한민국 임시 정부의 전통을 이었다.', '우리 민족의 오랜 소원이었던 독립된 정부를 수립되었다.' 중 한 가지를 바르게 쓴 경우
하	독립 정부를 수립하였다고만 쓴 경우

대한민국 정부 수립은 대한민국 임시 정부의 법통을 이어 우리 민족의 독립 정부를 수립하였다는 점에서 의의가 있습니다.

02 6·25 전쟁의 과정과 영향

기본 문제로 익히기 104쪽

핵심 체크

❶ 인천 ❷ 중국 ❸ 휴전선
❹ 군인 ❺ 이산가족

개념 문제

1 6·25 전쟁 2 중국
3 정전 4 (1) ○ (2) ○ (3) ×

1 6·25 전쟁은 북한군이 38도선을 넘어 남한에 쳐들어오면서 시작되었습니다.

2 중국군이 북한을 돕기 위해 전쟁에 개입하자, 국군과 국제 연합군이 후퇴하고 서울을 다시 빼앗겼습니다.

3 국제 연합군을 대표한 미군과 북한, 중국이 정전 협상을 진행하여 1953년 7월 정전 협정이 체결되었습니다.

4 (3) 6·25 전쟁 중 전국에서 벌어진 전투와 폭격으로 군인과 민간인 수백만 명이 죽거나 다쳤습니다.

기본 문제로 익히기 105쪽

확인 문제

1 ① 2 ④, ⑤ 3 ③
4 휴전선 5 ②
6 예 6·25 전쟁으로 많은 사람이 죽거나 다쳤다. / 군인뿐만 아니라 민간인도 많이 희생당하였다. / 중국군과 국제 연합군도 많이 희생당하였다.
7 ㉠, ㉡, ㉢

1 북한은 한반도를 무력으로 통일하기 위해 1950년 6월 25일, 38도선을 넘어 남한에 쳐들어왔습니다.

2 6·25 전쟁이 일어나자 남한에 국제 연합군이 파견되었고, 국군과 국제 연합군은 인천 상륙 작전에 성공하여 서울을 되찾았습니다.

3 6·25 전쟁은 '㉢ 북한의 남침 → ㉣ 남한에 국제 연합군 파견 → ㉤ 인천 상륙 작전 → ㉡ 중국군의 개입 → ㉠ 정전 협정의 체결'의 순서로 전개되었습니다.

4 정전 협정이 체결되면서 휴전선이 그어지고 남과 북의 분단이 계속되었습니다.

5 ② 6·25 전쟁 중에 가족이 헤어져 만나지 못하는 이산가족과 부모를 잃은 전쟁고아가 많이 생겨났습니다.

6

	채점 기준
상	6·25 전쟁의 인명 피해를 두 가지 모두 바르게 쓴 경우
하	많은 사람이 피해를 입었다고만 쓴 경우

제시된 그래프를 통해 6·25 전쟁으로 군인뿐만 아니라 많은 민간인이 다치거나 죽었다는 것을 알 수 있습니다.

7 오늘날 우리에게는 이산가족 문제, 남북 교류와 평화 통일 문제 등이 해결해야 할 과제로 남아 있습니다.

실력 문제로 다잡기

106~109쪽

1 ㉢, ㉣ 2 ② 3 ①
4 (1) 모스크바 3국 외상 회의 (2) 예 신탁 통치를 반대하는 사람들과 모스크바 3국 외상 회의의 결정을 지지하는 사람들 간에 갈등이 일어났다.
5 ③ 6 ④
7 ② 8 ①
9 예 국군과 국제 연합군이 인천 상륙 작전에 성공하였다.
10 ⑤ 11 루나, 지아 12 이산가족

1-1 ○ 2-1 × 3-1 ○
4-1 × 5-1 ○ 6-1 ○
7-1 × 8-1 × 9-1 ○
10-1 × 11-1 ○ 12-1 ○

1 광복은 제2차 세계 대전에서 연합국이 승리하였기 때문이기도 하지만 우리 민족이 독립을 위해 끊임없이 노력하였기 때문에 맞이할 수 있었습니다.

2 ② 미국에서 활동하던 이승만과 중국에서 대한민국 임시 정부를 이끌던 김구 등의 독립운동가들이 귀국하였습니다.

3 일제가 항복하면서 소련과 미국이 일본의 군대 해산을 이유로 북위 38도선을 기준으로 각각 한반도의 북쪽과 남쪽에 군대를 보냈습니다.

4

채점 기준	
상	모스크바 3국 외상 회의를 쓰고, 모스크바 3국 외상 회의가 국내에 끼친 영향을 바르게 쓴 경우
하	모스크바 3국 외상 회의만 쓴 경우

모스크바 3국 외상 회의의 결정 소식이 알려지자 우리나라에서는 신탁 통치에 반대하는 사람들과 모스크바 3국 외상 회의의 결정을 지지하는 사람들 사이에 갈등이 일어나 혼란스러웠습니다.

5 소련과 북한이 국제 연합의 남북한 총선거를 통한 정부 수립 결정을 거부하자 국제 연합은 선거가 가능한 남한에서만 총선거를 하기로 결정하였습니다.

6 이승만은 통일 정부 수립이 어렵다면 남한만이라도 임시 정부를 세우자고 주장하였습니다.

7 대한민국 정부 수립은 '㉠ 5·10 총선거 실시 → ㉡ 제헌 헌법 공포 → ㉣ 이승만 대통령 선출 → ㉢ 대한민국 정부 수립 선포'의 순서로 전개되었습니다.

8 1950년 6월 25일, 북한군이 38도선을 넘어 남한에 쳐들어오면서 6·25 전쟁이 시작되었습니다.

9

채점 기준	
상	'국군과 국제 연합군이 인천 상륙 작전에 성공하였다.'라고 바르게 쓴 경우

국군과 국제 연합군은 인천 상륙 작전에 성공하여 서울을 되찾고 압록강 유역까지 나아갔습니다.

10 6·25 전쟁은 '㉣ 북한군의 남침 → ㉢ 국군과 국제 연합군의 인천 상륙 작전 → ㉡ 중국군의 개입 → ㉠ 정전 협정 체결'의 순서로 전개되었습니다.

11 6·25 전쟁으로 생산 시설과 주요 시설물이 파괴되어 복구하는 데 막대한 시간과 비용이 들어갔습니다.

12 이산가족은 이리저리 흩어져서 서로 소식을 모르는 가족을 뜻합니다.

단원 개념 점검하기

110~111쪽

❶ 화성 ❷ 실학 ❸ 경복궁
❹ 갑신정변 ❺ 전봉준 ❻ 독립문
❼ 을사늑약 ❽ 안중근 ❾ 신사
❿ 3·1 ⓫ 청산리 ⓬ 조선어 학회
⓭ 광복 ⓮ 제헌 국회 ⓯ 중국
⓰ 이산가족

1 (1) ○ (2) × (3) ○ 2 김옥균
3 독립 협회
4 (1) – ㉢ (2) – ㉡ (3) – ㉠
5 (1) ○ (2) ○ (3) × 6 인천 상륙 작전

단원 마무리

112~114쪽

1 ③, ④ 2 ㉠, ㉢, ㉣ 3 ⑤
4 ③ 5 강화도 조약 6 ①
7 ⑤ 8 아관 파천 9 ①
10 ③, ④ 11 ⑤ 12 ㉢
13 ③ 14 ② 15 ⑤
16 모스크바 3국 외상 회의 17 ⑤
18 ①, ④ 19 ⑤ 20 ⑤
21 ㉠, ㉢, ㉣

1 탕평비는 영조가 탕평책을 널리 알리기 위해 세운 비석입니다. 영조는 신문고 다시 설치, 청계천 바닥 정비 등의 정책을 추진하였습니다. ①, ⑤는 정조, ②는 광해군이 한 일입니다.

2 조선 후기에는 백성의 생활을 돕고 현실 문제를 해결하기 위한 학문인 실학이 등장하였습니다. ㉡ 실학자 중에는 청의 문물을 받아들이자고 주장한 학자들도 있었습니다.

3 제시된 문화는 서민 문화입니다. 조선 후기 농업과 상공업이 발달하여 경제적으로 여유가 생긴 사람들이 늘어나 이들이 문화에 참여하면서 서민 문화가 발달하였습니다.

4 흥선 대원군은 다양한 개혁 정책을 펼쳐 세도 정치의 문제점을 바로잡고 왕권을 강화하고자 하였습니다.

5 일본이 조선군의 일본 군함 공격을 빌미로 조선에 개항을 요구하여 1876년에 강화도 조약이 체결되었습니다.

6 갑신정변은 청군의 개입으로 3일 만에 실패로 끝났고, 김옥균 등은 일본으로 몸을 피하였습니다.

7 제시된 자료는 동학 농민 운동 당시 농민군이 발표한 개혁안입니다. 동학 농민 운동은 전봉준 등을 중심으로 정치를 바로잡고 일본을 몰아내기 위해 일어났습니다.

8 아관 파천 이후 조선에서 러시아를 비롯한 외국 세력의 간섭이 심해졌습니다.

9 대한 제국의 외교권을 빼앗는 을사늑약이 강제로 체결되자 우리 민족은 다양한 방법으로 반발하였습니다. ① 독립 협회는 을사늑약 체결 이전에 설립되었습니다.

10 밑줄 친 '이 단체'는 신민회입니다. 신민회는 학교 설립, 민족 기업 운영, 만주에 독립운동 기지 건설 등의 활동을 하였습니다. ①은 독립 협회, ②는 안중근, ⑤는 서재필의 활동입니다.

11 ⑤ 3·1 운동 이후에도 우리 민족은 일제의 지배를 받았습니다.

12 ㉢ 대한민국 임시 정부는 모든 국민이 평등하고 국민에게 주권이 있는 민주주의 정치 체제를 갖추었습니다.

13 (가)는 6·10 만세 운동, (나)는 광주 학생 항일 운동에 대한 설명입니다. 6·10 만세 운동과 광주 학생 항일 운동은 학생이 중심이 되어 일어난 독립운동입니다.

14 신채호는 대한 제국 시기에 을지문덕, 이순신 등 나라를 구한 영웅들의 전기를 써서 우리 민족의 애국심을 드높였습니다. ①, ③은 조선어 학회, ④는 한용운, 이육사 등, ⑤는 전형필이 한 일입니다.

15 제시된 신문 기사의 윤봉길은 한인 애국단 소속입니다. 한인 애국단은 김구가 대한민국 임시 정부의 활동에 활기를 불어넣기 위해 조직한 단체입니다.

16 1945년 12월 미국, 영국, 소련의 외무 장관이 모스크바에 모여 한반도의 문제 등 제2차 세계 대전 이후의 처리 문제를 의논하였습니다.

17 소련과 북한이 남북한 총선거를 거부하자, 국제 연합은 남한에서만 총선거를 하기로 결정하였습니다.

18 제헌 국회는 나라 이름을 '대한민국'으로 정하였고, 제헌 헌법을 공포하였습니다.

19 국군과 국제 연합군은 인천 상륙 작전에 성공하여 서울을 되찾고 압록강 유역까지 나아갔습니다.

20 제시된 지도는 중국군의 개입 이후 6·25 전쟁의 상황을 보여 줍니다. 국군과 국제 연합군이 압록강 근처까지 올라가자 중국군이 전쟁에 개입하였습니다.

21 ㉡ 전국에서 벌어진 전투와 폭격으로 군인뿐만 아니라 민간인도 죽거나 다쳤습니다.

서술형 마무리

115쪽

1 (1) 병인양요, 신미양요
(2) 예 서양과 교류하지 않겠다는 의지를 널리 알리기 위해서이다.

2 (1) 갑신정변
(2) 예 일본에 의지하여 정변을 추진하였다. / 급하게 개혁하려 하였기 때문에 백성의 지지를 얻지 못하였다.

3 (1) 신사
(2) 예 우리의 민족정신을 없애 우리 민족을 일제가 벌인 침략 전쟁에 동원하기 쉽게 하기 위해서이다.

4 (1) 5·10 총선거
(2) 예 우리나라 역사에서 처음으로 민주적인 절차에 따라 치러진 선거이다. / 만 21세 이상 모든 국민이 참여할 수 있었다.

1

채점 기준	
상	(1)의 답을 쓰고, (2) '서양과 교류하지 않겠다는 의지를 널리 알리기 위해서이다.'라고 모두 바르게 쓴 경우
중	(2)의 답만 쓴 경우
하	(1)의 답만 쓴 경우

병인양요와 신미양요를 겪은 후 흥선 대원군은 전국에 척화비를 세워 서양과 교류하지 않겠다고 널리 알렸습니다.

2

채점 기준	
상	(1)의 답을 쓰고, (2) '일본에 의지하여 정변을 추진하였다.', '급하게 개혁하려 하였기 때문에 백성의 지지를 얻지 못하였다.' 중 한 가지를 바르게 쓴 경우
중	(2)의 답만 쓴 경우
하	(1)의 답만 쓴 경우

1884년 김옥균 등이 일으킨 갑신정변은 국가의 제도를 바꿔 자주적인 나라를 세우고자 했던 개혁 운동이었습니다.

3

채점 기준	
상	(1)의 답을 쓰고, (2) '우리의 민족정신을 없애 우리 민족을 일제가 벌인 침략 전쟁에 동원하기 위해서이다.'라고 모두 바르게 쓴 경우
중	(2)의 답만 쓴 경우
하	(1)의 답만 쓴 경우

1930년대 후반 침략 전쟁을 확대한 일제는 여러 방법을 동원해 우리의 민족정신을 없애려 하였습니다.

4

채점 기준	
상	(1)의 답을 쓰고, (2) '우리나라 역사에서 처음으로 민주적인 절차에 따라 치러진 선거이다.', '만 21세 이상 모든 국민이 참여할 수 있었다.' 중 한 가지를 바르게 쓴 경우
중	(2)의 답만 쓴 경우
하	(1)의 답만 쓴 경우

5·10 총선거는 우리나라에서 실시한 최초의 민주주의 선거로, 5·10 총선거의 결과 뽑힌 국회 의원들로 제헌 국회가 구성되었습니다.

정답과 해설

평가책

1. 옛사람들의 삶과 문화

쪽지 시험

① 나라의 등장과 발전 3쪽

1 청동기 **2** 농업 **3** 백제
4 장수왕 **5** 불교 **6** (경주) 첨성대
7 대조영 **8** 석굴암

② 독창적 문화를 발전시킨 고려 5쪽

1 왕건 **2** 광종 **3** 서희
4 별무반 **5** 강화도 **6** 김윤후
7 ㉠ 초조대장경 ㉡ 팔만대장경
8 『직지심체요절』

③ 민족 문화를 지켜 나간 조선 7쪽

1 정몽주 **2** 한양 **3** 상민
4 『농사직설』 **5** 혼천의 **6** 곽재우
7 광해군 **8** 남한산성

실전 단원 평가 1회 8～10쪽

1 ④
2 예 개인의 재산을 인정하였다. / 신분 제도가 있었다. / 화폐의 개념이 있었다.
3 ③ **4** ③ **5** ①
6 ③ **7** ⑤ **8** ②, ④
9 ④ **10** ㉡, ㉢ **11** 삼별초
12 ② **13** ② **14** ⑤
15 ③
16 예 대부분 농사를 지었다. / 세금을 냈다. / 군대에 가서 나라를 지켰다. / 나라에 큰 공사가 있을 때 불려 가서 일을 하였다.
17 훈민정음 **18** ③
19 ㉠ → ㉡ → ㉢ → ㉣ **20** ⑤

1 ④ 고조선은 중국 한의 침입을 받아 멸망하였습니다.

2

	채점 기준
상	'개인의 재산을 인정하였다.', '신분 제도가 있었다.', '화폐의 개념이 있었다.' 중 두 가지를 바르게 쓴 경우
하	위의 내용 중 한 가지만 쓴 경우

남의 물건을 훔친 사람은 데려다 노비로 삼는다는 것에서 개인의 재산을 인정하였고 신분 제도가 있었음을 알 수 있으며, 50만 전을 내야 한다는 것에서 화폐의 개념이 있었음을 알 수 있습니다.

3 고구려는 부여에서 온 주몽이 압록강 유역의 졸본에 세운 나라입니다.

4 진흥왕은 한강 유역을 모두 차지하고 대가야를 정복하는 등 6세기에 신라의 전성기를 이끌었습니다.

5 ① 경주 첨성대는 하늘의 별, 해와 달의 모습과 움직임을 관찰하는 시설로 알려져 있습니다.

6 신라가 백제의 공격으로 어려움을 겪자 신라의 김춘추는 당에 가서 도움을 요청하였고, 그 결과 신라와 당은 동맹을 맺었습니다.

7 이불병좌상과 석등은 발해의 대표적인 문화유산입니다. ① 발해는 대조영이 세웠습니다. ②, ④는 신라에 대한 설명입니다. ③ 발해는 고구려의 옛 땅을 대부분 되찾았습니다.

8 ① 신라 말에 무거운 세금으로 생활이 어려워진 농민들이 지방 곳곳에서 봉기를 일으켰습니다. ③ 지방에서 성장한 호족 중 견훤이 후백제를 세웠고, 궁예가 후고구려를 세웠습니다.

9 ④ 태조 왕건은 호족을 자기편으로 끌어들이면서도 적절히 견제하여 정치를 안정시키려 하였습니다.

10 ㉠은 거란의 2차 침입, ㉣은 거란의 3차 침입에 대한 설명입니다.

11 고려가 몽골과 강화를 맺고 다시 개경으로 도읍을 옮기자, 삼별초는 이에 반발하여 근거지를 강화도에서 진도, 탐라(제주)로 옮겨 가며 저항하였습니다.

12 고려 사람들은 외적의 침입과 같이 나라에 어려운 일이 생기면 부처의 힘에 의지해 이를 극복하려고 하였습니다. 그리하여 몽골이 침입하였을 때 부처의 힘으로 몽골의 침입을 막아 내려고 팔만대장경을 만들었습니다.

13 ②는 목판 인쇄술에 쓰이는 목판이 가진 단점입니다.

14 ⑤ 정도전은 개혁을 위해 새로운 나라를 세워야 한다고 주장하였습니다. 고려 왕조를 유지하면서 개혁해야 한다고 주장한 사람은 정몽주가 대표적입니다.

15 조선은 유교를 나라의 기본 정신으로 삼아 질서와 예절이 바로 선 나라를 만들고자 하였습니다.

16

	채점 기준
상	'대부분 농사를 지었다.', '세금을 냈다.' '군대에 가서 나라를 지켰다.', '나라에 큰 공사가 있을 때 불려 가서 일을 하였다.' 중 두 가지를 바르게 쓴 경우
하	위의 내용 중 한 가지만 쓴 경우

조선 시대에 상민은 대부분 농사를 지었으며, 세금을 내고 군대에 가서 나라를 지켰습니다. 또한 나라에 큰 공사가 있을 때 불려 가서 일해야 했습니다.

17 대부분의 백성이 한자를 몰라 일상생활에 어려움을 겪자 세종은 백성도 글자를 쉽게 익히고 사용할 수 있도록 하고자 훈민정음을 창제하였습니다.

18 자격루는 자동으로 종을 쳐서 시각을 알려 주는 물시계로, 2시간마다 동물 인형이 종과 북을 울려 시각을 알려 주었습니다.

19 임진왜란은 '㉠ 부산진과 동래성 함락 → ㉡ 선조가 명에 군사 지원 요청 → ㉢ 정유재란 발발 → ㉣ 이순신의 노량 해전 승리' 순으로 전개되었습니다.

20 청이 조선에 '임금과 신하의 관계'를 요구하였으나 조선이 이를 거절하자 청이 조선에 쳐들어오면서 병자호란이 발발하였습니다.

실전 단원 평가 2회

11～13쪽

1 단군왕검 **2** ⑤
3 ①, ④ **4** ④
5 예 삼국은 왕의 권위를 높이고 백성의 마음을 하나로 모으려고 불교를 받아들였다.
6 ② **7** ㉠, ㉣ **8** ①
9 ② **10** ②
11 ①, ③ **12** 상감
13 예 글자 모양이 고르고, 잘못된 글자나 빠진 글자가 거의 없을 정도로 정확하다.
14 신진 사대부 **15** ㉠, ㉢ **16** ⑤
17 앙부일구 **18** ③ **19** ②
20 ⑤

1 단군왕검이 우리 역사 속 최초의 나라인 고조선을 세웠습니다.

2 백제는 근초고왕 때 삼국 중 가장 먼저 전성기를 맞았습니다. ① 백제는 온조가 세웠습니다. ②, ③은 신라, ④는 가야에 대한 설명입니다.

3 삼국은 전성기에 나라의 영토를 크게 넓혔고, 한강 유역을 차지하였습니다.

4 금동 연가 7년명 여래 입상은 고구려의 불상이고, 무용총은 고구려의 고분입니다.

5

채점 기준
'삼국은 왕의 권위를 높이고 백성의 마음을 하나로 모으려고 불교를 받아들였다.'라고 바르게 쓴 경우

삼국은 왕의 권위를 높이고 백성의 마음을 하나로 모으려고 불교를 받아들였고, 불교와 관련된 다양한 문화유산을 남겼습니다.

6 ② 발해는 고구려를 계승한 나라임을 내세웠으며, 문화에서도 고구려 문화의 영향을 받았습니다.

7 ㉡, ㉢은 석굴암에 대한 설명입니다.

8 견훤은 후백제를 세웠고, 궁예는 후고구려를 세웠습니다. 왕건은 궁예를 몰아내고 새로운 나라인 고려를 세웠습니다.

9 고려의 건국과 후삼국 통일은 '④ 고려의 건국 → ② 고려의 송악 천도 → ⑤ 견훤의 후백제 탈출 → ③ 신라의 항복 → ① 후백제 멸망' 순으로 전개되었습니다. 그러므로 두 번째로 일어난 사건은 '② 고려의 송악 천도'입니다.

10 ② 경주의 황룡사 9층 목탑은 몽골의 침입으로 불타 없어졌습니다.

11 ② 삼별초는 고려가 몽골과 강화를 맺고 다시 개경으로 도읍을 옮기자, 이에 반발하여 근거지를 옮겨 가며 저항하였습니다. ④ 윤관은 별무반을 이끌고 여진을 정벌하였습니다. ⑤는 몽골이 고려에 처음 침입하게 된 원인입니다.

12 고려 초기에는 중국의 기술을 받아들여 청자를 만들었으나, 이후에는 상감 기법을 청자에 적용한 독창적인 상감 청자를 만들었습니다. 청자 상감 운학무늬 매병은 대표적인 상감 청자입니다.

13

채점 기준
'글자 모양이 고르고, 잘못된 글자나 빠진 글자가 거의 없을 정도로 정확하다.'라고 바르게 쓴 경우

팔만대장경판은 우수성을 인정받아 유네스코 세계 기록 유산으로 지정되었습니다.

14 신진 사대부는 고려 말에 등장한 새로운 정치 세력으로, 성리학을 공부한 뒤 과거에 합격하여 관리가 된 사람들입니다.

15 ㉡ 왜구를 물리치고자 쓰시마섬을 정벌한 왕은 세종입니다. ㉣ 처음으로 16세 이상의 남자들에게 호패를 차고 다니도록 한 왕은 태종입니다.

16 ⑤ 천민은 양반의 집이나 관공서에서 허드렛일을 하거나 물건을 만드는 일을 하였습니다.

17 앙부일구는 해의 그림자를 관측하여 시간을 재는 해시계입니다.

18 ③『직지심체요절』은 고려 시대에 불교 가르침의 주요 내용을 정리하여 만든 책입니다.

19 임진왜란 때에는 곽재우와 같은 양반부터 천민에 이르기까지 다양한 신분의 사람들이 의병에 참여하였습니다.

20 병자호란의 결과 조선과 청은 '신하와 임금의 관계'를 맺었으며, 조선의 왕자와 신하, 많은 백성이 청에 인질로 끌려갔습니다.

수행 평가

주제 ❶ 14쪽

1-❶ (나) → (가) → (다)

1-❷ (가) 광개토 대왕, 장수왕 (나) 근초고왕 (다) 진흥왕

1-❸ 예 한강 유역을 차지하였다. / 나라의 영토를 크게 넓혔다.

주제 ❷ 15쪽

2-❶ (가) 혼천의 (나) 앙부일구 (다) 자격루 (라) 측우기

2-❷ (1) – ㉢ (2) – ㉠ (3) – ㉠ (4) – ㉡

2-❸ 예 세종이 농사와 백성의 생활에 도움이 되고자 장영실 등 여러 신하에게 다양한 과학 기구를 만들게 하였다.

1-❶

채점 기준
'(나) → (가) → (다)'라고 바르게 쓴 경우

(나) 백제는 4세기, (가) 고구려는 5세기, (다) 신라는 6세기에 전성기를 맞았습니다.

1-❷

채점 기준	
상	'(가) 광개토 대왕, 장수왕, (나) 근초고왕, (다) 진흥왕'을 모두 바르게 쓴 경우
중	위의 내용 중 두 가지만 쓴 경우
하	위의 내용 중 한 가지만 쓴 경우

고구려는 광개토 대왕과 장수왕, 백제는 근초고왕, 신라는 진흥왕이 전성기를 이끌었습니다.

1-❸

채점 기준	
상	'한강 유역을 차지하였다.', '나라의 영토를 크게 넓혔다.'라고 모두 바르게 쓴 경우
하	위의 내용 중 한 가지만 쓴 경우

한강 유역은 교통이 편리하고 농사를 짓기에 유리하여 삼국은 한강 유역을 차지하려고 경쟁하였습니다.

2-❶

채점 기준	
상	'(가) 혼천의, (나) 앙부일구, (다) 자격루, (라) 측우기'를 모두 바르게 쓴 경우
중	위의 내용 중 두 가지 이상 쓴 경우
하	위의 내용 중 한 가지만 쓴 경우

세종 대에는 천문 관측기구, 시간 측정 기구 등 다양한 과학 기구가 만들어졌습니다.

2-❷

채점 기준	
상	'(1) – ㉢, (2) – ㉠, (3) – ㉠, (4) – ㉡'을 모두 바르게 연결한 경우
중	위의 내용 중 두 가지 이상 연결한 경우
하	위의 내용 중 한 가지만 연결한 경우

(가) 혼천의는 해와 달, 별의 움직임과 위치를 관찰하는 기구입니다. (나) 앙부일구는 해시계, (다) 자격루는 물시계로, 모두 시간을 측정하는 기구입니다. (라) 측우기는 비가 내린 양을 측정하는 기구입니다.

2-❸

채점 기준	
상	'세종이 농사와 백성의 생활에 도움이 되고자 장영실 등 여러 신하에게 다양한 과학 기구를 만들게 하였다.'라고 바르게 쓴 경우
하	'세종이 농사와 백성의 생활에 도움이 되는 과학 기구를 만드는 데 힘썼다.'라고만 쓴 경우

세종은 백성을 나라의 근본으로 하는 유교적인 이상 정치를 추구하여 백성의 생활에 도움이 되는 과학 기구를 만드는 데 힘썼습니다.

2. 사회의 새로운 변화와 오늘날의 우리

쪽지 시험

❶ 새로운 사회를 향한 움직임 17쪽

1 정조 **2** 실학 **3** 판소리
4 경복궁 **5** 병인양요 **6** 강화도 조약
7 갑신정변 **8** 일본

❷ 일제의 침략과 광복을 위한 노력 19쪽

1 독립 협회 **2** 을사늑약 **3** 안중근
4 3·1 운동 **5** 대한민국 임시 정부
6 김좌진 **7** 조선어 학회 **8** 한국 광복군

❸ 대한민국 정부의 수립과 6·25 전쟁 21쪽

1 광복 **2** ㉠ 소련 ㉡ 미국
3 모스크바 3국 외상 회의 **4** 5·10 총선거
5 대한민국 **6** 6·25 전쟁 **7** 중국
8 이산가족

실전 단원 평가 1회

22~24쪽

1 ③
2 예 청의 발달된 문물을 받아들여 백성의 삶을 풍요롭게 하는 데 이용하자고 주장하였다. / 상업과 공업을 발달시키자고 주장하였다.
3 ⑤ **4** 수진, 정훈 **5** ③
6 ① **7** 전봉준 **8** ㉠, ㉢
9 을사늑약 **10** ③ **11** ①, ②
12 ④ **13** ①, ② **14** ③
15 한인 애국단
16 예 제2차 세계 대전에서 연합국이 승리하였기 / 우리 민족이 독립을 위해 끊임없이 노력하였기
17 ⑤ **18** ㉠, ㉢, ㉣
19 ③, ⑤ **20** ⑤

1 영조는 탕평책 실시, 신문고 다시 설치, 세금 감면, 가혹한 형벌 금지 등의 정책을 추진하였습니다.

2

채점 기준
'청의 발달된 문물을 받아들이자고 주장하였다.', '상업과 공업을 발달시키자고 주장하였다.' 중 한 가지를 바르게 쓴 경우

박지원, 박제가 등은 상공업에 관심을 두었던 실학자로, 청의 발달된 문물을 받아들이자고 주장하였습니다.

3 제시된 사진은 하회 별신굿 탈놀이입니다. ⑤ 탈놀이는 주로 장터나 사람들이 많이 모이는 곳에서 공연하였습니다.

4 흥선 대원군은 양반에게 세금 부과, 서원 정리, 경복궁을 다시 짓는 등의 개혁을 추진하였습니다. 다정 – 수원 화성을 건설한 것은 정조입니다.

5 '㉢ 병인양요 → ㉡ 신미양요 → ㉠ 척화비 건립 → ㉣ 강화도 조약 체결'의 순서로 전개되었습니다.

6 제시된 일기는 갑신정변의 상황을 나타낸 것입니다. 김옥균 등은 청에 의지하는 세력을 몰아내고 새로운 조선을 만들기 위해 갑신정변을 일으켰습니다.

7 동학 지도자인 전봉준은 동학 농민 운동을 주도하였습니다.

8 독립 협회는 독립문을 세워 자주독립의 의지를 드러내고, 만민 공동회를 열어 누구나 사회 문제에 대해 자기 생각을 표현할 수 있도록 하였습니다.

9 우리 민족은 일제가 강제로 대한 제국의 외교권을 빼앗는 을사늑약에 강하게 반발하였습니다.

10 안중근은 1909년에 우리나라 침략에 앞장선 이토 히로부미가 만주에 온다는 소식을 듣고 하얼빈역에서 그를 처단하였습니다.

11 1910년대에 일제는 토지의 소유자를 확인하고 더 많은 세금을 걷기 위해 토지 조사 사업을 시행하였습니다.

12 제시된 대화에서 설명하는 사건은 1919년 3월 1일에 일어난 3·1 운동입니다.

13 우리 독립군 부대는 봉오동 전투, 청산리 대첩 등에서 일본군을 크게 무찔렀습니다.

14 ③ 1930년대 후반 이후 학교에서 모든 수업을 일본어로 진행하였고, 우리 역사 교육도 금지되었습니다.

15 김구가 조직하였던 한인 애국단의 단원으로는 이봉창, 윤봉길 등이 있습니다.

16

채점 기준	
상	'제2차 세계 대전에서 연합국이 승리하였다.', '우리 민족이 독립을 위해 끊임없이 노력하였다.'라고 모두 바르게 쓴 경우
하	위의 내용 중 한 가지만 바르게 쓴 경우

제2차 세계 대전에서 연합국의 승리와 우리 민족의 끊임없는 독립운동으로 우리 민족은 광복을 맞이할 수 있었습니다.

17 모스크바 3국 외상 회의의 결정 사항이 알려지자 우리나라에서는 신탁 통치를 반대하는 사람들과 모스크바 3국 외상 회의의 결정을 지지하는 사람들 간에 갈등이 일어났습니다.

18 제헌 국회는 '대한민국' 국호 지정, 제헌 헌법 공포, 이승만 대통령 선출 등의 활동을 하였습니다. ㉡은 국제 연합이 한 일입니다.

19 국군과 국제 연합군이 인천 상륙 작전에 성공하여 서울을 되찾고 압록강 유역까지 나아갔습니다.

20 6·25 전쟁으로 전 국토가 황폐해지고 생산 시설과 주요 시설물이 파괴되었으며, 식량과 생활필수품도 부족해졌습니다. 또한 많은 문화재가 훼손되거나 불타 없어졌습니다.

실전 단원 평가 2회

25～27쪽

1 ⑤ **2** ④ **3** 예림, 은하
4 예 서양과 교류하지 않겠다는 의지를 널리 알리기 위해서이다. **5** ③
6 ① **7** ②, ③ **8** ③
9 예 전기, 전차, 철도 등 근대 시설을 세웠다. / 공장, 은행, 회사 설립을 지원하였다. / 학교를 세웠다. / 외국에 유학생을 보냈다.
10 ⑤ **11** ③ **12** ④
13 6·10 만세 운동 **14** ⑤
15 ㉠, ㉢ **16** 38도선 **17** ②
18 ③, ⑤ **19** ② **20** 하준

1 정조는 새로운 정치를 실현하고자 수원에 화성을 지었습니다. 수원 화성은 정치적·군사적·상업적 기능을 갖춘 도시가 되었습니다.

2 대표적인 한글 소설에는 『홍길동전』, 『심청전』, 『춘향전』, 『흥부전』, 『장화홍련전』 등이 있습니다. ④ 『목민심서』는 정약용이 지은 책입니다.

3 동민 – 세도 정치기에는 생활이 어려워진 일부 백성이 도망치거나 봉기하기도 하였습니다.

4

채점 기준
'서양과 교류하지 않겠다는 의지를 널리 알리기 위해서'라고 바르게 쓴 경우

프랑스와 미국의 침입을 물리친 후 흥선 대원군은 전국에 척화비를 세워 서양과 교류하지 않겠다고 널리 알렸습니다.

5 조선은 1876년 일본과 강화도 조약을 맺고 개항하였습니다. ③ 강화도 조약은 일본에 유리한 불평등 조약입니다.

6 제시된 자료는 갑신정변 당시 김옥균 등이 발표한 개혁안입니다. 갑신정변은 국가의 제도를 바꿔 자주적인 나라를 세우고자 하였던 개혁 운동이었습니다.

7 동학 농민 운동은 안으로는 양반 중심의 신분 질서를 개혁하고 밖으로는 외국 세력의 침략을 물리쳐 나라를 지키려고 한 운동이었습니다.

8 1895년 일제가 조선에서 불리해진 상황을 되돌리려고 명성 황후를 시해하는 을미사변을 일으켰습니다.

9

채점 기준	
상	'근대 시설 설립', '공장, 은행, 회사 설립 지원', '학교 설립', '외국에 유학생 파견' 중 두 가지 이상 바르게 쓴 경우
하	위의 내용 중 한 가지만 바르게 쓴 경우

대한 제국은 자주독립의 근대 국가를 세우기 위한 다양한 근대 개혁을 추진하였습니다.

10 을사늑약 체결 이후 신돌석과 같은 평민 출신의 의병장이 등장하였습니다.

11 안창호는 미국에서 흥사단을 만들어 독립운동을 전개하였습니다.

12 중국 상하이는 일본의 영향력이 미치지 않았고, 각 나라의 외교 기관이 모여 있어 외교 활동을 펼치기에 유리하였습니다.

13 순종의 장례식을 계기로 일어난 6·10 만세 운동은 학생들이 독립운동을 이끄는 주인공으로서 적극적인 역

할을 하는 계기가 되었습니다.

14 전형필은 자신의 재산을 들여 일본으로 넘어갈 뻔한 문화재를 구입하고 보존하였습니다. ①은 한용운, 이육사 등, ②, ④는 조선어 학회, ③은 신채호가 한 일입니다.

15 ㉡ 한국 광복군은 미국의 지원을 받아 국내로 들어가 전쟁을 벌이는 계획을 세웠지만 일제가 항복하여 실행하지 못하였습니다.

16 일제가 항복하면서 소련군과 미군이 일본의 군대 해산을 이유로 한반도에 들어왔습니다.

17 '㉡ 모스크바 3국 외상 회의 개최 → ㉠ 미소 공동 위원회 개최 → ㉤ 국제 연합의 남북한 총선거 결정 → ㉢ 소련과 북한의 거부 → ㉣ 국제 연합의 남한만의 총선거 결정'의 순서로 전개되었습니다.

18 대한민국 정부 수립은 3·1 운동으로 세워진 대한민국 임시 정부의 전통을 이었으며 우리 민족의 오랜 소원이었던 독립된 정부를 수립하였다는 데 의의가 있습니다.

19 국군과 국제 연합군이 압록강 유역까지 나아가자 중국군이 북한을 돕기 위해 전쟁에 개입하였습니다. ①, ⑤는 (나) 이후, ③, ④는 (가) 이전의 상황입니다.

20 영웅 – 전쟁 중에 가족이 헤어져 만나지 못하는 이산가족과 부모를 잃은 전쟁고아가 많이 생겨났습니다.

수행 평가

주제 ❶ 28쪽

1-❶ 서민 문화

1-❷ 예 조선 후기 농업과 상공업이 발달하여 경제적으로 여유가 생긴 사람들이 늘어나 이들이 문화와 예술에 관심을 갖게 되면서 서민 문화가 발달하였다.

1-❸ (가): 탈놀이, 예 사람들이 탈을 쓰고 하는 연극이다.
(나): 판소리, 예 소리꾼이 북장단에 맞추어 이야기와 노래를 하는 공연이다.
(다): 민화, 예 작가가 대부분 알려지지 않은 그림이다. / 동물, 나무, 꽃, 문자 등을 그려서 복을 바라는 백성의 소망을 담았다.
(라): 풍속화, 예 사람들이 살아가는 모습을 생동감 있게 표현한 그림이다.

주제 ❷ 29쪽

2-❶ (라) → (가) → (다) → (나)

2-❷ 인적 피해: 예 군인과 민간인 수백만 명이 죽거나 다쳤다. / 많은 사람이 삶의 터전을 잃고 피란을 떠났다. / 이산가족과 전쟁고아가 많이 생겨났다.
물질적 피해: 예 전 국토가 황폐해졌다. / 생산 시설과 주요 시설물이 파괴되었다. / 식량과 생활필수품이 부족해졌다. / 수많은 문화재가 훼손되거나 불타 없어졌다.

2-❸ 예 이산가족 문제 / 남북 교류 문제 / 평화 통일 문제

1-❶

채점 기준
'서민 문화'라고 바르게 쓴 경우

(가)는 탈놀이, (나)는 판소리, (다)는 민화, (라)는 풍속화로, 조선 후기에 유행한 서민 문화입니다.

1-❷

	채점 기준
상	'조선 후기 농업과 상공업이 발달하여 경제적으로 여유가 생긴 사람들이 늘어나 이들이 문화와 예술에 관심을 갖게 되면서 서민 문화가 발달하였다.'라고 바르게 쓴 경우
하	'농업과 상공업이 발달하여 경제적으로 여유가 생긴 사람들이 늘어났다.', '서민들이 문화와 예술에 관심을 갖게 되었다.' 중 한 가지만 쓴 경우

조선 후기 농업과 상공업의 발달로 경제적으로 여유가 생긴 사람들이 늘어났습니다. 이들이 문화와 예술에 관심을 갖게 되면서 일반 백성이 문화의 주인공으로 참여하는 서민 문화가 발달하였습니다.

1-❸

	채점 기준
상	(가)~(라)의 이름과 특징을 모두 바르게 쓴 경우
하	(가)~(라)의 이름과 특징 중 두 가지만 쓴 경우

조선 후기에는 탈놀이, 판소리, 민화, 풍속화, 한글 소설 등이 서민들 사이에 유행하였습니다. 이를 통해 조선 후기에는 서민들이 문화의 주체로 떠올랐음을 알 수 있습니다.

2-❶

채점 기준
'(라) → (가) → (다) → (나)'라고 바르게 쓴 경우

6·25 전쟁은 '(라) 북한군의 남침 → (가) 국군과 국제 연합군의 반격 → (다) 중국군의 개입 → (나) 정전 협정 체결'의 순서로 전개되었습니다.

2-❷

채점 기준	
상	6·25 전쟁의 인적 피해와 물질적 피해를 두 가지씩 모두 바르게 쓴 경우
중	6·25 전쟁의 인적 피해와 물질적 피해를 한 가지씩 쓴 경우
하	6·25 전쟁의 인적 피해와 물질적 피해 중 한 가지만 쓴 경우

6·25 전쟁으로 수많은 사람이 죽거나 다쳤고, 살아남은 사람들도 힘든 생활을 해야 하였습니다. 또한 전 국토가 황폐해지고 산업 시설이 파괴되는 등 나라 경제가 어려움에 빠졌습니다.

2-❸

채점 기준	
상	'이산가족 문제', '남북 교류 문제', '평화 통일 문제'를 모두 바르게 쓴 경우
하	위의 내용 중 한 가지만 쓴 경우

분단이 지속되면서 오늘날까지 전쟁의 상처는 아물지 않았습니다. 남북한이 평화적으로 통일을 이루는 일이 우리의 과제로 남아 있습니다.

학업성취도 평가 대비 문제 1회

30～32쪽

1 ㉡, ㉢ **2** ③ **3** ④
4 ㉠ → ㉢ → ㉣ → ㉡
5 예 호족을 자기편으로 끌어들이면서도 적절히 견제하였다.
6 ① **7** ③, ④ **8** ③
9 ③ **10** ② **11** ㉠, ㉢, ㉣
12 ④ **13** ④
14 독립문, 예 자주독립의 의지를 드러내기 위해서이다.
15 ⑤ **16** 수정 **17** ③, ⑤
18 ㉡, ㉣ **19** ③, ④ **20** ③

1 고조선의 대표적인 문화유산은 비파형 동검과 탁자식 고인돌입니다. 이 유물들의 분포 지역으로 고조선의 문화 범위를 짐작할 수 있습니다.

2 장수왕은 고구려의 도읍을 국내성에서 평양으로 옮겼습니다.

3 백제 무령왕릉 안에서 나온 중국, 일본의 문화유산을 통해 당시 백제가 중국, 일본과 활발하게 교류하였다는 것을 짐작할 수 있습니다.

4 신라의 삼국 통일은 '㉠ 신라와 당의 동맹 → ㉢ 백제 멸망 → ㉣ 고구려 멸망 → ㉡ 신라군의 당군 격파' 순으로 전개되었습니다.

5

채점 기준
'호족을 자기편으로 끌어들이면서도 적절히 견제하였다.'라고 바르게 쓴 경우

왕건은 호족을 자기편으로 끌어들이면서도 적절히 견제하여 정치를 안정시키려고 하였습니다.

6 고려는 발해를 멸망시킨 거란을 적과 같이 대하였습니다. 이에 거란은 고려와 송의 관계를 끊으려고 고려를 침입하였습니다.

7 ① 팔만대장경판은 몽골의 침입 때 만들어졌습니다. ② 팔만대장경판은 합천 해인사 장경판전에 보관되어 있습니다. ⑤는 『직지심체요절』에 대한 설명입니다.

8 세종은 집현전을 설치하여 문화와 과학을 발전시켰고, 쓰시마섬을 정벌하고 4군 6진을 설치하는 등 국방 강화에도 힘썼습니다.

9 혼천의는 해와 달, 별의 움직임과 위치를 관찰하는 기구로, '혼천'은 우주, '의'는 천문 관측기구를 뜻합니다.

10 병자호란은 청이 조선에 '임금과 신하의 관계'를 요구하며 침략하면서 시작되었고, 전쟁 결과 조선과 청은 '신하와 임금의 관계'를 맺었습니다. ①, ③은 정묘호란, ④는 임진왜란에 대한 설명입니다.

11 정조는 수원 화성 건설, 국왕을 호위하는 군대 설치, 규장각에서 관리 양성 등의 정책을 추진하였습니다. ㉡은 영조가 한 일입니다.

12 제시된 지도는 병인양요와 신미양요의 과정을 나타낸 것입니다. 병인양요와 신미양요 이후 흥선 대원군은 전국에 척화비를 세워 서양과 교류하지 않겠다고 널리 알렸습니다.

13 동학 농민 운동은 '⑤ → ① → ③ → ② → ④'의 순서로 전개되었습니다.

14

채점 기준	
상	독립문을 쓰고, '자주독립의 의지를 드러내기 위해서이다.'라고 모두 바르게 쓴 경우
중	'자주독립의 의지를 드러내기 위해서이다.'라고만 쓴 경우
하	'독립문'만 쓴 경우

독립 협회는 중국 사신이 드나들던 영은문을 허문 자리 가까이에 독립문을 세웠습니다.

15 고종은 을사늑약이 무효임을 국제 사회에 알리고자 네덜란드 헤이그에서 열리는 만국 평화 회의에 세 명의 특사를 보냈습니다.

16 3·1 운동은 일제의 탄압으로 좌절되었지만 우리 민족의 독립 의지를 전 세계에 알린 중요한 사건이었습니다.

17 이육사, 한용운 등은 시를 지어 민족정신을 일깨우려 하였습니다.

18 ㉠ 국외에서 활동하던 이승만, 김구 등의 독립운동가들이 귀국하였습니다. ㉢ 우리 민족이 더 이상 일제의 탄압과 횡포를 겪지 않아도 되었습니다.

19 모스크바 3국 외상 회의에서는 한반도에 임시 민주 정부 수립, 미소 공동 위원회 구성, 최고 5년간 신탁 통치 등을 결정하였습니다.

20 6·25 전쟁은 '㉡ 북한군의 남침 → ㉣ 국군과 국제 연합군의 반격 → ㉢ 중국군의 개입 → ㉠ 정전 협정 체결'의 순서로 전개되었습니다.

학업성취도 평가 대비 문제 2회

33~35쪽

1 ②	**2** ①	**3** ③
4 ②, ③	**5** ④	**6** ⑤
7 금속 활자	**8** ①	**9** 『농사직설』

10 예 이순신은 일본의 침략에 대비하여 판옥선과 거북선을 만들고 식량과 무기를 준비하였어.

11 ①	**12** 예 왕실의 권위를 높이기	
13 ①	**14** ㉠, ㉡, ㉣	**15** ③
16 ⑤	**17** ④	**18** ①
19 ㉠ → ㉡ → ㉣ → ㉢		**20** ③

1 황남 대총 북분 금관과 경주 첨성대는 신라의 문화유산입니다. 신라는 6세기 진흥왕 때 전성기를 맞았습니다. ①은 백제, ③은 고조선, ④는 가야, ⑤는 고구려에 대한 설명입니다.

2 한반도 남쪽에서 성립한 가야는 작은 나라들의 연맹으로 이루어졌으며, 풍부한 철을 바탕으로 성장하였습니다.

3 (가) 나라는 발해입니다. ①은 고조선에 대한 설명으로, 발해는 대조영이 세웠습니다. ② 발해는 거란의 침입으로 멸망하였습니다. ④ 발해는 스스로 고구려를 계승하였음을 내세웠습니다. ⑤는 신라에 대한 설명입니다.

4 ① 석굴암은 신라의 문화유산입니다. ④, ⑤는 불국사에 대한 설명입니다.

5 ④ 왕건은 정치를 안정시키려고 호족을 자기편으로 끌어들이면서도 적절히 견제하였습니다.

6 팔만대장경판은 몽골이 고려에 침입하였을 때 부처의 힘으로 어려움을 이겨 내고자 만든 문화유산입니다. ①, ③은 거란과의 전쟁에 대한 설명입니다. ② 고려는 몽골과의 전쟁 중에 도읍을 강화도로 옮겼습니다. ④ 윤관은 별무반을 이끌고 여진을 정벌하였습니다.

7 금속 활자의 발명으로 필요한 활자를 골라 인쇄판을 새로 짤 수 있어서 짧은 시간에 여러 종류의 책을 만들 수 있게 되었습니다.

8 ① 고려는 이성계로 하여금 요동 정벌에 나서게 하였으나, 이성계는 요동으로 가는 도중 위화도에서 군대를 돌려 개경으로 돌아와 반대 세력을 몰아내고 권력을 잡았습니다.

9 세종 대에 『농사직설』이 보급되어 백성은 발달한 농업 기술로 농사를 지을 수 있게 되었습니다.

10

채점 기준
'이순신은 일본의 침략에 대비하여 판옥선과 거북선을 만들고 식량과 무기를 준비하였어.'라고 바르게 쓴 경우

이순신과 조선 수군은 일본군에 맞선 모든 전투에서 승리하여 충청도와 전라도 지방을 지켜 냈고, 바닷길을 통해 무기와 식량을 운반하려던 일본군의 계획을 막을 수 있었습니다.

11 정약용은 조선 후기의 실학을 한데 모아 완성하였던 대표적인 실학자입니다. ①은 유득공에 대한 설명입니다.

12

채점 기준
'왕실의 권위를 높이기'라고 바르게 쓴 경우

흥선 대원군은 경복궁을 다시 짓는 과정에서 백성을 공사에 동원하고 공사 비용을 마련하기 위해 강제로 돈을 거둬들여 백성의 불만이 커졌습니다.

13 김옥균은 청과 관계를 끊고 서양의 기술 외에도 사상과 제도까지 받아들여야 한다고 주장하였습니다.

14 안창호, 이승훈 등은 교육과 산업을 발전시키고 민족의 실력을 키우기 위해 신민회를 만들었습니다. ㉢은 독립 협회가 한 일입니다.

15 ③ 대한민국 임시 정부는 3·1 운동 이후 수립되었습니다.

16 제시된 신문 기사는 광주 학생 항일 운동에 대한 기사입니다. 광주 학생 항일 운동은 3·1 운동 이후 우리나라에서 일어난 가장 큰 항일 운동이었습니다.

17 ④ 『우리말큰사전』을 편찬하기 위해 노력한 것은 조선어 학회입니다. 전형필은 자신의 재산을 들여 일본으로 넘어갈 뻔한 문화재를 구입하고 보존하였습니다.

18 김구는 남북한의 통일 정부 수립을 주장하였고, 이승만은 남한만의 정부 수립을 주장하였습니다.

19 대한민국 정부의 수립 과정은 '㉠ 5·10 총선거 → ㉡ 제헌 헌법 공포 → ㉣ 이승만 대통령 선출 → ㉢ 대한민국 정부 수립 선포'의 순서로 전개되었습니다.

20 ③ 6·25 전쟁은 북한군이 38도선을 넘어 남한에 쳐들어오면서 시작되었습니다.

visang
공부로 이끄는 힘
"책상 앞에 있는 모습을 보게 될 거예요!
완자 공부력은 계속 풀고 싶게 만드니깐!"
완자 공부력
6A 6학년·기본
교과서 문해력 수학 문장제
visang
완자 공부력
매일 성장하는 초등 자기개발서
어휘 × 초등 전과목 3A
계산 × 초등 수학 3A
한글 바로 쓰기
기본 자모음과 받침

한·끝·시·리·즈 교과서 학습부터 평가 대비까지 한 권으로 끝! 사회 공부의 진리입니다.

대표전화 1544-0554
주소 경기도 과천시 과천대로2길 54

비상 누리집에서 더 많은 정보를 확인해 보세요.

http://book.visang.com/

새 교과서 반영

한끝 평가책

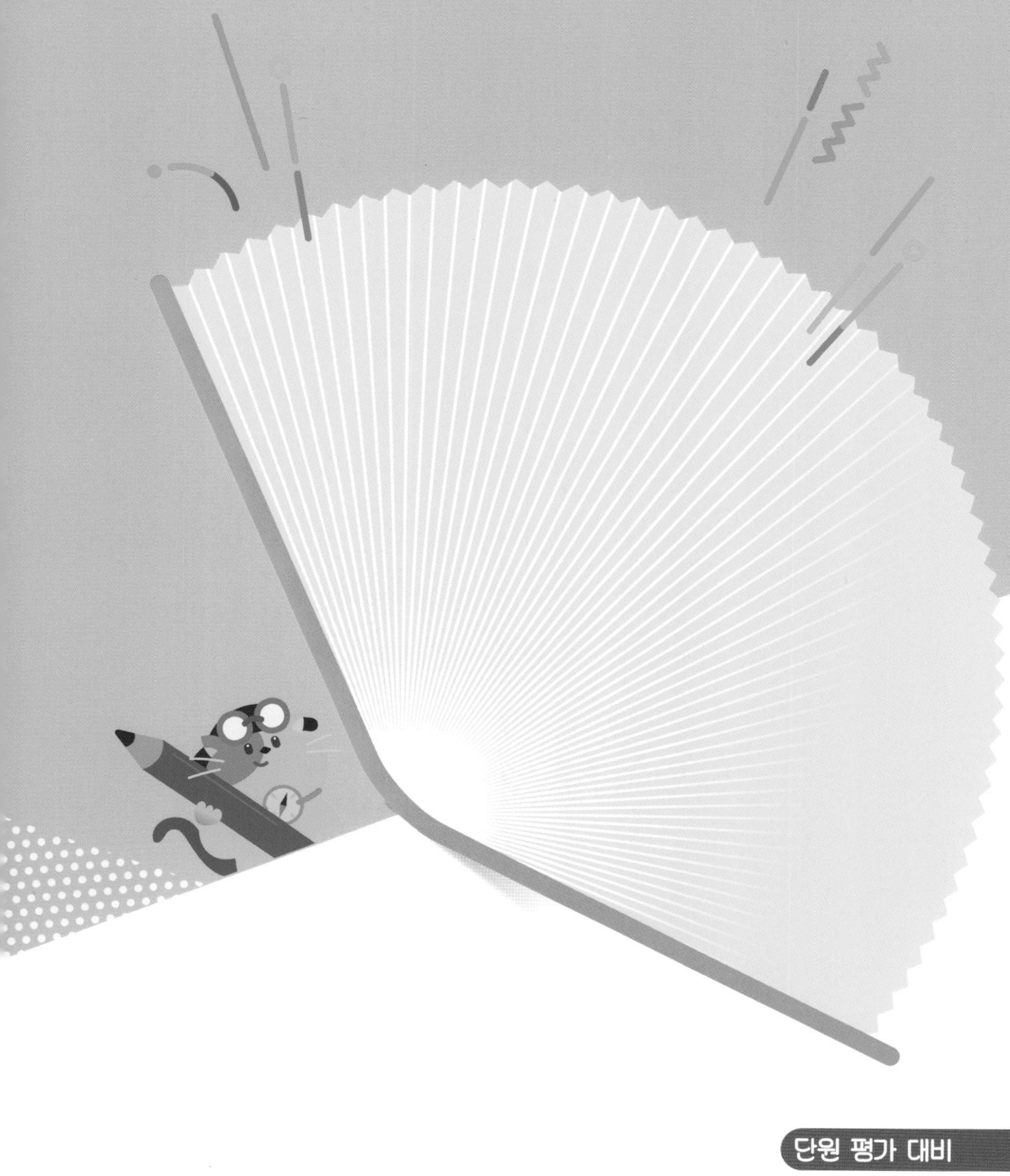

초등사회 5·2

단원 평가 대비
개념 정리 / 쪽지 시험 /
실전 단원 평가 / 수행 평가

학업성취도 평가 대비
학업성취도 평가 대비 문제 2회

책 속의 가접 별책 (특허 제 0557442호)
'평가책'은 본책에서 쉽게 분리할 수 있도록 제작되었으므로
유통 과정에서 분리될 수 있으나 파본이 아닌 정상제품입니다.

visang

ABOVE IMAGINATION

우리는 남다른 상상과 혁신으로
교육 문화의 새로운 전형을 만들어
모든 이의 행복한 경험과 성장에 기여한다

한끝

평가책

초등 사회 5·2

단원 평가 대비

학업성취도 평가 대비

개념 정리

❶ 나라의 등장과 발전

1 고조선의 건국과 발전

건국	단군왕검이 우리 역사 속 최초의 나라인 고조선을 세웠음.
발전	• 우수한 청동기 문화를 바탕으로 성장하였음. • 비파형 동검, 탁자식 고인돌이 발견된 지역을 바탕으로 고조선의 문화 범위를 짐작할 수 있음. • 사회 질서를 유지하고자 여덟 개의 법 조항을 만들었음. 자료 ①

2 삼국과 가야의 발전 자료 ②

백제	• 건국: 온조가 한강 유역에 세웠음. • 전성기: 4세기 근초고왕 때 맞았음.
고구려	• 건국: 주몽이 압록강 유역의 졸본에 세웠음. • 전성기: 5세기 광개토 대왕과 장수왕 때 맞았음.
신라	• 건국: 박혁거세가 지금의 경주 지역에 세웠음. • 전성기: 6세기 진흥왕 때 맞았음.
가야	한반도 남쪽에서 작은 나라들이 가야 연맹을 이루었음.

3 삼국과 가야의 문화유산 자료 ③

고구려	무용총의 손님맞이 그림, 금동 연가 7년명 여래 입상 등
백제	무령왕릉, 백제 금동 대향로, 익산 미륵사지 석탑 등
신라	황룡사 9층 목탑, 경주 첨성대 등
가야	철제 갑옷과 투구, 가야금 등

4 통일 신라와 발해

① 신라의 삼국 통일 과정

신라와 당의 동맹 → 백제 멸망(660년) → 고구려 멸망(668년) → 신라와 당의 전쟁 → 신라의 삼국 통일(676년)

② 발해의 건국과 발전

건국	대조영이 옛 고구려 사람들과 말갈족 일부를 이끌고 동모산 근처에 세웠음(698).
전성기	고구려의 옛 땅을 대부분 되찾았음.

③ 통일 신라와 발해의 문화유산

통일 신라	• 불국사: 신라 사람들이 바라는 부처의 나라를 표현한 절 • 석굴암: 화강암을 다듬어 쌓아 만든 석굴 모양의 절
발해	발해 석등, 이불병좌상 등

자료 ① 고조선의 법 조항으로 알 수 있는 사회 모습

- 사람을 죽인 사람은 사형에 처한다.
- 남을 다치게 한 사람은 곡식으로 갚는다.
- 남의 물건을 훔친 사람은 데려다 노비로 삼으며, 죄를 면하려면 50만 전을 내야 한다.

고조선은 법이 매우 엄격하였고, 개인의 재산을 인정하였으며, 신분 제도와 화폐의 개념이 있었다는 것을 알 수 있습니다.

자료 ② 삼국의 전성기를 이끈 왕들이 한 일

백제 근초고왕	남쪽, 북쪽으로 영토를 넓히고 중국, 왜 등 주변 나라들과 활발하게 교류하였음.
고구려 광개토 대왕	요동 지역을 차지하고, 한강 북쪽까지 영토를 넓혔음.
고구려 장수왕	도읍을 평양으로 옮기고, 한강 유역을 차지하였음.
신라 진흥왕	한강 유역을 모두 차지하고, 대가야를 정복하였음.

자료 ③ 삼국과 가야의 대표적인 문화유산

▲ 고구려 – 금동 연가 7년명 여래 입상

▲ 백제 – 백제 금동 대향로

▲ 신라 – 경주 첨성대

▲ 가야 – 철제 갑옷과 투구

쪽지 시험 ❶ 나라의 등장과 발전

정답과 해설 • 24쪽

1 (철기 , 청동기) 시대에 강한 세력이 주변 부족을 정복하는 과정에서 우리 역사 속 최초의 나라인 고조선이 등장하였습니다.

2 고조선의 건국 이야기에서 환웅이 바람, 비, 구름을 다스리는 신하를 이끌고 내려왔다는 내용을 통해 고조선이 (농업 , 상업)을 중요하게 생각하였음을 알 수 있습니다.

3 고구려, 백제, 신라 중 가장 먼저 전성기를 맞은 나라는 어디입니까?

4 고구려의 (장수왕 , 광개토 대왕)은 도읍을 평양으로 옮기고, 백제를 공격하여 한강 유역을 차지하였습니다.

5 삼국은 (　　　　　　)을/를 받아들여 왕의 권위를 높이고 백성의 마음을 하나로 모으고자 하였습니다.

6 신라의 선덕 여왕은 하늘의 별, 해와 달의 모습 등을 관찰하는 시설로 알려진 (　　　　　　)을/를 만들었습니다.

7 고구려 출신으로 옛 고구려 사람들과 말갈족 일부를 이끌고 동모산 근처에 발해를 세운 인물은 누구입니까?

8 통일 신라 시대에 화강암을 다듬어 쌓아 만든 석굴 모양의 절로, 내부에는 본존불과 함께 여러 조각이 조화를 이루고 있는 문화유산은 무엇입니까?

1 ________

2 ________

3 ________

4 ________

5 ________

6 ________

7 ________

8 ________

개념 정리

② 독창적 문화를 발전시킨 고려

1 고려의 건국과 후삼국 통일

① 고려의 후삼국 통일 과정 자료 ①

후삼국 성립 → 고려 건국(918년) → 신라 항복 → 후백제 멸망 → 후삼국 통일(936년)

② 고려의 제도 정비

태조 왕건	• 백성의 세금을 줄여 생활을 안정시켰음. • 호족을 자기편으로 끌어들이면서도 적절히 견제하였음. • 북진 정책을 추진하여 북쪽으로 영토를 넓혔음.
광종	능력 있는 관리를 뽑기 위해 과거제를 실시하였음.
성종	유교 이념에 바탕을 둔 여러 제도를 마련하였음.

2 거란, 여진의 침입과 고려의 대응

① 거란의 침입과 대응 과정 자료 ②

1차 침입	서희의 담판으로 강동 6주를 차지하게 되었음.
2차 침입	양규가 이끄는 고려군이 거란군에 큰 피해를 주었음.
3차 침입	강감찬이 귀주에서 물러가던 거란군을 공격해 크게 승리하였음(귀주 대첩).

② 여진 정벌: 여진이 국경 지역을 자주 침입하자, 윤관이 별무반을 이끌고 여진을 몰아낸 후 동북 지역에 9개의 성을 쌓았습니다.

3 몽골의 침입과 고려의 항쟁 자료 ③

① 몽골의 침입: 몽골 사신의 사망 사건을 구실로 몽골이 고려를 침입하였습니다(1231년). → 강화를 체결하였습니다.

② 고려의 대응: 도읍을 개경에서 강화도로 옮겼습니다. → 처인성, 충주성 등에서 고려군과 백성이 몽골에 맞서 싸웠습니다.

③ 삼별초의 항쟁: 고려가 몽골과 강화를 맺고 개경으로 돌아가자, 이에 반발하여 근거지를 강화도에서 진도, 탐라(제주)로 옮겨 가며 저항하였습니다.

4 고려 문화의 우수성

고려청자	• 고려를 대표하는 예술품임. • 고려만의 독창적인 상감 청자를 만들었음.
팔만대장경	• 부처의 힘으로 몽골의 침입을 막아 내려고 만들었음. • 글자 모양이 고르고, 잘못된 글자가 거의 없음.
금속 활자	• 세계 최초로 금속 활자를 발명하였음. • 『직지심체요절』은 오늘날 남아 있는 금속 활자로 인쇄한 책 가운데 세계에서 가장 오래된 것임.

자료 ① 고려의 건국과 후삼국 통일 과정

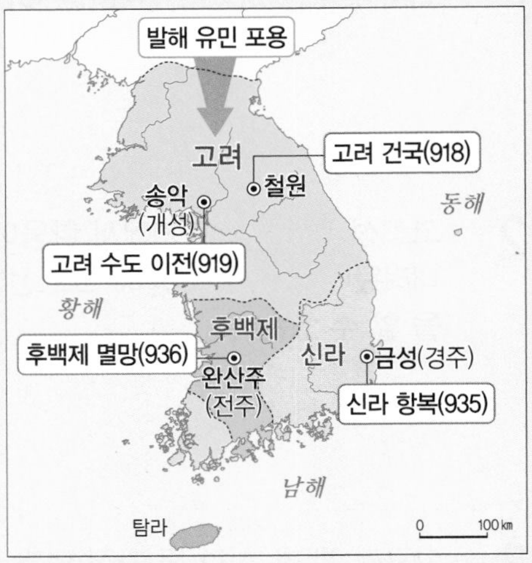

자료 ② 거란의 침입과 고려의 대응

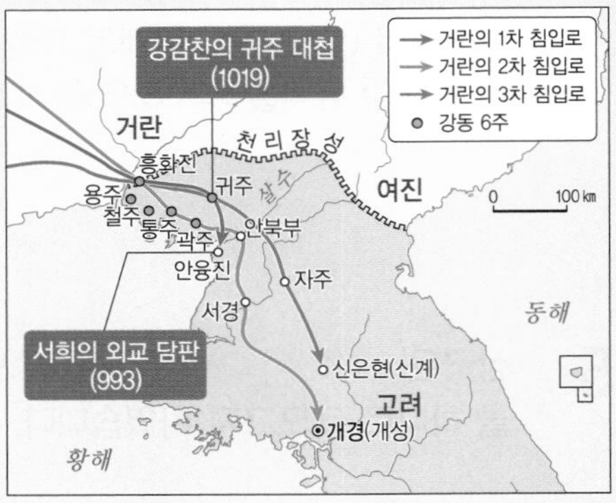

자료 ③ 몽골의 침입과 고려의 항쟁

② 독창적 문화를 발전시킨 고려

정답과 해설 • 24쪽

1 궁예가 호족들을 탄압하고 나라를 난폭하게 다스리자 궁예를 몰아내고 고려를 세운 사람은 누구입니까?

1 ____________

2 고려의 (광종 , 성종)은 능력 있는 관리를 뽑기 위해 과거제를 처음 실시하였습니다.

2 ____________

3 거란의 1차 침입 때 (   )은/는 고려와 송의 관계를 끊고자 하는 거란의 침입 의도를 파악하고, 거란의 장수 소손녕과 담판을 벌였습니다.

3 ____________

4 고려의 북동쪽에 있던 여진이 국경 지역을 자주 침입하자, 고려의 장수 윤관은 (별무반 , 삼별초)을/를 이끌고 여진을 물리쳤습니다.

4 ____________

5 몽골의 1차 침입 이후 고려는 도읍을 개경에서 (   )(으)로 옮기고 몽골에 맞서 싸웠습니다.

5 ____________

6 몽골의 고려 침입에 맞서 승려 (강감찬 , 김윤후)이/가 처인성 전투에서 백성과 함께 싸워 큰 승리를 거두었습니다.

6 ____________

7 몽골의 침입으로 ㉠ (초조대장경 , 팔만대장경)이 불타 없어지자 이에 고려 사람들은 부처의 힘으로 몽골의 침입을 막아 내고자 ㉡ (초조대장경 , 팔만대장경)을 만들었습니다.

7 ㉠: ____________

㉡: ____________

8 불교 가르침의 주요 내용을 정리한 것으로, 오늘날 남아 있는 금속 활자 인쇄본 중 세계에서 가장 오래된 책은 무엇입니까?

8 ____________

개념 정리 ③ 민족 문화를 지켜 나간 조선

1 조선의 건국과 유교 질서에 따른 사회 모습

① 조선의 건국 과정: 이성계의 위화도 회군(1388년) → 이성계와 신진 사대부의 토지 개혁 → 신진 사대부 사이의 갈등 → 정몽주 등 반대 세력 제거 → 조선 건국(1392년) → 한양 천도

② 조선의 제도 정비

태종	• 16세 이상의 남자들에게 호패를 차고 다니게 하였음. • 전국을 8개의 도로 나누고 관리를 파견하였음.
세종	왜구를 물리치고자 쓰시마섬(대마도)을 정벌하였고, 북쪽으로는 여진을 몰아내고 4군 6진을 설치하였음.
성종	세조 때부터 만들기 시작한 『경국대전』을 완성하였음.

③ 유교 질서에 따른 사회 모습

조선의 기본 정신	나라의 근본은 백성에게 있다는 유교의 가르침에 따라 정치를 하고, 백성도 유교 예절을 따르게 하였음.
조선의 신분 제도	태어나면서부터 신분이 정해졌고 양반, 중인, 상민, 천민은 각각의 신분에 따라 생활 모습이 달랐음. 자료 ①

2 세종 대 문화와 과학의 발전

① 훈민정음 창제

목적	세종이 백성도 글자를 쉽게 익히고 사용할 수 있도록 하고자 만들었음.
특징	우리말을 그대로 읽고 쓰기에 편리한 독창적이고 과학적인 글자임.

② 책 편찬: 『농사직설』, 『향약집성방』 등을 편찬하였습니다.

③ 과학 기술의 발전: 천문 관측기구(혼천의, 간의 등), 시간 측정 기구(앙부일구, 자격루 등), 측우기 등을 만들었습니다. 자료 ②

3 임진왜란과 병자호란

① 임진왜란의 전개 과정과 극복 노력

- 임진왜란 발발: 일본의 조선 침략(1592년) → 부산진과 동래성 함락 → 선조의 의주 피란, 명에 도움 요청
- 조선의 극복 노력: 이순신이 이끄는 조선 수군의 활약, 전국에서 일어난 의병의 활약, 관군의 활약 등으로 일본군을 물리쳤습니다. 자료 ③

② 병자호란의 전개 과정: 청이 조선에 '임금과 신하의 관계'를 요구하며 침략하였습니다. → 인조는 남한산성으로 피란하여 항전하였으나 결국 청에 항복하였습니다. → 조선과 청은 '신하와 임금의 관계'를 맺었습니다.

자료 ① 조선 시대 신분에 따른 생활 모습

양반	유교의 가르침이 담긴 책을 공부하였고, 과거를 치러 관리가 될 수 있었음.
중인	의관, 화원, 역관 등 관청에서 일하거나 전문적인 일을 하였음.
상민	• 대부분 농사를 지었음. • 세금을 내고 군대에 가서 나라를 지켰으며, 나라에 큰 공사가 있을 때 불려 가서 일해야 했음.
천민	• 대부분 노비였음. • 양반의 집이나 관공서에서 허드렛일이나 물건을 만드는 일을 하였음. • 주인과 따로 살면서 주인집에 돈이나 물건을 바치기도 하였음.

자료 ② 세종 대에 만들어진 과학 기구

혼천의	해와 달, 별의 움직임과 위치를 관찰하는 기구
앙부일구	해의 그림자를 관측하여 시간을 재는 해시계
자격루	자동으로 종을 쳐서 시각을 알려 주는 물시계
측우기	빗물을 원통형의 그릇에 받아 비가 내린 양을 측정하는 기구

자료 ③ 임진왜란 당시 관군과 의병의 활동

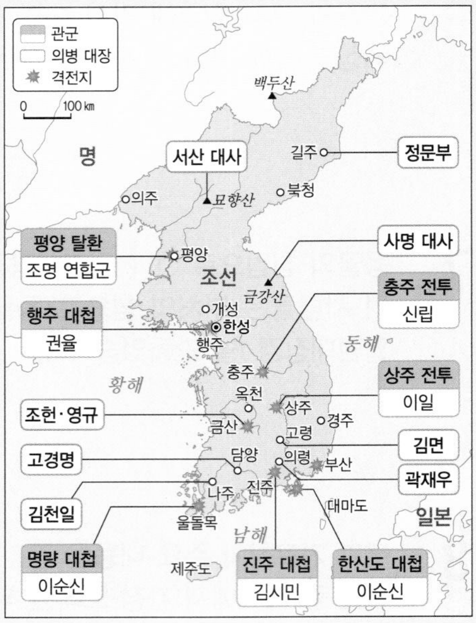

쪽지 시험 ③ 민족 문화를 지켜 나간 조선

정답과 해설 • 24쪽

1 신진 사대부 중 (정도전 , 정몽주)은/는 고려 왕조를 유지하면서 개혁을 해야 한다고 주장하였습니다.

2 조선이 (   )을/를 도읍으로 삼은 까닭은 교통이 편리하고 주변이 산으로 둘러싸여 있어 적의 공격을 방어하기에 유리하였기 때문입니다.

3 조선 시대의 신분 중 (상민 , 중인)은 대부분 농사를 지었으며, 나라에 큰 공사나 일이 있을 때 불려 가기도 하였습니다.

4 조선 세종 대에 농민들의 오랜 경험과 농사 기술을 조사하여 우리나라의 환경에 맞는 농사법을 정리한 책은 무엇입니까?

5 조선 세종은 우리나라 하늘에서 일어나는 천문 현상을 연구하고자 해와 달, 별의 움직임과 위치를 관찰할 수 있는 (혼천의 , 앙부일구)를 만들었습니다.

6 임진왜란 때 의령에서 의병을 조직한 인물로, 붉은 옷을 입고 여러 전투를 지휘하여 홍의 장군이라고 불린 인물은 누구입니까?

7 조선의 (   )은/는 명과 후금 사이에서 중립 외교를 펼쳐 전쟁에 휘말리지 않으려고 하였습니다.

8 병자호란 때 인조와 신하들이 피신하여 청에 맞서 싸웠던 곳은 어디입니까?

1 ____________________

2 ____________________

3 ____________________

4 ____________________

5 ____________________

6 ____________________

7 ____________________

8 ____________________

실전 단원 평가 1회

1. 옛사람들의 삶과 문화

1 고조선에 대한 설명으로 알맞지 않은 것은 어느 것입니까? (　　)

① 단군왕검이 세웠다.
② 우리 역사 속 최초의 나라이다.
③ 여덟 개의 법 조항을 만들었다.
④ 고구려의 공격을 받아 멸망하였다.
⑤ 청동기 문화를 바탕으로 성립하였다.

서술형

2 다음 법 조항을 통해 알 수 있는 고조선의 사회 모습을 두 가지 쓰시오.

> 남의 물건을 훔친 사람은 데려다 노비로 삼으며, 죄를 면하려면 50만 전을 내야 한다.

3 다음 ㉠, ㉡에 들어갈 말을 알맞게 짝지은 것은 어느 것입니까? (　　)

> 고구려는 부여에서 내려온 (㉠)이/가 (㉡)에 세운 나라입니다.

	㉠	㉡
①	온조	졸본
②	온조	한강 유역
③	주몽	졸본
④	주몽	한강 유역
⑤	박혁거세	한강 유역

중요

4 다음 업적을 남긴 삼국의 왕은 누구입니까? (　　)

> • 한강 유역을 모두 차지하였습니다.
> • 대가야를 정복하여 가야 연맹을 멸망시켰습니다.

① 장수왕　② 지증왕　③ 진흥왕
④ 근초고왕　⑤ 광개토 대왕

5 다음 밑줄 친 부분에 들어갈 문화유산으로 알맞지 않은 것은 어느 것입니까? (　　)

> 삼국은 왕의 권위를 높이고 백성의 마음을 하나로 모으려고 불교를 받아들여 ＿＿＿＿＿ 등 다양한 문화유산을 남겼습니다.

① 경주 첨성대
② 황룡사 9층 목탑
③ 익산 미륵사지 석탑
④ 금동 연가 7년명 여래 입상
⑤ 서산 용현리 마애 여래 삼존상

6 다음에서 설명하는 인물은 누구입니까? (　　)

> 신라가 한강 유역을 차지한 후 백제의 공격을 받아 어려움을 겪자 당에 가서 당과 동맹을 맺었습니다.

① 계백　② 김유신　③ 김춘추
④ 대조영　⑤ 문무왕

7 다음 문화유산을 남긴 나라에 대한 설명으로 알맞은 것은 어느 것입니까? (　　)

▲ 이불병좌상　▲ 석등

① 박혁거세가 세웠다.
② 삼국 통일을 이루었다.
③ 백제의 옛 땅을 대부분 되찾았다.
④ 불국사와 석굴암이 대표적인 문화유산이다.
⑤ 전성기에 당으로부터 해동성국이라고 불렸다.

8 신라 말의 상황을 바르게 이야기한 어린이를 두 명 고르시오. (,)

①

세금이 줄어 농민의 생활이 안정되었어.

②

귀족들이 서로 다투면서 정치가 혼란하였어.

③

지방에서 궁예가 후백제를, 견훤이 후고구려를 세웠어.

④

지방에서 새로운 정치 세력인 호족이 성장하였어.

중요

9 고려 태조 왕건이 한 일로 알맞지 않은 것은 어느 것입니까? ( )

① 백성의 세금을 줄였다.
② 후삼국 통일을 이루어 냈다.
③ 옛 발해의 백성을 받아들였다.
④ 호족 세력을 억눌러 정치를 안정시켰다.
⑤ 북진 정책을 추진하여 북쪽으로 영토를 넓혔다.

10 다음 보기 에서 고려 시대 거란의 1차 침입에 대한 설명으로 알맞은 것을 모두 골라 기호를 쓰시오.

보기
㉠ 고려가 개경을 빼앗기는 어려움을 겪었다.
㉡ 거란이 고려와 송의 관계를 끊으려고 침입하였다.
㉢ 서희의 담판으로 고려가 강동 6주를 차지하게 되었다.
㉣ 강감찬이 이끄는 고려군이 돌아가는 거란군을 귀주에서 크게 물리쳤다.

( )

11 다음에서 설명하는 군대는 무엇인지 쓰시오.

- 원래 무신 정권의 군사적 기반이었는데, 몽골이 침략하자 그에 대항하는 군대가 되었습니다.
- 고려가 몽골과 강화를 맺고 도읍을 다시 개경으로 옮기자, 이에 반발하여 강화도에서 진도, 탐라로 근거지를 옮겨 가며 몽골군과 싸웠습니다.

( )

중요

12 고려 시대에 부처의 힘으로 몽골의 침입을 막아 내려고 만든 문화유산은 어느 것입니까? ( )

①
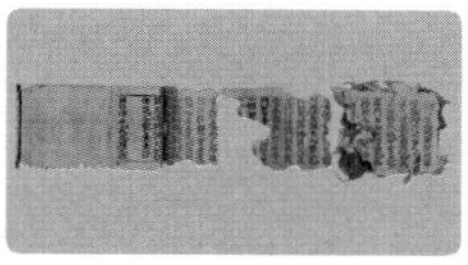
▲ 무구정광대다라니경

②
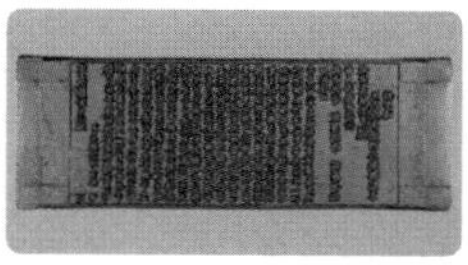
▲ 팔만대장경판

③

▲ 청자 상감 운학무늬 매병

④

▲ 『직지심체요절』

13 금속 활자에 대한 설명으로 알맞지 않은 것은 어느 것입니까? ( )

① 고려가 세계 최초로 발명하였다.
② 갈라지거나 휘어지는 성질이 있었다.
③ 쉽게 부서지거나 닳지 않아 보관이 쉬웠다.
④ 『직지심체요절』은 금속 활자로 인쇄한 대표적인 책이다.
⑤ 금속 활자를 활용하면 짧은 시간에 여러 종류의 책을 만들 수 있었다.

14 조선의 건국 과정에서 있었던 일로 알맞지 않은 것은 어느 것입니까? (　　)

① 이성계가 위화도 회군으로 권력을 잡았다.
② 조선을 건국한 뒤 개경에서 한양으로 도읍을 옮겼다.
③ 이성계와 신진 사대부가 새로운 토지 제도를 마련하였다.
④ 고려 사회의 개혁 방법을 둘러싸고 신진 사대부가 대립하였다.
⑤ 정도전은 고려 왕조를 유지하면서 개혁해야 한다고 주장하였다.

15 다음 공통으로 밑줄 친 '이 사상'으로 알맞은 것은 무엇입니까? (　　)

> 조선은 이 사상에 따라 나라를 다스리고자 하였습니다. 또한 이 사상에 따라 궁궐, 종묘, 사직단 등의 건물과 도성으로 들어가는 출입문의 위치와 이름을 정하였습니다.

① 도교　② 불교　③ 유교
④ 기독교　⑤ 이슬람교

서술형

16 조선 시대 상민의 생활 모습을 두 가지 쓰시오.

____

____

17 다음 빈칸에 공통으로 들어갈 알맞은 말을 쓰시오.

> 세종은 백성도 글자를 쉽게 익히고 사용할 수 있도록 하고자 (　　)을/를 만들었습니다. (　　)은/는 우리말을 그대로 읽고 쓰기에 편리한 독창적이고 과학적인 글자입니다.

(　　　　)

18 다음 문화유산에 대한 설명으로 알맞은 것은 어느 것입니까? (　　)

◀ 자격루

① 비가 내린 양을 측정하는 기구이다.
② 해의 그림자를 관측하여 시간을 재는 기구이다.
③ 자동으로 종을 쳐서 시각을 알려 주는 물시계이다.
④ 해와 달, 별의 움직임과 위치를 관찰하는 기구이다.
⑤ 여러 발의 신기전을 연속해서 발사할 수 있는 무기이다.

중요

19 임진왜란의 전개 과정에서 있었던 일을 일어난 순서대로 기호를 쓰시오.

> ㉠ 부산진과 동래성이 함락되었다.
> ㉡ 선조가 명에 군대를 보내 줄 것을 요청하였다.
> ㉢ 휴전 회담이 성과 없이 끝나자 일본이 다시 쳐들어왔다.
> ㉣ 이순신이 이끄는 수군이 노량 해전에서 일본군을 크게 무찔렀다.

(　　→　　→　　→　　)

20 병자호란이 일어난 까닭으로 알맞은 것은 어느 것입니까? (　　)

① 광해군이 중립 외교 정책을 펼쳤다.
② 명이 조선에 군사 지원을 요청하였다.
③ 인조가 광해군을 몰아내고 왕위에 올랐다.
④ 인조가 명과 가까이 지내고 후금을 멀리하는 정책을 펼쳤다.
⑤ '임금과 신하의 관계'를 맺자는 청의 요구를 조선이 거절하였다.

실전 단원 평가 2회

1. 옛사람들의 삶과 문화

1 다음 빈칸에 들어갈 알맞은 말을 쓰시오.

> ()은/는 고조선을 세운 사람을 가리키는 말입니다. 하늘에 제사를 지내는 제사장이라는 뜻과 정치 지배자라는 뜻이 담겨 있습니다.

()

2 백제에 대한 설명으로 알맞은 것은 어느 것입니까?
()

① 박혁거세가 세웠다.
② 대가야를 정복하였다.
③ 진흥왕 때 전성기를 맞았다.
④ 작은 나라들이 연맹을 이루었다.
⑤ 삼국 중 가장 먼저 전성기를 맞았다.

중요

3 삼국이 전성기를 맞았을 때의 공통점으로 알맞은 것을 두 가지 고르시오. (,)

① 영토를 크게 넓혔다.
② 평양으로 도읍을 옮겼다.
③ 철기 문화를 받아들였다.
④ 한강 유역을 차지하였다.
⑤ 풍부한 철을 바탕으로 다른 나라와 활발히 교류하였다.

4 다음과 같은 문화유산을 남긴 나라는 어디입니까?
()

▲ 금동 연가 7년명 여래 입상　▲ 무용총의 손님맞이 그림

① 가야　　② 백제　　③ 신라
④ 고구려　⑤ 고조선

서술형

5 삼국이 불교를 받아들인 까닭을 쓰시오.

6 발해에 대해 잘못 이야기한 어린이는 누구입니까?
()

① 고구려 출신인 대조영이 세웠어.

② 백제 문화의 영향을 받았어.

③ 불교가 널리 유행하여 불교문화가 발달하였어.

④ 전성기에 당으로부터 해동성국이라고 불렸어.

7 다음 보기에서 불국사에 대한 설명으로 알맞은 것을 모두 골라 기호를 쓰시오.

> **보기**
> ㉠ 유네스코 세계 유산으로 지정되었다.
> ㉡ 화강암을 쌓아 만든 석굴 모양의 절이다.
> ㉢ 내부 구조와 본존불에 정확한 수학적 비례가 적용되었다.
> ㉣ 불국사 안에 있는 경주 불국사 3층 석탑에서 무구정광대다라니경이 발견되었다.

()

★중요★

8 다음 ㉠~㉢에 들어갈 인물을 알맞게 짝지은 것은 어느 것입니까? ( )

- 신라 말에 등장한 여러 호족 중에서 (㉠)은/는 후백제를 세웠고, (㉡)은/는 후고구려를 세웠습니다.
- 후고구려의 (㉡)이/가 호족들을 탄압하고 나라를 난폭하게 다스리자 (㉢)은/는 (㉡)을/를 몰아내고 고려를 세웠습니다.

	㉠	㉡	㉢
①	견훤	궁예	왕건
②	견훤	왕건	궁예
③	궁예	견훤	왕건
④	궁예	왕건	견훤
⑤	왕건	궁예	견훤

9 고려의 건국과 후삼국 통일 과정 중 두 번째로 일어난 사건은 어느 것입니까? ( )

① 고려가 후백제를 멸망시켰다.
② 고려가 송악으로 도읍을 옮겼다.
③ 신라가 스스로 나라를 고려에 넘겨주었다.
④ 신하들이 궁예를 몰아내고 왕건을 왕으로 세웠다.
⑤ 견훤이 왕위를 빼앗기고 후백제를 탈출하여 고려로 갔다.

10 거란의 침입과 고려의 대응 과정에서 있었던 일로 알맞지 않은 것은 어느 것입니까? ( )

① 양규의 군대가 거란군에 승리하였다.
② 경주의 황룡사 9층 목탑이 불타 없어졌다.
③ 고려는 개경을 빼앗기는 어려움을 겪었다.
④ 서희의 담판으로 고려가 강동 6주를 얻었다.
⑤ 강감찬이 고려군을 이끌고 귀주에서 거란군에 승리하였다.

11 다음은 몽골의 침입과 고려의 항쟁 과정을 나타낸 표입니다. (가)에 들어갈 사건으로 알맞은 것을 두 가지 고르시오. (,)

강화도로 도읍을 옮겼다.

↓

(가)

↓

고려가 몽골과 강화를 맺었다.

① 충주성에서 고려군이 몽골군에 승리하였다.
② 삼별초가 근거지를 옮겨 가며 몽골군과 싸웠다.
③ 승려 김윤후가 처인성 전투를 승리로 이끌었다.
④ 윤관이 별무반이라는 특수 부대를 이끌고 맞섰다.
⑤ 고려에 왔던 몽골 사신이 돌아가는 길에 사망하였다.

12 다음 대화의 빈칸에 공통으로 들어갈 알맞은 말을 쓰시오.

청자 ( ) 운학무늬 매병이야. 고려 시대의 대표적인 예술품답게 매우 아름답다.
재료의 겉을 파내고 그 자리에 다른 재료를 채워 장식하는 ( ) 기법을 청자에 적용하여 만들었다고 배웠어.

( )

서술형

13 다음 문화유산의 우수한 점을 쓰시오.

▲ 팔만대장경판

14 다음 빈칸에 공통으로 들어갈 알맞은 말을 쓰시오.

- 고려 말에 등장한 새로운 정치 세력인 (　　　) 은/는 고려 사회의 문제점을 해결하려고 노력하였습니다.
- 이성계와 (　　　)은/는 권문세족이 불법으로 가지고 있던 땅을 거두어들이고, 새로운 토지 제도를 마련하였습니다.

(　　　　　　)

15 다음 보기 에서 조선 왕들이 한 일로 알맞은 것을 모두 골라 기호를 쓰시오.

보기
㉠ 태조 - 도읍을 한양으로 옮겼다.
㉡ 태종 - 왜구를 물리치고자 쓰시마섬을 정벌하였다.
㉢ 성종 - 조선의 기본 법전인 『경국대전』을 완성하였다.
㉣ 세종 - 처음으로 16세 이상의 남자들에게 호패를 차고 다니게 하였다.

(　　　　　　)

중요
16 조선의 신분 제도에 대한 설명으로 알맞지 않은 것은 어느 것입니까? (　　　)

① 태어나면서부터 신분이 정해졌다.
② 양반은 관리가 되어 나라를 다스렸다.
③ 중인은 외국 사람의 말을 통역하는 일을 하였다.
④ 상민은 세금을 내고 군대에 가서 나라를 지켰다.
⑤ 천민은 가장 낮은 신분으로 대부분 농사를 지었다.

17 다음에서 설명하는 과학 기구를 쓰시오.

- 해의 그림자를 관측하여 시간을 재는 기구입니다.
- 한양 거리에 설치해 백성이 시각을 알 수 있도록 하였습니다.

(　　　　　　)

18 조선 전기의 문화와 과학에 대한 설명으로 알맞지 않은 것은 어느 것입니까? (　　　)

① 장영실이 여러 과학 기구를 만들었다.
② 신사임당과 같은 여성 화가도 활약하였다.
③ 『직지심체요절』 등 다양한 책이 편찬되었다.
④ 소박하고 깨끗한 분청사기, 백자가 인기를 끌었다.
⑤ 우리나라를 기준으로 한 역법서인 『칠정산』이 만들어졌다.

19 다음 빈칸에 들어갈 알맞은 인물은 누구입니까? (　　　)

임진왜란 때 (　　　)은/는 경상도 의령에서 의병을 조직하여 일본군에 맞섰습니다. 붉은 옷을 입고 여러 전투를 지휘하여 홍의 장군이라고 불렸습니다.

① 권율　② 곽재우　③ 김상헌
④ 이순신　⑤ 최명길

중요
20 다음에서 설명하는 사건의 결과로 알맞은 것은 어느 것입니까? (　　　)

청이 조선에 '임금과 신하의 관계'를 요구하였으나, 조선이 이를 거절하자 청이 조선을 침략하면서 시작되었습니다.

① 불국사와 경복궁 등이 불탔다.
② 조선이 4군 6진을 설치하였다.
③ 조선과 청이 '형제의 관계'를 맺었다.
④ 광해군을 몰아내고 인조가 왕위에 올랐다.
⑤ 조선의 왕자와 신하, 많은 백성이 청에 인질로 끌려갔다.

수행 평가 1. 옛사람들의 삶과 문화

주제 ①

고구려, 백제, 신라의 발전 과정

|목표| • 삼국의 전성기를 맞이한 순서대로 정리할 수 있다.
• 삼국의 전성기를 이끈 왕을 파악할 수 있다.
• 지도를 바탕으로 삼국의 전성기에 나타난 공통점을 설명할 수 있다.

✽ 다음은 고구려, 백제, 신라의 전성기 지도입니다. 물음에 답하시오.

(가)

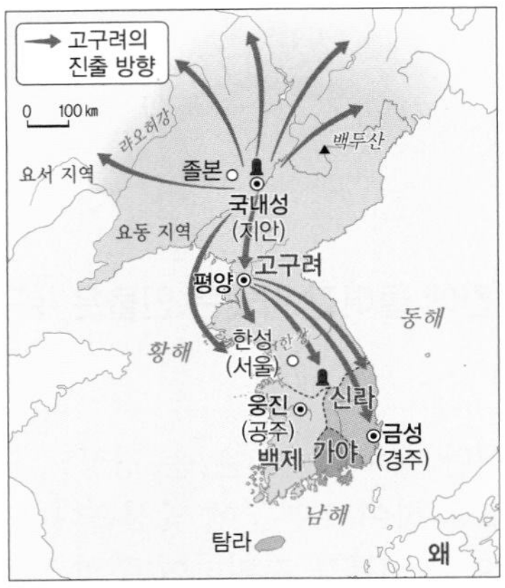

▲ 고구려의 전성기

(나)

▲ 백제의 전성기

(다)

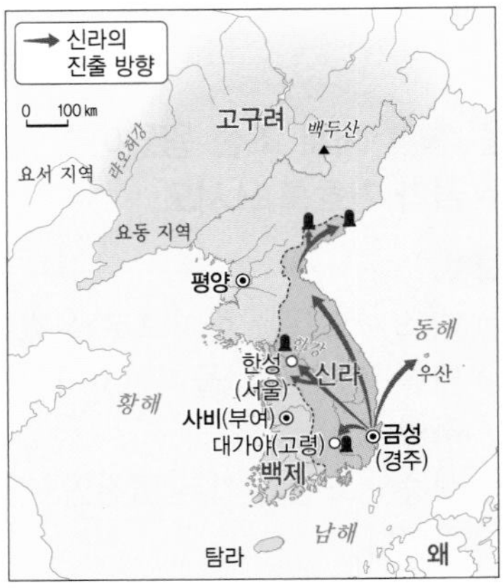

▲ 신라의 전성기

1-① 위 (가)~(다) 지도를 삼국이 전성기를 맞이한 순서대로 알맞게 기호를 쓰시오.

(→ →)

1-② 위 (가)~(다) 지도와 같이 삼국의 전성기를 이끈 왕을 각각 쓰시오.

(가)	(나)	(다)

1-③ 삼국의 전성기에 나타난 공통점을 두 가지 쓰시오.

주제 ❷

세종 대 과학 기술의 발전	[목표] • 세종 대에 만들어진 과학 기구의 이름을 파악할 수 있다. • 세종 대에 만들어진 과학 기구를 쓰임새에 맞게 구분할 수 있다. • 세종 대에 과학 기술이 발전한 배경을 설명할 수 있다.

✽ 다음은 세종 대에 만들어진 과학 기구입니다. 물음에 답하시오.

(가)

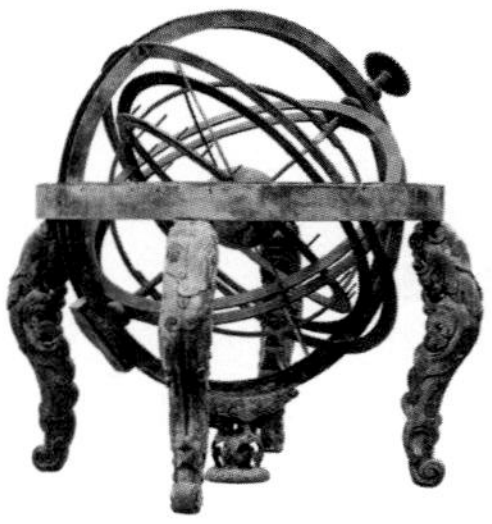

(나)

(다)

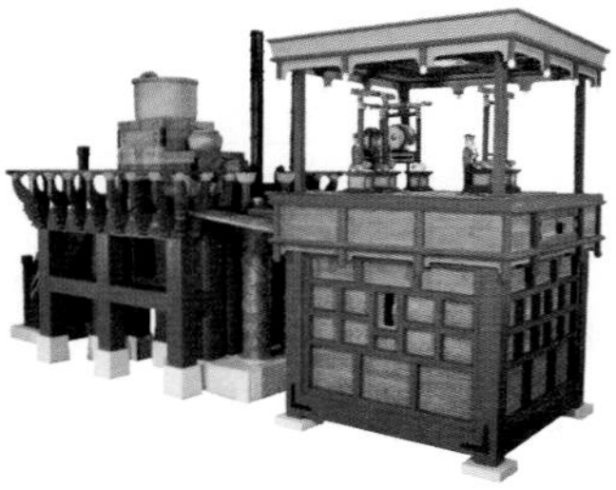

(라)

2-❶ 위 (가)~(라) 과학 기구의 이름을 쓰시오.

(가)	(나)	(다)	(라)

2-❷ 위 (가)~(라) 과학 기구와 그 쓰임새를 바르게 선으로 연결하시오.

(1) (가) •

(2) (나) •

(3) (다) •

(4) (라) •

• ㉠ 시간을 측정하는 기구

• ㉡ 비가 내린 양을 측정하는 기구

• ㉢ 해와 달, 별의 움직임과 위치를 관찰하는 기구

2-❸ 세종 대에 위와 같은 과학 기구를 만드는 등 과학 기술이 발달한 배경을 쓰시오.

개념 정리

① 새로운 사회를 향한 움직임

1 조선 후기 정치·사회·문화의 변화

① 영조·정조의 개혁 정책

영조	탕평책 실시, 신문고 다시 설치, 세금 감면, 가혹한 형벌 금지 등의 개혁을 추진하였음.
정조	탕평책 실시, 규장각에서 관리 육성, 수원 화성 건설 등의 개혁을 추진하였음. 자료 ①

② 실학: 토지 제도 개혁, 청 문물 수용, 상업과 공업의 발달, 우리 역사·지리·언어 연구 등을 주장한 실학이 발달하였습니다.

③ 서민 문화의 발전

한글 소설	『홍길동전』, 『춘향전』, 『심청전』 등이 유행하였음.
탈놀이	사람들이 탈을 쓰고 하는 연극임.
판소리	소리꾼이 북장단에 맞춰 이야기와 노래를 하는 공연임.
민화	작가가 대부분 알려지지 않은 그림임.
풍속화	사람들이 살아가는 모습을 생동감 있게 표현한 그림임.

2 흥선 대원군의 정책과 강화도 조약

① 흥선 대원군의 개혁 정치: 세금 제도 정비, 서원 정리, 경복궁을 다시 지어 왕의 권위를 강화하였습니다.

② 서양 세력의 침입

병인양요	프랑스군이 통상을 요구하며 강화도를 침략하였음.
신미양요	미군이 통상을 요구하며 강화도를 침략하였음.
척화비 건립	흥선 대원군이 전국에 척화비를 세워 서양과 교류하지 않겠다고 널리 알렸음.

③ 강화도 조약: 우리나라가 외국과 맺은 최초의 근대적 조약이자 일본에 유리한 불평등 조약입니다. 자료 ②

3 갑신정변과 동학 농민 운동 자료 ③

갑신정변	김옥균 등이 새로운 조선을 만들고자 우정총국 개국 축하 잔치에서 정변을 일으켰음. → 새로운 정부를 구성하고 개혁안을 발표하였음. → 청 군대가 개입하면서 실패로 끝났음.
동학 농민 운동	고부 군수의 횡포에 전봉준이 농민들과 함께 봉기하였음. → 동학 농민군이 전주성을 점령하자 정부가 청에 군대를 요청하였음. → 청과 일본이 군대를 보냈음. → 동학 농민군이 정부와 협상을 맺고 개혁을 추진하였음. → 청일 전쟁이 일어났음. → 동학 농민군이 일본군을 몰아내려고 다시 봉기하였으나 패배하였음.

자료 ① 수원 화성

정조는 수원 화성을 건설하여 정치적·군사적·상업적 기능을 갖춘 중심지로 만들고자 하였습니다.

자료 ② 강화도 조약

제1조	조선은 자주국이며, 일본과 평등한 권리를 가진다.
제4조	조선은 부산 이외에 두 곳의 항구를 개항하고 일본인이 와서 통상하는 것을 허용한다.
제7조	일본인이 조선의 해안을 자유롭게 측정하는 것을 허가한다.
제10조	조선의 항구에서 죄를 지은 일본인은 일본 관리가 재판한다.

조선군이 강화도에 허가 없이 침략한 일본 군함을 공격한 것을 빌미로 일본이 개항을 요구하여 조선이 일본과 강화도 조약을 맺고 개항하였습니다. 이후 조선은 서양의 다른 나라들과도 조약을 맺고 교류하였습니다.

자료 ③ 동학 농민 운동의 전개 과정

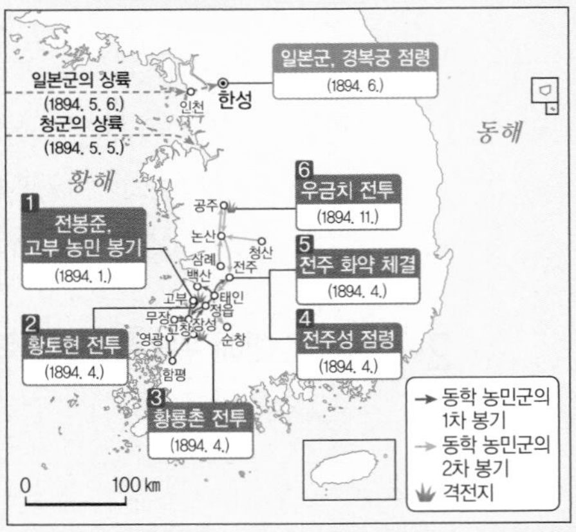

동학 농민군은 안으로는 양반 중심의 신분 질서를 개혁하고, 밖으로는 외국 세력의 침략을 물리쳐 나라를 지키고자 하였습니다.

① 새로운 사회를 향한 움직임

정답과 해설 • 27쪽

1 (영조 , 정조)는 수원 화성을 건설하여 정치적·군사적·상업적 기능을 갖춘 중심지로 만들고자 하였습니다.

1 ____________

2 조선 후기 백성의 생활을 돕고 현실 문제를 해결하기 위해 등장한 학문은 무엇입니까?

2 ____________

3 서민 문화 중 (   )은/는 소리꾼이 북장단에 맞추어 이야기와 노래를 하는 공연입니다.

3 ____________

4 흥선 대원군은 왕실의 권위를 높이고자 임진왜란 때 불탄 (   )을/를 다시 지었습니다.

4 ____________

5 (병인양요 , 신미양요)는 프랑스군이 통상을 요구하며 강화도를 침략한 사건입니다.

5 ____________

6 조선이 개항을 하게 된 조약으로, 우리나라가 외국과 맺은 최초의 근대적 조약이자 일본에 유리한 불평등 조약은 무엇입니까?

6 ____________

7 김옥균 등이 일본의 지원을 약속받고 우정총국 개국 축하 잔치에서 일으킨 정변은 무엇입니까?

7 ____________

8 동학 농민군은 (청 , 일본)군을 몰아내려고 다시 봉기하였지만 공주 우금치 전투에서 패배하였습니다.

8 ____________

개념 정리

❷ 일제의 침략과 광복을 위한 노력

1 일제에 맞서 나라를 지키기 위한 노력

① 자주독립과 근대화를 위한 노력

독립 협회 설립	• 서재필이 개화파 관료, 지식인 등과 함께 만들었음. • 독립문을 세우고 만민 공동회를 개최하였음.
대한 제국 수립	근대 시설(전기, 전차, 철도, 전화 등) 설립, 공장·은행·회사 설립 지원, 학교 설립 등의 근대 개혁을 추진하였음.

② 을사늑약: 러일 전쟁에서 승리한 일제가 이토 히로부미를 대한 제국에 보내 외교권을 빼앗는 을사늑약을 체결하였습니다.

③ 나라를 지키기 위한 노력 자료 ①

고종의 활동	을사늑약 체결이 무효임을 국제 사회에 알리기 위해 헤이그 특사를 파견하였음. → 일본이 고종을 황제 자리에서 물러나게 하고 대한 제국의 군대도 해산하였음.
항일 의병 운동	을미사변과 단발령, 을사늑약 체결, 고종 황제 강제 퇴위와 대한 제국 군대 해산 등에 반발하여 일어났음.
의거 활동	안중근이 이토 히로부미를 처단하였음.
기타	신민회가 활동하였고, 국채 보상 운동이 일어났음.

2 3·1 운동과 대한민국 임시 정부

3·1 운동 자료 ②	민족 대표들이 독립 선언식을 하고 학생과 시민들이 탑골 공원에서 만세 시위를 벌였음. → 만세 시위가 전국으로 퍼졌고 나라 밖으로도 확산하였음.
대한민국 임시 정부	• 1919년에 중국 상하이에서 수립되었음. • 비밀 연락망 조직, 독립신문 편찬, 외교 활동을 하였음.

3 나라를 되찾기 위한 다양한 노력

① 3·1 운동 이후 국내외의 독립운동

국외	봉오동 전투, 청산리 대첩 등에서 일본군을 무찔렀음.
국내	6·10 만세 운동, 광주 학생 항일 운동 등이 일어났음.

② 일제의 침략에 맞서 나라를 되찾기 위한 다양한 노력

민족 문화 수호 운동	• 조선어 학회가 한글 보급 운동을 펼쳤고, 『우리말큰사전』을 편찬하기 위해 노력하였음. • 신채호가 을지문덕, 이순신 등의 전기를 쓰고 우리 역사에 관한 역사책을 썼음.
대한민국 임시 정부의 활동	• 김구가 한인 애국단을 조직하였음. 자료 ③ • 한국 광복군이 일본군에 맞서 싸웠음.

자료 ① 항일 의병 운동

을미사변과 단발령 이후
양반 유생들이 을미사변과 단발령에 반발하여 의병을 일으켰음.

↓

을사늑약 체결 이후
• 을사늑약이 강제로 체결되자 전국 각지에서 의병이 다시 일어났음. • 신돌석 등의 평민 출신 의병장이 활약하였음.

↓

대한 제국 군대 해산 이후
• 해산된 군인의 참여로 의병 운동이 더욱 활발해졌음. • 연합 부대가 서울 진공 작전을 펼쳤으나 일제의 탄압으로 실패하였음.

자료 ② 3·1 운동

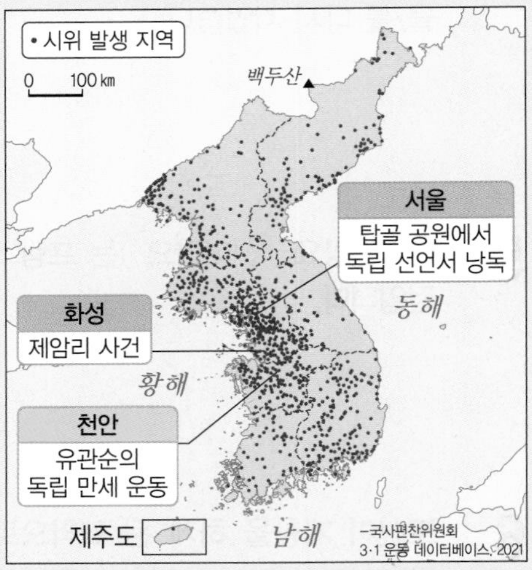

3·1 운동은 비록 일제의 탄압으로 좌절되었지만 우리 민족의 독립 의지를 전 세계에 알린 중요한 사건이었습니다.

자료 ③ 한인 애국단의 활동

이봉창	일본 도쿄에서 일본 국왕이 탄 마차에 폭탄을 던졌음.
윤봉길	일본군의 상하이 점령 축하 기념행사가 열리는 훙커우 공원에 폭탄을 던져 일본군 육군 대장을 죽이는 데 성공하였음.

❷ 일제의 침략과 광복을 위한 노력

정답과 해설 • 27쪽

1 독립문 건설, 만민 공동회 개최 등을 통해 자주독립 의지를 일깨우려 한 단체는 무엇입니까?

1 ____________

2 1905년 러일 전쟁에서 승리한 일제가 이토 히로부미를 대한 제국에 보내 외교권을 빼앗는 (   )을/를 강제로 체결하였습니다.

2 ____________

3 (안중근 , 안창호)은/는 1909년에 우리나라 침략에 앞장선 이토 히로부미를 만주 하얼빈역에서 처단하였습니다.

3 ____________

4 1919년 3월에 전국에서 일어난 만세 시위로, 일제의 탄압으로 좌절되었지만 우리 민족의 독립 의지를 전 세계에 알린 사건은 무엇입니까?

4 ____________

5 1919년에 중국 상하이에서 이승만을 임시 대통령으로 하는 (   ) 이/가 수립되었습니다.

5 ____________

6 봉오동 전투 이후 일본군이 다시 독립군을 공격하자 (김좌진 , 신채호)과/와 홍범도가 이끄는 여러 독립군 부대가 일본군을 청산리 일대에서 크게 무찔렀습니다.

6 ____________

7 (   )은/는 한글 보급 운동을 펼쳤고, 『우리말큰사전』을 편찬하기 위해 노력하였습니다.

7 ____________

8 대한민국 임시 정부의 군대로, 태평양 전쟁이 일어나자 연합군의 일원으로 일본군에 맞서 싸운 군대는 무엇입니까?

8 ____________

개념 정리

③ 대한민국 정부의 수립과 6·25 전쟁

1 8·15 광복과 대한민국 정부의 수립

① **8·15 광복**: 우리 민족의 독립운동과 제2차 세계 대전에서 연합국의 승리로 1945년 8월 15일에 광복을 맞이하였습니다.

② **정부 수립을 위한 노력**

모스크바 3국 외상 회의	한반도에 대해 임시 민주 정부 수립, 미소 공동 위원회 구성, 최고 5년간 신탁 통치 등을 결정하였음.
남한만의 총선거 결정	미국이 한반도 문제를 국제 연합에 넘겼음. → 국제 연합에서 남북한 총선거를 통한 정부 수립을 결정하자 소련과 북한이 거부하였음. → 국제 연합에서 남한만의 총선거를 결정하였음.

③ **대한민국 정부 수립 과정**

5·10 총선거	국회 의원을 뽑는 총선거가 실시되었음. 자료 ①
제헌 국회의 활동	나라 이름을 '대한민국'으로 정하고 제헌 헌법을 제정·공포하였으며, 헌법에 따라 이승만을 초대 대통령으로 선출하였음.
대한민국 정부 수립	1948년 8월 15일 이승만 대통령이 대한민국 정부 수립을 선포하였음.

2 6·25 전쟁의 과정과 영향

① **6·25 전쟁의 전개 과정** 자료 ②

북한군의 남침	1950년 6월 25일 북한군이 한반도를 무력 통일하기 위해 남한에 쳐들어왔음. → 3일 만에 서울이 함락되고 국군이 낙동강 부근까지 후퇴하였음.
국군과 국제 연합군의 반격	국제 연합군이 남한에 파견되었고, 국군과 국제 연합군이 인천 상륙 작전에 성공하여 서울을 되찾았음.
중국군의 개입	중국군이 북한을 돕기 위해 전쟁에 개입하였음. → 국군과 국제 연합군이 후퇴하였음.
정전 협정 체결	국군과 국제 연합군이 서울을 되찾은 후 38도선 부근에서 전투가 계속되었음. → 1953년 7월 정전 협정이 체결되고 휴전선이 놓였음.

② **6·25 전쟁의 피해와 영향** 자료 ③

인명 피해	• 군인과 민간인 수백만 명이 죽거나 다쳤음. • 많은 사람이 삶의 터전을 잃고 피란을 떠났음. • 이산가족과 전쟁고아가 많이 생겨났음.
물질적 피해	• 전 국토가 황폐해졌음. • 생산 시설과 주요 시설물이 파괴되었음.

자료 ① 5·10 총선거

▲ 5·10 총선거 포스터

1948년 5월 10일, 우리나라에서는 국회 의원을 뽑는 최초의 민주주의 선거가 실시되었습니다.

자료 ② 6·25 전쟁의 전개 과정

▲ 북한군의 남침

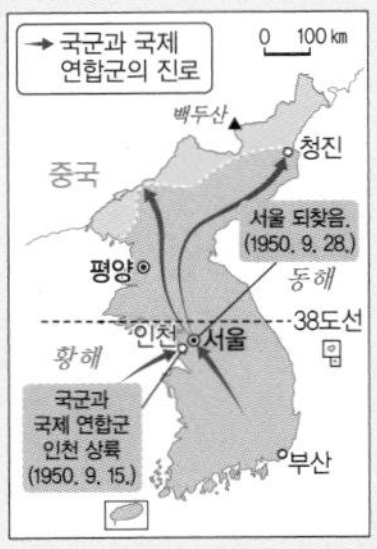

▲ 국군과 국제 연합군의 반격

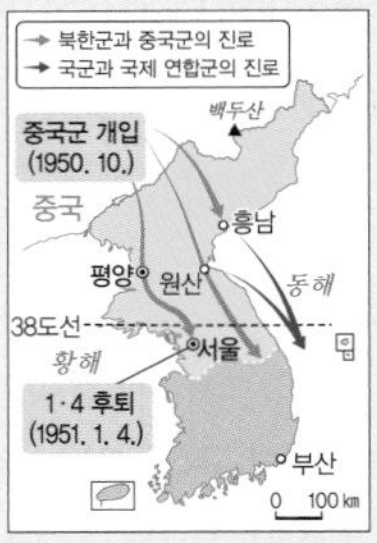

▲ 중국군의 개입

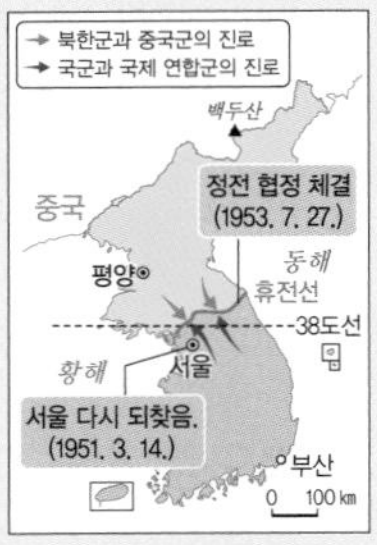

▲ 정전 협정 체결

3년 동안 이어진 6·25 전쟁은 1953년에 정전 협정이 체결되면서 마무리되었습니다. 이후 남한과 북한은 정전 상태로 오늘날까지 이르고 있습니다.

자료 ③ 6·25 전쟁의 영향

▲ 이산가족

▲ 파괴된 문화유산

6·25 전쟁은 남한과 북한 모두에게 큰 피해와 고통을 남겼습니다.

③ 대한민국 정부의 수립과 6·25 전쟁

정답과 해설 • 27쪽

1 우리 민족의 끊임없는 독립운동과 제2차 세계 대전에서 연합국의 승리로 우리 민족은 1945년 8월 15일에 (   )을/를 맞이하였습니다.

1 ____________

2 일본의 군대 해산을 이유로 북위 38도선을 기준으로 북쪽에 ㉠ (미국 , 소련)이, 남쪽에 ㉡ (미국 , 소련)이 각각 군대를 머물게 하였습니다.

2 ㉠: ____________

㉡: ____________

3 한반도에 대해 임시 민주 정부 수립, 미소 공동 위원회 구성, 최고 5년간 신탁 통치 등을 결정한 회의는 무엇입니까?

3 ____________

4 1948년 5월 10일 국회 의원을 뽑기 위해 실시된 선거는 무엇입니까?

4 ____________

5 1948년 8월 15일 이승만 대통령이 (   ) 정부 수립을 선포하였습니다.

5 ____________

6 북한이 한반도를 무력으로 통일하기 위해 1950년에 일으킨 전쟁은 무엇입니까?

6 ____________

7 6·25 전쟁 당시 국군과 국제 연합군이 압록강 유역까지 나아가자 (미국 , 중국)이 북한을 돕기 위해 전쟁에 개입하였습니다.

7 ____________

8 6·25 전쟁으로 가족과 헤어져 만나지 못하는 (   )과/와 부모를 잃은 전쟁고아가 많이 생겨났습니다.

8 ____________

실전 단원 평가 1회 2. 사회의 새로운 변화와 오늘날의 우리

1 다음과 같은 개혁 정책을 추진하였던 조선의 왕은 누구입니까? ( )

- 탕평책을 실시하였습니다.
- 신문고를 다시 설치해 백성이 억울한 일을 당하지 않게 하였습니다.
- 세금을 줄이고 가혹한 형벌을 금지하여 백성의 생활을 안정시켰습니다.

① 인조 ② 숙종 ③ 영조
④ 정조 ⑤ 고종

서술형

2 다음 실학자들이 공통으로 주장한 내용을 쓰시오.

- 박지원 • 박제가

3 다음 사진에 나타난 문화에 대한 설명으로 알맞지 않은 것은 어느 것입니까? ( )

▲ 하회 별신굿 탈놀이

① 사람들이 탈을 쓰고 하는 연극이다.
② 백성의 감정을 솔직하게 표현하였다.
③ 양반 사회를 비판하는 내용이 많았다.
④ 조선 후기에 서민들 사이에서 유행하였다.
⑤ 주로 사람들이 거의 없는 한적한 곳에서 공연하였다.

4 흥선 대원군이 한 일에 대해 바르게 이야기한 어린이를 모두 골라 이름을 쓰시오.

- 다정: 수원 화성을 건설했어.
- 수진: 양반에게도 세금을 내게 했어.
- 정훈: 전국에 있는 서원을 정리했어.

( )

중요

5 다음 사건들을 일어난 순서대로 기호를 알맞게 나열한 것은 어느 것입니까? ( )

㉠ 척화비가 건립되었다.
㉡ 신미양요가 일어났다.
㉢ 병인양요가 일어났다.
㉣ 강화도 조약이 체결되었다.

① ㉠－㉡－㉢－㉣ ② ㉡－㉢－㉣－㉠
③ ㉢－㉡－㉠－㉣ ④ ㉣－㉠－㉢－㉡
⑤ ㉣－㉢－㉡－㉠

6 다음 일기에 나타난 사건은 무엇입니까? ( )

1884. ○○. ○○.
김옥균 등이 우정총국 개국 축하 잔치에서 정변을 일으켰다고 한다. 새로운 정부를 구성하고 개혁안을 발표하였다고 하는데, 앞으로 우리 조선은 어떻게 변하게 되는 것일까?

① 갑신정변 ② 병인양요
③ 신미양요 ④ 임오군란
⑤ 동학 농민 운동

7 다음 빈칸에 들어갈 알맞은 인물을 쓰시오.

전라도 고부 군수 조병갑의 횡포로 농민들이 어려움을 겪자, 동학 지도자인 ( )이/가 농민들과 함께 봉기하였습니다.

( )

중요

8 다음 보기 에서 독립 협회가 한 일로 알맞은 것을 모두 골라 기호를 쓰시오.

보기
㉠ 독립문을 세웠다.
㉡ 을미사변을 일으켰다.
㉢ 만민 공동회를 개최하였다.
㉣ 항일 의병 운동을 주도하였다.

( )

9 다음 밑줄 친 '이 조약'은 무엇인지 쓰시오.

러일 전쟁에서 승리한 일제는 이토 히로부미를 대한 제국에 보내 외교권을 빼앗는 이 조약을 강제로 체결하였습니다.

( )

10 다음 신문 기사의 빈칸에 공통으로 들어갈 인물은 누구입니까? ( )

역사신문 1909. ○○. ○○.

( ), 이토 히로부미 저격!

만주 하얼빈역에서 ( )이/가 우리나라 침략에 앞장선 이토 히로부미를 처단하였다는 소식이다.

① 민영환 ② 신돌석 ③ 안중근
④ 안창호 ⑤ 이승훈

11 1910년대 일제가 토지 조사 사업을 시행한 까닭으로 알맞은 것을 두 가지 고르시오. (,)

① 더 많은 세금을 걷기 위해서이다.
② 토지의 소유자를 확인하기 위해서이다.
③ 우리 민족의 독립운동을 탄압하기 위해서이다.
④ 한국인 농민들의 권리를 보호하기 위해서이다.
⑤ 우리 민족의 경제적 자유를 보장하기 위해서이다.

중요

12 다음 대화에서 설명하는 사건은 무엇입니까? ( )

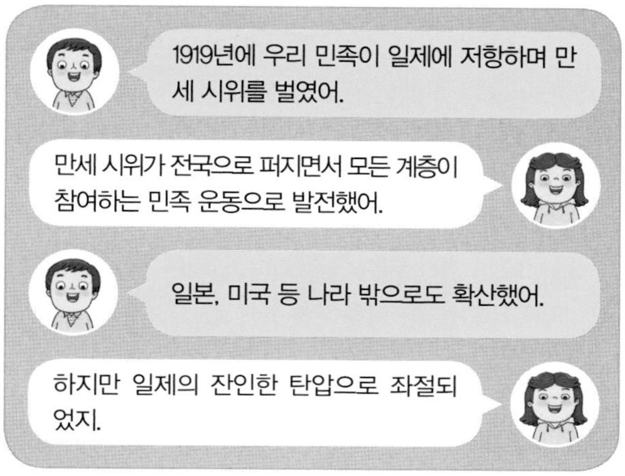

1919년에 우리 민족이 일제에 저항하며 만세 시위를 벌였어.
만세 시위가 전국으로 퍼지면서 모든 계층이 참여하는 민족 운동으로 발전했어.
일본, 미국 등 나라 밖으로도 확산했어.
하지만 일제의 잔인한 탄압으로 좌절되었지.

① 갑신정변 ② 을미사변
③ 임오군란 ④ 3·1 운동
⑤ 아관 파천

13 다음 주장을 뒷받침하는 사건으로 알맞은 것을 두 가지 고르시오. (,)

3·1 운동 이후 일제에 직접 무기를 들고 맞서 독립운동을 해야 한다고 생각한 사람들은 독립군 부대를 조직하여 만주와 연해주 지역에서 일본군을 상대로 큰 성과를 거두었습니다.

① 봉오동 전투 ② 청산리 대첩
③ 국채 보상 운동 ④ 6·10 만세 운동
⑤ 광주 학생 항일 운동

14 1930년대 후반 이후 우리나라에서 볼 수 있었던 모습으로 알맞지 않은 것은 어느 것입니까? ( )

① 신사에 절을 하는 어린이
② 일본군 '위안부'로 끌려가는 여성
③ 한국어로 우리 역사를 가르치는 교사
④ 성과 이름을 일본식으로 바꾸는 학생
⑤ 강제로 군인이 되어 전쟁에 나선 남성

2 단원

15 다음 빈칸에 들어갈 알맞은 단체를 쓰시오.

대한민국 임시 정부가 일제의 탄압으로 활동이 어려워지자, 김구는 대한민국 임시 정부의 활동에 활기를 불어넣기 위해 (   )을/를 조직하여 일제의 주요 인물을 처단하는 활동을 하였습니다.

(   )

서술형

16 다음 밑줄 친 부분에 들어갈 알맞은 내용을 두 가지 쓰시오.

1945년 8월 15일, 우리 민족은 광복을 맞이하였습니다. 우리 민족이 광복을 맞이할 수 있었던 까닭은 ______________________ 때문입니다.

____

____

중요

17 우리나라에서 다음 사진과 같은 상황이 전개되는 데 영향을 끼친 사건은 무엇입니까? (   )

▲ 회의 결정 지지 집회

▲ 신탁 통치 반대 집회

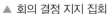

① 6·25 전쟁이 일어났다.
② 5·10 총선거가 실시되었다.
③ 대한민국 정부가 수립되었다.
④ 미소 공동 위원회가 개최되었다.
⑤ 모스크바 3국 외상 회의가 개최되었다.

18 다음 보기 에서 제헌 국회가 한 일로 알맞은 것을 모두 골라 기호를 쓰시오.

보기
㉠ 제헌 헌법을 제정·공포하였다.
㉡ 남한만의 총선거 실시를 결정하였다.
㉢ 나라 이름을 '대한민국'으로 정하였다.
㉣ 헌법에 따라 이승만을 대한민국 첫 번째 대통령으로 선출하였다.

(   )

중요

19 다음은 6·25 전쟁의 전개 과정 중 있었던 일입니다. 이 사건의 영향으로 알맞은 것을 두 가지 고르시오. (,   )

국군과 국제 연합군이 인천 상륙 작전에 성공하였습니다.

① 휴전선이 그어졌다.
② 정전 협정이 체결되었다.
③ 국군과 국제 연합군이 서울을 되찾았다.
④ 국군과 국제 연합군이 서울을 다시 빼앗겼다.
⑤ 국군과 국제 연합군이 압록강 유역까지 나아갔다.

20 6·25 전쟁의 물질적 피해에 대한 설명으로 알맞지 않은 것은 어느 것입니까? (   )

① 전 국토가 황폐해졌다.
② 식량과 생활필수품이 부족해졌다.
③ 수많은 문화재가 훼손되거나 불타 없어졌다.
④ 건물, 도로, 철도 등 주요 시설물이 파괴되었다.
⑤ 민간인의 피해는 적었으나 군인의 사상자는 많았다.

실전 단원 평가 2회

2. 사회의 새로운 변화와 오늘날의 우리

1 다음 빈칸에 들어갈 알맞은 말은 무엇입니까? (　　)

> 정조는 (　　)을/를 건설하여 정치적·군사적·상업적 기능을 갖춘 중심지로 만들고자 하였습니다.

① 경복궁 ② 규장각 ③ 척화비
④ 탕평비 ⑤ 수원 화성

2 다음 밑줄 친 '한글 소설'에 해당하지 않는 것은 어느 것입니까? (　　)

> 조선 후기 서당이 널리 보급되고 한글 사용이 늘어나면서 일반 백성도 쉽게 읽을 수 있는 한글 소설이 유행하였습니다.

① 『춘향전』 ② 『흥부전』
③ 『홍길동전』 ④ 『목민심서』
⑤ 『장화홍련전』

3 세도 정치기의 상황에 대해 바르게 이야기한 어린이를 모두 골라 이름을 쓰시오.

> • 동민: 백성들의 생활이 안정되었어.
> • 예림: 나라의 정치가 어지러워졌어.
> • 은하: 세도 가문이 돈을 받고 관직을 팔았어.

(　　　　)

서술형
4 병인양요와 신미양요 이후 흥선 대원군이 전국에 척화비를 세운 까닭을 쓰시오.

____

____

5 강화도 조약에 대한 설명으로 알맞지 않은 것은 어느 것입니까? (　　)

① 조선이 개항을 하는 계기가 되었다.
② 우리나라가 외국과 맺은 최초의 근대적 조약이다.
③ 일본과 조선이 평등한 상황에서 체결한 조약이다.
④ 이후 조선이 서양의 다른 나라들과 조약을 맺는 데 영향을 주었다.
⑤ 일본이 조선군의 일본 군함 공격을 계기로 조약 체결을 강요하였다.

6 다음은 어느 사건 당시의 개혁안입니다. 이 개혁안과 관련 있는 사건은 무엇입니까? (　　)

> • 청에 바치던 예물을 없앤다.
> • 신분과 지위를 없애고 능력에 따라 관리를 뽑는다.
> • 관리의 부정을 막고 국가의 살림살이를 넉넉하게 한다.
> • 부정한 관리를 처벌하고, 백성이 빚진 쌀을 면해 준다.
>
> – 김옥균, 『갑신일록』

① 갑신정변 ② 병인양요
③ 신미양요 ④ 임오군란
⑤ 동학 농민 운동

중요
7 동학 농민군의 주장으로 알맞은 것을 두 가지 고르시오. (　　,　　)

① 청과 관계를 유지하자!
② 일본군을 조선에서 몰아내자!
③ 양반 중심의 신분 질서를 개혁하자!
④ 일본의 힘을 빌려 개혁을 추진하자!
⑤ 서양의 기술, 사상, 제도를 받아들이자!

8 다음 검색창의 ㉠에 들어갈 사건으로 알맞은 것은 어느 것입니까? ( )

㉠

고종과 명성 황후가 러시아의 힘을 빌려 일제의 간섭에서 벗어나려고 하자 일제가 경복궁에 침입하여 명성 황후를 시해한 사건입니다.

① 갑신정변 ② 신미양요
③ 을미사변 ④ 임오군란
⑤ 아관 파천

서술형

9 다음 밑줄 친 '근대 개혁'의 내용을 두 가지 이상 쓰시오.

고종은 황제로 즉위한 뒤 나라 이름을 대한 제국으로 바꾸고 근대 개혁을 추진하였습니다.

중요

10 다음 시기 항일 의병 운동의 특징으로 알맞은 것은 어느 것입니까? ( )

을사늑약이 강제로 체결되자 전국 각지에서 의병이 다시 일어났습니다.

① 서울 진공 작전에 성공하였다.
② 양반 유생들만 항일 의병 운동에 참여하였다.
③ 만주나 연해주로 이동하는 의병들이 늘어났다.
④ 일본의 탄압으로 항일 의병 세력이 줄어들었다.
⑤ 신돌석과 같은 평민 출신의 의병장이 등장하였다.

11 다음과 같은 활동을 한 인물은 누구입니까? ( )

일제가 국권을 빼앗자 미국으로 건너가 흥사단을 만들어 한국인을 단결시키고 힘을 키우려 하였습니다.

① 민영환 ② 안중근 ③ 안창호
④ 이회영 ⑤ 최재형

12 다음 빈칸에 들어갈 알맞은 지역은 어디입니까? ( )

3·1 운동을 전후하여 독립운동의 힘을 하나로 모으려고 노력한 결과 1919년 9월에 ( )에서 이승만을 임시 대통령으로 하는 대한민국 임시 정부가 수립되었습니다.

① 만주 ② 충칭 ③ 한성
④ 상하이 ⑤ 연해주

13 다음에서 설명하는 사건은 무엇인지 쓰시오.

순종의 장례식을 계기로 학생들이 만세 시위를 계획하였는데, 계획이 사전에 발각되었지만 일부 학생들이 만세 시위를 벌였습니다.

( )

14 전형필이 한 일로 알맞은 것은 어느 것입니까? ( )

① 민족정신을 일깨우는 시를 지었다.
② 한글 맞춤법 통일안을 발표하였다.
③ 을지문덕, 이순신 등의 전기를 썼다.
④ 『우리말큰사전』을 편찬하기 위해 노력하였다.
⑤ 일본으로 넘어갈 뻔한 문화재를 구입하고 보존하였다.

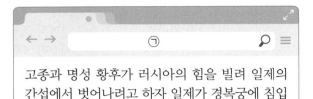

15 다음 보기 에서 한국 광복군에 대한 설명으로 알맞은 것을 모두 골라 기호를 쓰시오.

보기

㉠ 대한민국 임시 정부의 군대이다.
㉡ 국내로 들어가 일본군과 전쟁을 벌이는 작전에 성공하였다.
㉢ 태평양 전쟁 당시 연합군의 일원으로 일본군에 맞서 싸웠다.

( )

16 다음 빈칸에 들어갈 알맞은 말을 쓰시오.

8·15 광복 이후 일본의 군대 해산을 이유로 북위 (　　　)을/를 기준으로 북쪽에 소련이, 남쪽에 미국이 각각 군대를 머물게 하여 영향력을 넓혀 갔습니다.

( )

중요

17 다음은 정부 수립 과정에서 있었던 일들입니다. 일어난 순서대로 기호를 알맞게 나열한 것은 어느 것입니까? ( )

㉠ 미소 공동 위원회가 개최되었다.
㉡ 모스크바 3국 외상 회의가 개최되었다.
㉢ 소련과 북한이 국제 연합의 결정을 거부하였다.
㉣ 국제 연합이 남한에서만 총선거를 하기로 결정하였다.
㉤ 국제 연합이 남북한 총선거를 통한 정부 수립을 결정하였다.

① ㉠ － ㉡ － ㉢ － ㉣ － ㉤
② ㉡ － ㉠ － ㉤ － ㉢ － ㉣
③ ㉢ － ㉤ － ㉠ － ㉡ － ㉣
④ ㉣ － ㉢ － ㉤ － ㉠ － ㉡
⑤ ㉤ － ㉣ － ㉢ － ㉡ － ㉠

18 대한민국 정부 수립의 의의로 알맞은 것을 두 가지 고르시오. (,)

① 남북한 통일 정부가 수립되었다.
② 황제에게 모든 권력이 집중되었다.
③ 대한민국 임시 정부의 전통을 이었다.
④ 미국의 도움을 받아 정부를 수립하였다.
⑤ 우리 민족의 오랜 소원이었던 독립된 정부를 수립하였다.

중요

19 다음은 6·25 전쟁의 전개 과정을 나타낸 지도입니다. (가), (나) 지도 사이에 있었던 일은 무엇입니까? ( )

(가)

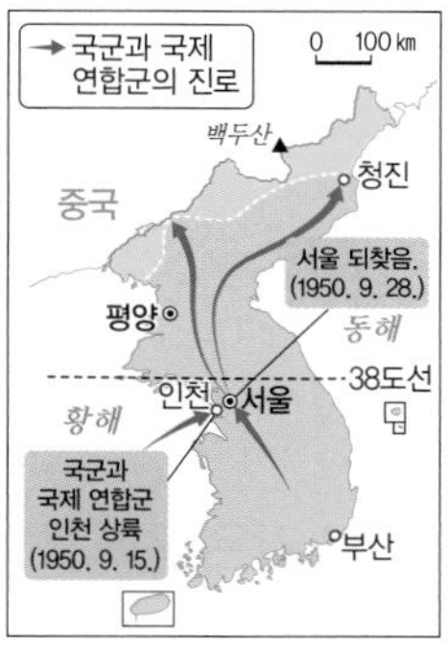

(나)

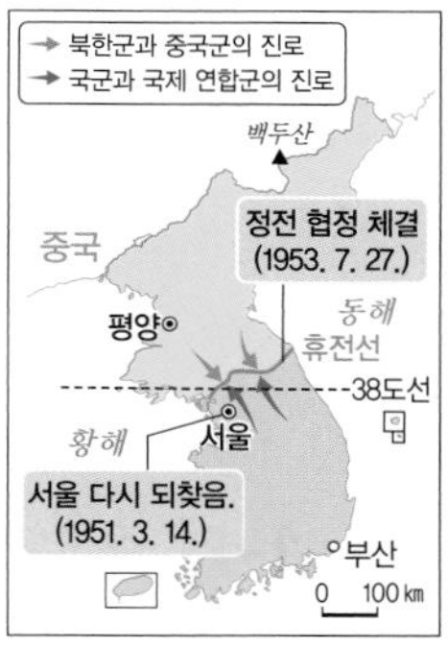

① 휴전선이 그어졌다.
② 중국군이 전쟁에 개입하였다.
③ 국제 연합군이 남한에 파견되었다.
④ 북한이 38도선을 넘어 남한에 쳐들어왔다.
⑤ 스위스 제네바에서 한반도 문제에 대한 회의가 열렸다.

20 6·25 전쟁으로 인한 인명 피해에 대해 바르게 이야기한 어린이는 누구인지 쓰시오.

- 영웅: 이산가족과 전쟁고아가 줄어들었어.
- 하준: 전국에서 벌어진 전투와 폭격으로 군인과 민간인 수백만 명이 죽거나 다쳤어.

( )

주제 ❶

조선 후기 문화의 발전

|목표| • 조선 후기에 서민들 사이에 유행한 문화를 설명할 수 있다.
• 조선 후기에 서민들 사이에 문화가 유행할 수 있었던 배경을 설명할 수 있다.
• 조선 후기에 유행한 각 서민 문화의 특징을 설명할 수 있다.

✽ 다음은 조선 후기에 유행한 문화들입니다. 물음에 답하시오.

(가)

(나)

(다)

(라)

1-❶ 위 (가)~(라)와 같이 조선 후기에 유행한 문화를 무엇이라고 하는지 쓰시오.

(   )

1-❷ 조선 후기에 위와 같은 문화가 발달한 배경을 쓰시오.

1-❸ 위 (가)~(라)와 관련된 문화를 쓰고, 각 문화의 특징을 한 가지씩 쓰시오.

(가)	
(나)	
(다)	
(라)	

주제 ❷

6·25 전쟁의 과정과 영향	|목표| • 6·25 전쟁의 전개 과정을 나열할 수 있다. • 6·25 전쟁의 영향을 설명할 수 있다. • 6·25 전쟁 이후 남아 있는 과제를 설명할 수 있다.

✱ 다음은 6·25 전쟁의 전개 과정을 나타낸 지도입니다. 물음에 답하시오.

(가)

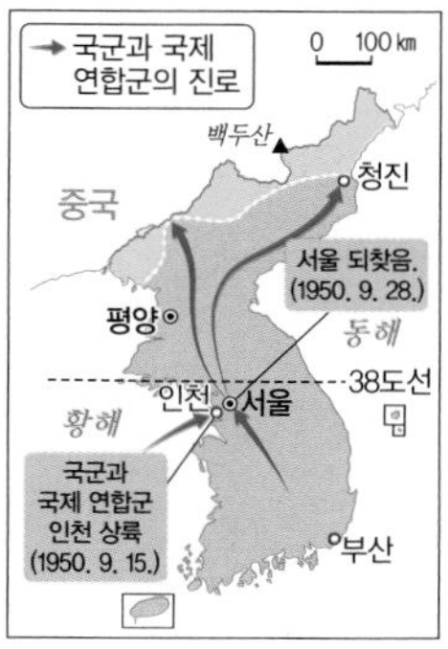

(나)

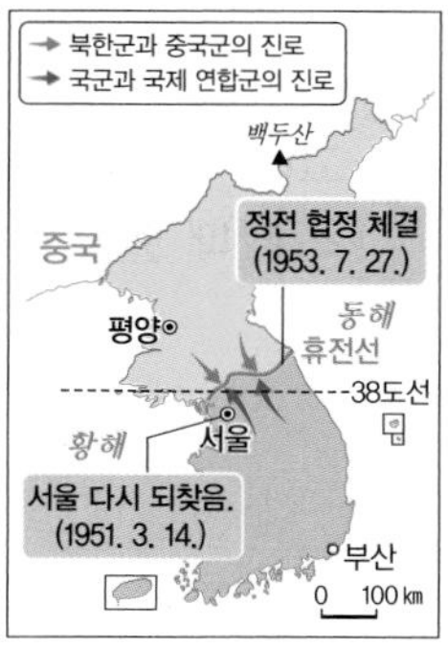

(다)

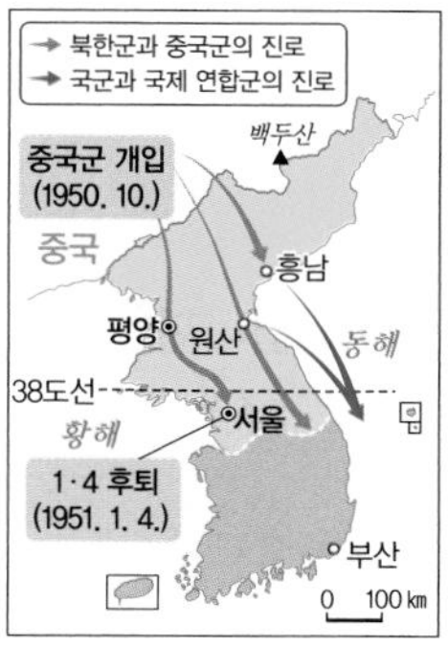

(라)

2-❶ 위 (가)~(라) 지도를 6·25 전쟁의 전개 과정에 알맞게 기호를 쓰시오.

(　　→　　→　　→　　)

2-❷ 위 지도와 같이 전개된 6·25 전쟁이 끼친 영향을 인적 피해와 물질적 피해로 나누어 각각 두 가지씩 쓰시오.

인적 피해	
물질적 피해	

2-❸ 다음 밑줄 친 부분에 들어갈 알맞은 내용을 두 가지 이상 쓰시오.

> 위 지도와 같이 전개된 6·25 전쟁 이후 남한과 북한은 서로를 적으로 여기는 감정이 깊어진 채 분단 상황이 이어지고 있습니다. ______________________ 등이 오늘날까지도 해결해야 할 과제로 남아 있습니다.

1 다음 보기 에서 고조선의 문화 범위를 짐작할 수 있는 문화유산을 모두 골라 기호를 쓰시오.

보기
㉠ 순수비　㉡ 비파형 동검
㉢ 탁자식 고인돌　㉣ 철제 갑옷과 투구

(　　　　)

2 다음 빈칸에 들어갈 알맞은 지역은 어디입니까? (　　)

고구려 광개토 대왕의 뒤를 이은 장수왕은 도읍을 (　　　)(으)로 옮기고 남쪽으로 세력을 넓혔습니다.

① 경주　② 졸본　③ 평양
④ 국내성　⑤ 한강 유역

중요
3 무령왕릉에서 나온 다음 유물들을 통해 알 수 있는 사실로 알맞은 것은 어느 것입니까? (　　)

▲ 중국 도자기

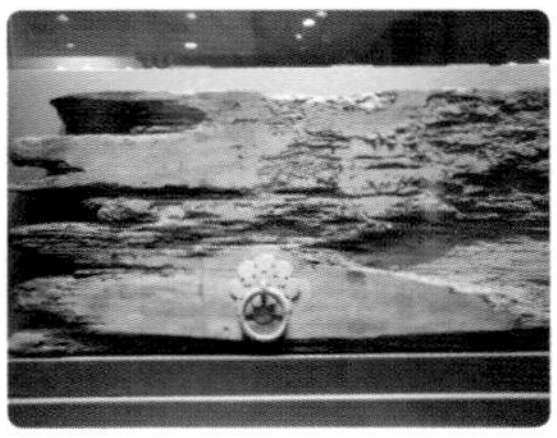
▲ 일본 소나무로 만든 관의 일부

① 백제는 불교문화가 발달하였다.
② 백제는 도읍지를 여러 번 옮겼다.
③ 백제 사람들은 예술 감각이 뛰어났다.
④ 백제는 다른 나라와 활발하게 교류하였다.
⑤ 백제는 다른 나라들에 비해 고분 벽화를 많이 남겼다.

4 신라의 삼국 통일 과정을 일어난 순서대로 기호를 쓰시오.

㉠ 신라와 당이 동맹을 맺었다.
㉡ 신라군이 당군을 격파하였다.
㉢ 신라와 당 연합군이 백제를 멸망시켰다.
㉣ 신라와 당 연합군이 고구려를 멸망시켰다.

(　　→　　→　　→　　)

서술형
5 고려 태조 왕건이 정치를 안정시키고자 호족을 다스릴 때 펼친 정책을 쓰시오.

____

____

6 다음 ㉠, ㉡에 들어갈 말을 알맞게 짝지은 것은 어느 것입니까? (　　)

• 고려는 (㉠)과 가까이 지내면서 발해를 멸망시킨 (㉡)을 멀리하였습니다.
• (㉡)은 고려와 (㉠)의 관계를 끊으려고 고려를 침입하였습니다.

	㉠	㉡		㉠	㉡
①	송	거란	②	송	여진
③	거란	송	④	거란	여진
⑤	여진	거란			

7 팔만대장경판에 대한 설명으로 알맞은 것을 두 가지 고르시오. (　　,　　)

① 거란의 침입 때 만들어졌다.
② 프랑스 국립 도서관에 보관되어 있다.
③ 유네스코 세계 기록 유산으로 등재되어 있다.
④ 잘못된 글자나 빠진 글자가 거의 없을 정도로 정확하다.
⑤ 오늘날 남아 있는 금속 활자로 인쇄한 책 중에서 가장 오래되었다.

5학년 반	점수
이름	

8 다음과 같은 업적을 남긴 조선의 왕은 누구입니까? (　　)

> • 집현전을 설치하여 학문과 정책을 연구하게 하였습니다.
> • 왜구를 물리치고자 쓰시마섬을 정벌하였고, 여진을 몰아내고 4군 6진을 설치하였습니다.

① 성종　② 세조　③ 세종
④ 태조　⑤ 태종

9 해와 달, 별의 움직임과 위치를 관찰하는 과학 기구는 어느 것입니까? (　　)

①

▲ 자격루

②

▲ 측우기

③

▲ 혼천의

④

▲ 앙부일구

중요
10 병자호란에 대해 바르게 이야기한 어린이는 누구입니까? (　　)

①

전쟁 결과 조선과 후금은 형제의 관계를 맺었어.

②

인조와 신하들은 남한산성으로 피신하여 항전하였어.

③

인조가 명을 가까이하고 후금을 멀리한 것이 원인이 되었어.

④

곽재우와 같은 양반부터 천민까지 다양한 사람들이 의병에 참여하였어.

11 다음 보기 에서 정조가 한 일로 알맞은 것을 모두 골라 기호를 쓰시오.

> 보기
> ㉠ 수원 화성을 건설하였다.
> ㉡ 청계천 바닥을 정비하였다.
> ㉢ 국왕을 호위하는 군대를 설치하였다.
> ㉣ 규장각에서 개혁 정치를 뒷받침할 관리들을 길러 냈다.

(　　　　　)

12 다음 지도에 나타난 사건 이후의 상황으로 알맞은 것은 어느 것입니까? (　　)

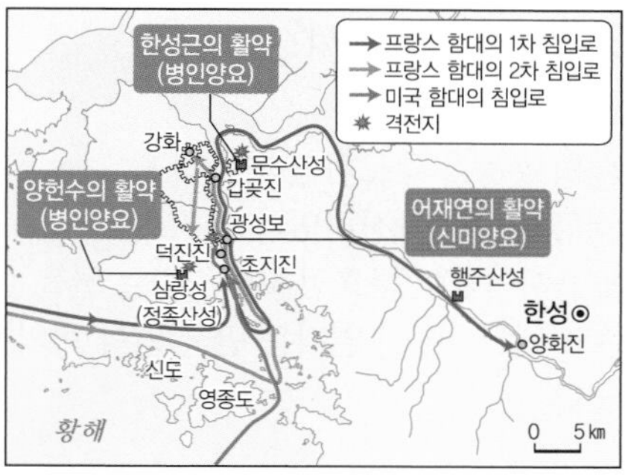

① 탕평비가 세워졌다.
② 수원 화성이 건설되었다.
③ 세도 정치가 시작되었다.
④ 전국에 척화비가 세워졌다.
⑤ 흥선 대원군이 권력을 잡았다.

중요
13 동학 농민 운동의 전개 과정 중 가장 마지막에 일어난 사건은 어느 것입니까? (　　)

① 동학 농민군이 전주성을 점령하였다.
② 동학 농민군이 일본군을 몰아내려고 다시 봉기하였다.
③ 동학 농민군이 조선 정부와 협상을 맺고 전주성에서 물러났다.
④ 동학 농민군이 공주 우금치 전투에서 일본군과 관군에게 패하였다.
⑤ 고부 군수 조병갑의 횡포에 반발하여 전봉준이 농민들과 함께 봉기하였다.

서술형

14 독립 협회가 건설한 다음 건축물의 이름을 쓰고, 이 건축물을 만든 목적을 쓰시오.

____

____

15 을사늑약이 무효임을 알리기 위해 고종이 한 일로 알맞은 것은 어느 것입니까? (　　　)

① 스스로 목숨을 끊었다.
② 항일 의병 운동을 주도하였다.
③ 대한 제국 군대를 해산하였다.
④ 신문에 을사늑약이 무효임을 주장하는 글을 실었다.
⑤ 네덜란드 헤이그에서 열리는 만국 평화 회의에 특사를 보냈다.

중요

16 3·1 운동의 의의에 대해 바르게 이야기한 어린이는 누구인지 쓰시오.

- 유찬: 일제가 우리 민족의 독립을 인정하는 계기가 되었어.
- 수정: 우리 민족의 독립 의지를 전 세계에 알린 중요한 사건이야.

(　　　　　　)

17 다음 빈칸에 들어갈 알맞은 인물을 두 명 고르시오. (　　,　　)

(　　　) 등의 시인들은 일제에 저항하며 민족 정신을 일깨우는 시를 지었습니다.

① 신채호　② 윤봉길　③ 이육사
④ 전형필　⑤ 한용운

18 다음 보기 에서 8·15 광복 이후의 상황으로 알맞은 것을 모두 골라 기호를 쓰시오.

보기

㉠ 국외에서 활동하는 독립운동가들이 많아졌다.
㉡ 국내에서 건국을 준비하는 단체가 만들어졌다.
㉢ 우리 민족이 일제의 탄압과 횡포에 시달렸다.
㉣ 학교에서 우리말과 한글, 우리 역사를 배울 수 있게 되었다.

(　　　　　　)

19 모스크바 3국 외상 회의에서 한반도에 대해 결정한 사항을 두 가지 고르시오. (　　,　　)

① 8·15 광복
② 38도선 설치
③ 미소 공동 위원회 구성
④ 최고 5년간 신탁 통치 실시
⑤ 남북한 총선거를 통한 통일 정부 수립

중요

20 지민이는 6·25 전쟁에 대한 신문을 만들려고 합니다. 시간의 흐름대로 신문 제목을 알맞게 나열한 것은 어느 것입니까? (　　　)

㉠ 드디어 정전 협정 체결!
㉡ 북한군, 기습적으로 남한 침략!
㉢ 중국군, 북한을 도와 전쟁에 개입!
㉣ 국군과 국제 연합군, 인천 상륙 작전에 성공!

① ㉠ – ㉡ – ㉢ – ㉣
② ㉡ – ㉠ – ㉣ – ㉢
③ ㉡ – ㉣ – ㉢ – ㉠
④ ㉢ – ㉡ – ㉣ – ㉠
⑤ ㉣ – ㉢ – ㉡ – ㉠

학업성취도 평가 대비 문제 2회

1. 옛사람들의 삶과 문화 ~ 2. 사회의 새로운 변화와 오늘날의 우리

5학년 반 점수
이름

중요

1 다음 문화유산을 남긴 나라에 대한 설명으로 알맞은 것은 어느 것입니까? ( )

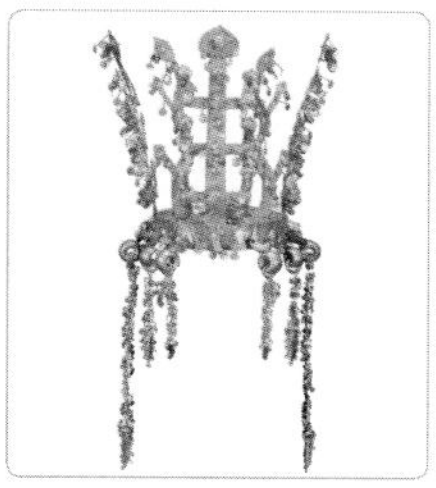

▲ 황남 대총 북분 금관

▲ 경주 첨성대

① 온조가 건국하였다.
② 진흥왕 때 전성기를 맞았다.
③ 우리 역사 속 최초의 나라이다.
④ 일본의 스에키 제작에 영향을 주었다.
⑤ 다른 나라들에 비해 고분 벽화를 많이 남겼다.

2 다음에서 설명하는 나라는 어디입니까? ( )

- 풍부한 철을 바탕으로 다른 나라와 활발하게 교류하였습니다.
- 질 좋은 철이 많이 생각되어 우수한 칼과 창, 갑옷, 투구 등을 만들었습니다.

① 가야 ② 발해 ③ 백제
④ 신라 ⑤ 고구려

3 다음 지도의 (가) 나라에 대한 설명으로 알맞은 것은 어느 것입니까? ( )

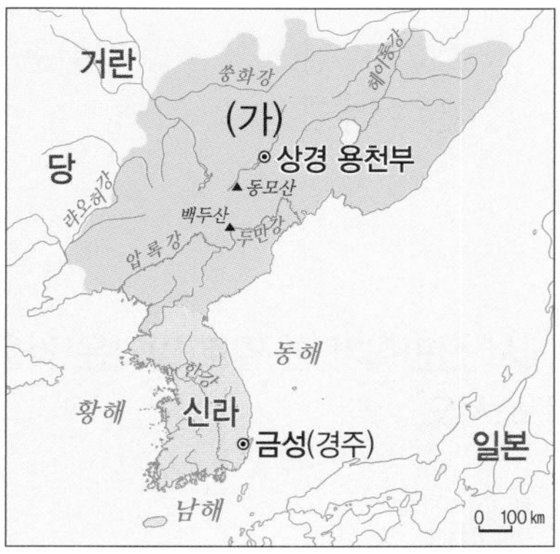

① 단군왕검이 세웠다.
② 몽골의 침입으로 멸망하였다.
③ 당으로부터 '해동성국'이라고 불렸다.
④ 스스로 백제를 계승하였음을 내세웠다.
⑤ 불국사, 석굴암 등의 문화유산을 남겼다.

4 석굴암에 대한 설명으로 알맞은 것을 두 가지 고르시오. (,)

① 백제의 문화유산이다.
② 유네스코 세계 유산으로 지정되었다.
③ 화강암을 다듬어서 쌓아 올려 만들었다.
④ 절 안에 3층 석탑과 다보탑이 남아 있다.
⑤ 신라 사람들이 바라는 부처의 나라를 표현한 절이다.

5 고려 태조 왕건이 펼친 정책으로 알맞지 않은 것은 어느 것입니까? ( )

① 불교를 장려하였다.
② 백성의 세금을 줄였다.
③ 북쪽으로 영토를 넓혔다.
④ 호족을 억압하여 왕권을 강화하였다.
⑤ 가난한 사람들에게 곡식을 빌려주었다.

중요

6 다음 문화유산과 관련이 있는 전쟁에 대한 설명으로 알맞은 것은 어느 것입니까? ( )

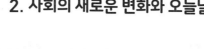

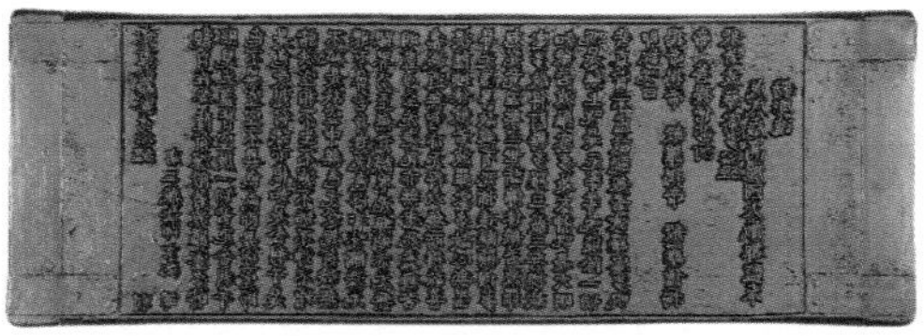

▲ 팔만대장경판

① 강감찬이 귀주에서 거란군을 물리쳤다.
② 전쟁 중에 고려는 도읍을 진도로 옮겼다.
③ 서희의 담판으로 고려는 강동 6주를 획득하였다.
④ 윤관이 특수 부대인 별무반을 이끌고 참여하였다.
⑤ 승려 김윤후와 백성이 처인성 전투에서 승리하였다.

7 다음 빈칸에 공통으로 들어갈 알맞은 말을 쓰시오.

- 목판 인쇄술의 단점을 해결하려고 힘쓴 결과, 고려가 ( )을/를 발명하였습니다.
- ( )은/는 금속으로 만들어져 쉽게 부서지거나 닳지 않아 보관이 쉬웠습니다.

( )

8 조선의 건국 과정에서 있었던 일로 알맞지 않은 것은 어느 것입니까? (　　　)

① 이성계가 요동 정벌에 성공하여 권력을 잡았다.
② 개혁 방법을 둘러싸고 신진 사대부가 대립하였다.
③ 이성계와 신진 사대부가 새로운 토지 제도를 마련하였다.
④ 정몽주가 새로운 나라를 세우려던 세력에게 죽임을 당하였다.
⑤ 정도전은 고려를 대신하여 이성계를 중심으로 새로운 나라를 세우고자 하였다.

9 다음은 조선 시대를 배경으로 한 역할극 대본입니다. 빈칸에 들어갈 알맞은 책을 쓰시오.

- 농민 1: 왕께서 집현전 학자들과 함께 우리나라의 농사법을 정리한 (　　　) (이)라는 책을 만드셨다네.
- 농민 2: 농민들의 오랜 경험과 농사 기술을 조사하여 만들었다니 우리에게 큰 도움이 되겠어.

(　　　　　　)

서술형

10 다음 ㉠에 들어갈 알맞은 내용을 쓰시오.

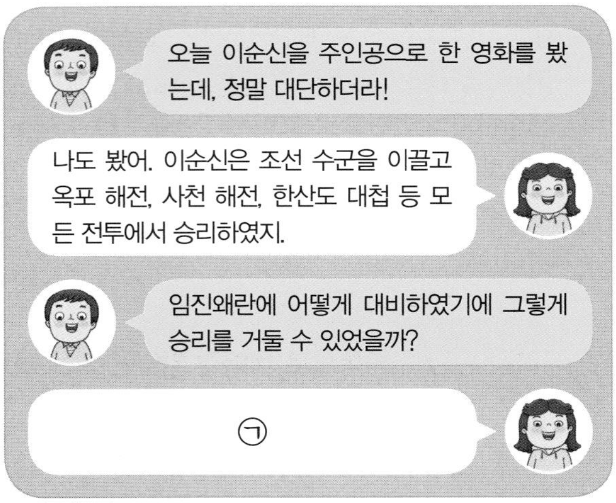

오늘 이순신을 주인공으로 한 영화를 봤는데, 정말 대단하더라!
나도 봤어. 이순신은 조선 수군을 이끌고 옥포 해전, 사천 해전, 한산도 대첩 등 모든 전투에서 승리하였지.
임진왜란에 어떻게 대비하였기에 그렇게 승리를 거둘 수 있었을까?
㉠

____

____

11 정약용에 대한 설명으로 알맞지 않은 것은 어느 것입니까? (　　　)

① 발해가 고구려를 이은 나라임을 밝혔다.
② 수원 화성을 설계하고 거중기를 만들었다.
③ 조선 후기의 실학을 한데 모아 완성하였다.
④ 여러 분야를 연구하여 『목민심서』 등 많은 책을 썼다.
⑤ 농업, 정치, 건축, 지리, 과학 등 전 분야에 관심을 두었다.

서술형

12 다음 밑줄 친 부분에 들어갈 알맞은 내용을 쓰시오.

> 흥선 대원군은 ______________ 위해 임진왜란 때 불탄 경복궁을 다시 지었습니다.

____

____

중요

13 다음 빈칸에 들어갈 알맞은 인물은 누구입니까? (　　　)

> (　　　) 등은 조선에 영향력을 확대하려던 일본의 지원을 약속받고 우정총국 개국 축하 잔치에서 갑신정변을 일으켰습니다.

① 김옥균　　② 김홍집　　③ 전봉준
④ 양헌수　　⑤ 어재연

14 다음 보기 에서 신민회가 한 일로 알맞은 것을 모두 골라 기호를 쓰시오.

보기
㉠ 학교를 세웠다.
㉡ 민족 기업을 운영하였다.
㉢ 만민 공동회를 개최하였다.
㉣ 만주에 독립운동 기지를 건설하였다.

(　　　　　　)

중요

15 대한민국 임시 정부에 대한 설명으로 알맞지 않은 것은 어느 것입니까? ( )

① 중국 상하이에서 수립되었다.
② 민주주의 정치 체제를 갖추었다.
③ 3·1 운동을 전국으로 확산시키기 위해 노력하였다.
④ 비밀 연락망을 만들어 독립운동에 필요한 자금을 모았다.
⑤ 외교 활동을 하면서 다른 나라에 우리나라의 독립을 도와줄 것을 요청하였다.

16 다음 신문 기사에 나타난 사건은 무엇입니까? ( )

역사신문 1929. ○○. ○○.

광주에서 한국인 학생과 일본인 학생의 충돌 발생!

광주 통학 열차 안에서 한국인 학생들과 일본인 학생들 사이에 일어난 충돌을 계기로 학생들의 민족 운동이 전국으로 확산되고 있다는 소식이다.

① 3·1 운동 ② 국채 보상 운동
③ 동학 농민 운동 ④ 6·10 만세 운동
⑤ 광주 학생 항일 운동

17 일제 강점기 각 인물들의 활동을 잘못 짝지은 것은 어느 것입니까? ( )

① 김구 – 한인 애국단을 조직하였다.
② 신채호 – 우리 역사 속 영웅에 관한 전기를 썼다.
③ 김좌진 – 청산리 대첩에서 일본군을 크게 무찔렀다.
④ 전형필 – 『우리말큰사전』을 편찬하기 위해 노력하였다.
⑤ 윤봉길 – 중국 상하이 훙커우 공원에 폭탄을 던져 일본군 육군 대장을 죽였다.

18 (가), (나)와 같은 주장을 한 인물을 알맞게 짝지은 것은 어느 것입니까? ( )

(가) 남북이 함께 총선거에 참여하여 통일된 독립 국가를 만들자!
(나) 통일 정부 수립이 어렵다면 남한만이라도 임시 정부 또는 위원회를 조직하자!

	(가)	(나)
①	김구	이승만
②	김구	안창호
③	이승만	김구
④	이승만	이시영
⑤	이시영	김구

19 대한민국 정부의 수립 과정을 일어난 순서대로 알맞게 기호를 쓰시오.

㉠ 5·10 총선거가 실시되었다.
㉡ 제헌 국회가 제헌 헌법을 공포하였다.
㉢ 이승만 대통령이 대한민국 정부 수립을 선포하였다.
㉣ 제헌 국회가 헌법에 따라 이승만을 대한민국 첫 번째 대통령으로 선출하였다.

(→ → →)

중요

20 6·25 전쟁에 대한 설명으로 알맞지 않은 것은 어느 것입니까? ( )

① 국제 연합군이 남한에 파견되었다.
② 중국군이 북한을 도와 전쟁에 개입하였다.
③ 남한의 기습적인 북한 침략으로 시작되었다.
④ 정전 협정이 체결되면서 휴전선이 그어졌다.
⑤ 전쟁으로 이산가족과 전쟁고아가 많이 생겨났다.

Memo